노동운동,
상생인가
공멸인가

노동운동, 상생인가 공멸인가

초판 1쇄 인쇄 2010년 1월 25일 초판 1쇄 발행 2010년 1월 29일

지은이 김대환 · 최영기 · 윤기설 **펴낸이** 신민식

프로젝트분사 개발2팀 정소연
제작 이재승 송현주

펴낸곳 (주)위즈덤하우스 **출판등록** 2000년 5월 23일 제13-1071호
주소 (410-380) 경기도 고양시 일산동구 장항동 846번지 센트럴프라자 6층
전화 031-936-4000 **팩스** 031-903-3891
전자우편 yedam1@wisdomhouse.co.kr **홈페이지** www.wisdomhouse.co.kr
출력 플러스안 **종이** 화인페이퍼 **인쇄 · 제본** 영신사

값 15,000원 ⓒ 2010, 김대환 · 최영기 · 윤기설
ISBN 978-89-6086-234-0 03330

* 잘못된 책은 바꿔드립니다.
* 이 책의 전부 또는 일부 내용을 재사용하려면
  사전에 저작권자와 (주)위즈덤하우스의 동의를 받아야 합니다.

국립중앙도서관 출판시도서목록(CIP)

노동운동, 상생인가 공멸인가 : 노동 전문가 3인의 대담
김대환 · 최영기 · 윤기설 지음. -- 고양 : 위즈덤하우스, 2010
p. ; cm

ISBN 978-89-6086-234-0 03330 : ￦15000

노동운동[勞動運動]

336.4-KDC4
331.8-DDC21   CIP 2010000156

노동운동, 상생인가 공멸인가

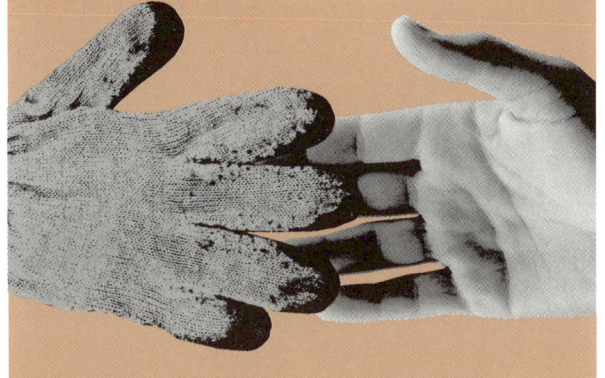

노동 전문가 3인의 대담

김대환 · 최영기 · 윤기설 지음

위즈덤하우스

[대담자] 왼쪽부터
최영기 · 한국노사관계학회 회장
김대환 전 노동부 장관
윤기설 한국경제신문 노동전문기자

책을 펴내며

한국 노동운동의 미래를 생각한다

1980년대 말 OECD 국가들의 노동운동이 무기력하게 힘을 잃어갈 때 한국의 노동운동은 꽃을 피우기 시작했다. 민주화운동이 열어젖힌 공간에서 노동조합 설립 운동이 확산되고 '단결'과 '투쟁'을 외치는 목소리가 전국에 울려퍼졌다. 노동조합은 순식간에 임금과 근로조건을 결정하는 노동시장의 중요한 분배기구로 자리 잡았다.

한국전쟁 이후 최대의 국난으로 일컬어지는 IMF 외환위기를 맞아서도 정부는 노동계와 타협하지 않을 수 없었다. 1998년 초 경제위기 극복을 위한 사회적 대타협에 참여하면서 노동조합은 위기 극복의 핵심 파트너로 그 지위가 격상되었다. 이 시점까지 노동운동은 전성기를 구가했고, 노동조합의 정치·사회적 지위는 최고조에 이르렀다. 그리고 대부분의 노동자들은 임금 및 근로조건과 더불어 노동 관련법의 개선으로 전에 없던 '10년의 잔치'를 경험했다.

그러나 한국의 노동운동은 1998년을 정점으로 점차 지루하고 진부하며 부담스런 존재로 그 이미지가 변해갔다. 여론도 바뀌어갔다. 급기야는 노동조합의 요구가 과도하고 노동운동이 불평등 해소에 도리어 부정적인 결과를 초래한다는 사회적 비판까지 받기에 이르렀다. 이러한 비판이 고조되고 있는 와중에 설상가상으로 노동조합 부패사건이 터져나와 국민들의 분노를 샀다. 1987년 이후 노동운동이 쌓아왔던 도덕적 신뢰를 한꺼번에 허무는 충격이었다.

이러한 전근대적인 부패사건에서 완전히 벗어나지 못하는 한 노동조합은 책임 있는 경제 주체로 인정받지 못하고 대등한 사회적 파트너의 지위도 확보하지 못할 것이다. 그리고 노동운동의 정치·사회적 고립은 가속화될 것이다. 이미 노동조합의 조직률이 크게 하락하여 OECD 최하위 수준인 10% 내외에 정체되어 있는데다, 그동안 심화되어온 노동시장의 양극화로 노동운동의 기반이 약화되고 있다. 노동운동이 '그들만의 잔치'라는 지탄과, 특히 대기업 정규직 노조의 집단 이기주의에 대한 비판은 현재 한국 노동운동이 안고 있는 문제점을 압축적으로 표현한 것이라고 할 수 있다.

양 노총도 위기를 인식하고 노동운동의 혁신을 여러 차례 시도했다. 그러나 말은 많았으나 실천은 별로 없었다. 혁신의 바람을 구체적인 실천 역량으로 모아내는 리더십을 발휘하지 못함으로써 그동안의 시도는 아무런 성과도 내지 못하고 그 진정성마저 의심받게 되고 말았다.

노동운동의 혁신 지체는 1998년 이후 기업과 정부조직 그리고 정치 부문이 겪어왔던 변화와 대비된다. 지난 10여 년간 윤리성과 투명성에 대한 사회적 기준은 매우 높아졌지만, 노동조합은 이러한 변화와 혁신의 파고에서 비켜나 있었고 보호와 '진보'의 장벽에 안주했다. 그리하여 노동조합은 독점 세력의 얼굴로 변해갔다. 사업장 차원에서는 대기업 정규직 중심의 노사 담합구조가 고착화되어가고, 전국 차원에서는 양 노총의 독점구조가 강고화되면서 한국의 노동운동은 점차 일반 국민과 근로자들로부터 멀어져갔다.

한국의 노동운동은 지난 20여 년간 OECD 국가의 노동운동과는 다른 시간을 살아왔다. 1980년대 이후 선진국의 노동운동은 금융 주도의 세계화와 신자유주의 정책 개혁―공기업 민영화, 노동시장 유연화, 복지지출 감축, 주주 중심 가치와 수익성 위주의 경영 패러다임 확산 등―이라는 전대미문의 도전을 뚫고 살아남기 위해 변화에 변화를 거듭해왔다. 더구나 1980년대 말 베를린 장벽의 붕괴와 함께 잇단 사회주의 국가들의 연쇄적 몰락은 전 세계 노동운동에 큰 충격과 이념적 혼돈을 가져다주었다. 사업장을 파고드는 고용위기와 함께 이념적 지향점의 상실로 위기감이 고조되었다.

세계의 노동운동은 한편으로는 이에 저항하면서 다른 한편으로는 변화된 환경에 적응하기 위해 자기혁신에 절치부심해왔다. 얼마간 잔존하던 사회변혁적인 노동운동은 노선 전환을 선언하고 나서거나(이탈리아), 정부 및 재계와 '노동유연성 타협(negotiated flexibility)'을 하고(네덜란드, 아일랜드), 대대적인 조직 정비와 통합(일본, 독일)으로 위기를 극복하고자 했다. 독일은 산별 조직의 대대적인 통합으로 위기를 극복하고자 했고, 일본은 좌우를 넘나드는 중앙조직 통합으로 세력을 보존하고자 했다.

이러한 개혁의 물결에 저항하던 영국과 미국의 노동운동은 정부와의 대결에서 기세가 꺾였고 정치·사회적 영향력이 크게 위축되었다. 이들은 조직을 재정비하고 전략을 바꾼 이후 새로운 활로를 찾을 수 있었다. 특히 영국의 노동운동은 대처 시대의 고난을 거친 후 1994년 온건하고 합리적인 새 지도부를 구성하며 사회적 파트너십을 새로운

운동 노선으로 채택했다.

 이렇듯 이들이 시련과 혁신의 시기를 보내고 있을 때 한국의 노동운동은 '거침없는 하이킥'을 날리고 있었다. 한국의 노동운동은 선진국의 노동운동이 겪었던 자기혁신의 진통을 이제 막 느끼기 시작한 것이다. 이를 어떻게 관리하느냐에 한국 노동운동의 미래가 달려 있다. 무엇보다도 한국의 노동운동은 과거의 화려했던 시기만을 회상하며 다시 한 번 대중투쟁의 물결이 몰려올 것이란 자기최면에서 깨어나야 한다.

 새로운 노선과 현실적인 목표, 그리고 이를 실현시킬 수 있는 실용적인 운동 방식을 성실하게 모색해야 한다. OECD 국가의 노동운동이 그랬듯이, 한국의 노동운동도 경로의존적 투쟁보다는 능동적인 자기혁신의 노력으로 위기를 돌파해야 할 것이다. 위기의 원인과 처방은 노동운동의 외부에 있는 것이 아니라 내부에 있기 때문이다.

 대담을 통해 우리가 전달하고자 하는 메시지는 간단명료하다. 이제까지의 대립-투쟁의 노사관계를 지양하고 상생-협력의 노사관계로 나아가기 위해서는 무엇보다도 노동운동의 자기혁신이 요구된다는 것이다. 운동 노선의 재정립을 통해 상생-협력의 합리적 노사관계를 구축하는 것은 현 시점에서 우리나라의 경제발전과 민주주의를 지속 가능하게 하는 가장 핵심적인 요인이라고 믿기 때문이다. 이 책의 세세한 부분에 대한 호불호를 떠나 이러한 우리의 진정성이 일차적으로 노동운동의 내부에 수용된다면 더 이상의 바람이 없겠다.

 이 책의 출간에 물심양면으로 도움을 준 위즈덤하우스와 LG전자의 김영기 부사장에게 감사의 뜻을 전한다.

2010년 1월 김대환, 최영기, 윤기설

차례

책을 펴내며 한국 노동운동의 미래를 생각한다 6

I부 한국 노동운동 어디로 가야 하나?

1 방향성 잃은 노동운동 17

노동운동의 위기 어디서 오나? 20
노조는 호박에 박힌 화석 24
이전 정부서 시장 중시? 28
노동운동 & 민주화운동 30

2 노동운동, 왜 과격해졌나? 35

보상심리 작동으로 대정부 투쟁 강경 37
계파분열이 이념화·정치화 부채질 42
대기업 정규직, '그들만의 노동운동' 45
대처 식 개혁은 우리 풍토에 안 맞아 48
불법 행위에 대한 관용은 직무유기 50

3 노동운동과 포퓰리즘 53

좌파·우파는 없고 잡파만 무성 54
이념적 혼돈은 지식인의 책임 57
좌파와 우파가 싸우는 이유 60
노조 간부의 리더십 실종 63
계파갈등이 리더십의 발목 잡아 65
좌파 정당의 분열과 민주노총의 정파갈등 66
분당은 세력 다툼의 산물 70

4 정치노총 vs 실리노총 72

정부에 손 벌리는 노동단체 75
노조 비리와 회계의 불투명 78

제3노총 설립될까? 80
　　　양 노총의 변화를 촉구하는 촉매제 83

5　산별 노조, 선인가 악인가?　　　　　　　　　　85

　　　노조의 전투력 높이는 산별체제 88
　　　2중, 3중 교섭은 사용자 외면 90
　　　혼란만 부채질하는 산별체제 93
　　　우리 몸에 맞는 효율적인 교섭체계는? 96

6　복수노조와 전임자 임금　　　　　　　　　　　99

　　　전임자 임금, 노조 재정서 충당해야 102
　　　타임오프제, 노사갈등 소지가 다분해 107
　　　노조 조직률은 왜 하락하나? 109
　　　조직률 하락은 세계적인 추세 111
　　　무노조도 경영전략의 일환 114

7　노동운동의 본질은 무엇인가?　　　　　　　　118

　　　계급투쟁론은 비현실적 관점 122
　　　근로계약법이 필요한 시대 125
　　　대기업 노조의 이기주의 127
　　　노조는 민주화의 최대 수혜자 130
　　　과도한 정치성향은 시대착오적 132
　　　정책연대냐, 정치연대냐? 135

8　노조의 사회적 책무와 그 범위는?　　　　　　138

　　　회계 투명성이 노조 민주주의의 열쇠 140
　　　노동운동과 사회적 압력의 당위 142
　　　임금 자제도 사회적 책무인가? 146

2부 상생의 길을 찾아

9 시장이냐, 정부냐?   151

우리는 지금 신자유주의 체제인가? 154
금융위기 이후의 경제 시스템은? 157
경제 질서가 바뀌면 노동시장은 스트레스 160
한국의 노동시장은 유연한가? 163
공기업·대기업 노동시장이 가장 경직 166

10 노동 권력, 대체 얼마나 세길래   168

현장관리자 vs 노조대의원 170
선진국에선 회사가 작업통제권 장악 173
깨진 유리창과 현대차 울산공장 176
노조의 과다한 경영권 개입 176
선진국 노조, 경영 개입 제한적 179
노사단체에 리더십은 없나? 181
정부 눈치 보는 경총 183
사회적 대화 통해 재계 대표로 부상 187

11 법과 원칙의 효용성   189

일관성 없는 노동행정 190
말로만 '법과 원칙' 외칠 뿐 193
노사안정의 비결은 법과 원칙 196
외국서 불법 파업은 형사처벌의 대상 199
강성노조가 변한 까닭은? 201

12 고용 없는 성장, 그 해법은?   204

좋은 일자리, 갈수록 감소 207
사라지는 평생직장 209
사회안전망–유연성–직업훈련 213
규제 풀어야 일자리가 창출된다 215
공공서비스의 임금 양극화 217

　　　　노동시장의 양극화, 어떻게 풀어야 할까? 220
　　　　임금체계 개선이 그 해결책 225

13　고용보험과 사회안전망　　　　　　　　　　　229

　　　　고용보험 낭비 심하지 않나? 233
　　　　고용안정센터에 대한 과잉투자 논란 235
　　　　잡 셰어링의 미래는? 239
　　　　환율 효과로 인해 금융위기 충격은 미미 242
　　　　근로시간이 줄면 성장동력은 하락 247

14　비정규직 문제, 그 묘책은?　　　　　　　　251

　　　　임금체계 바꾸면 해결된다는데… 255
　　　　특수고용직은 노동자인가, 사업주인가? 260
　　　　새 환경에 맞는 보호 대책이 필요 263
　　　　시장 친화적 현장훈련이 경쟁력 265

15　사회적 대화 필요한가?　　　　　　　　　　270

　　　　노조 권력 막강한데 대화 왜 하나? 274
　　　　양보 없인 사회적 파트너십 불가능 279
　　　　유연안전성과 사회적 합의 285
　　　　유연성은 고용시장의 윤활유 287
　　　　사회적 대화, 노동운동엔 원군 289

16　노조 눈치 살피는 지식인들　　　　　　　　291

　　　　노사민정 대타협에 대한 평가는? 293
　　　　적극적 노동시장 정책은 대타협의 산물 297
　　　　상생이란 현실에 맞는 옷을 입는 것 298
　　　　상생은 비겁하다? 혹은 어용이다? 301

　　　　　　대담을 마치며　노동운동, 그 상생의 길을 모색하다 304

✱ **일러두기**

- 2009년 노동 현장을 뜨겁게 달구며 계속 논쟁이 되었던 비정규직 문제와 관련, 대담 내용은 거의 그대로 두고 시제만 다소 손질을 했다. 사용기간 2년이 지난 기간제의 정규직 전환이 2009년 7월부터 시행됐으나 대담은 그 이전에 이뤄졌고 그 중간에 많은 논의가 있어 책을 읽는 데 혼선을 줄 수도 있다고 생각했기 때문이다.
- 대담 때 호칭 표기는 평소 부르던 호칭을 그대로 썼다. 김대환 전 노동부 장관은 현재 인하대 교수로 복직하여 재직 중이지만 장관으로, 최영기 전 한국노동연구원 원장은 현재 경기개발연구원 수석연구위원이지만 원장으로 불리고 있다.

I부

한국 노동운동 어디로 가야 하나?

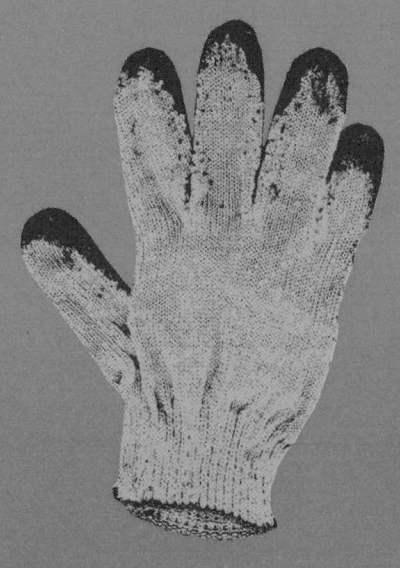

I

방향성 잃은 노동운동

윤기설 민주노총이 '거꾸로 가고 있다'는 비판의 목소리가 높습니다. 가뜩이나 정치투쟁, 이념투쟁에 빠져 현장 노조원들로부터 원성을 듣고 있는 상황에서 간부의 성폭행 미수사건이 터지고 각종 비리사건이 불거져 민주노총은 그 어느 때보다 힘든 계절을 보내고 있습니다. 요즘엔 산하 노조의 탈퇴가 도미노 현상처럼 이어지면서 민주노총은 최대의 위기를 맞고 있는 형국입니다.

 민주노총 지도부는 위기 국면을 돌파하기 위해 혁신대토론회를 개최하는 등 나름대로 자구 노력을 기울이고 있지만 별로 달라진 게 없습니다. 두 분을 모시고 이런 대화의 자리를 마련한 것도 우리나라 노동운동이 왜 이 지경에 빠졌는지, 그리고 고용시장을 비롯한 노동 현안의 문제점은 무엇인지에 대해 살펴보고 그 근본적인 해법을 모색하기 위해서입니다.

김대환 장관님은 우리나라 노동행정을 책임지셨던 분으로 노동부 직원들 사이에선 역대 최고의 장관으로 평가받고 있습니다. 부처 평가에서 하위에 맴돌던 노동부를 재임 1년 만에 최우수 부처로 올려놓았을 뿐만 아니라, 노사관계의 물꼬를 바꾸고 노동행정의 역점을 고용으로 옮겨놓은 데 대해 사회적으로도 평가받고 있습니다.

최영기 원장님은 2008년까지 우리나라의 노동정책과 노사관계, 고용 문제를 연구·개발하는 한국노동연구원의 원장을 지내셨습니다. 원장 재직 시절엔 노동연구원을 전국 연구기관 평가에서 1, 2위에 올려놓을 정도로 학자로서뿐 아니라 관리자로서도 인정을 받았던 분입니다.

내공이 깊은 두 분을 모시고 우리나라 노동 현안과 이슈에 대한 문제점을 분석하고 향후 발전 방향을 모색한다는 자체만으로도 큰 의미가 있다고 봅니다. 사회를 맡은 저 개인적으로도 큰 영광이고요. 그럼 먼저 노동운동이 왜 방향성을 잃고 끝없이 뒷걸음질을 치는지부터 논의해봤으면 합니다.

김대환 먼저 과찬에 송구하다는 말씀을 드리고 얘기를 시작하기로 하지요. 우리 사회 노동운동의 위상과 역할, 특히 사회·경제·정치에 미치는 영향에 대해 성찰이 필요한 시점입니다. 노동계에서 비리가 자행되고 최근 민주노총에서 부도덕한 사건이 발생한 것이 계기가 되어 사회 각계에서 노조 간부의 행태에 대한 비판과 더불어 한국 노동운동의 방향이 재정립되어야 한다는 목소리가 높습니다. 그런데도 한국의 노동운동을 대표하는 양 노총은 이에는 아랑곳없이 '마이 웨이'를 외치고 있는 모습입니다.

얼마 전 민주노총의 새로운 위원장이 선출되었는데, 그는 노동운동이 새로 자리매김해야 한다고 말하면서도 그에 대한 계획은 물론 방향에 대한 언급조차 없었습니다. 자기반성으로부터 시작되어야 하지 않나 하면서 인터뷰를 유심히 지켜보았는데 유감스럽게도 거기에 대해선 한마디도 없더군요.

투쟁을 통해 내부 문제를 덮으면서 유지해가려고 하는 듯한 인상을 받았습니다. 집행부가 바뀌었는데도 민주노총의 형태나 방향에는 변함이 없는 것 같습니다. 당분간은 그대로 갈 것 같다는 생각이 듭니다. 그러다 보면 민주노총만이 아니라 노동운동 전반에 대한 애정 어린 비판마저 냉소로 돌아서게 될 것입니다.

우리 사회와 국민들이 냉소적으로 노동운동을 대하면 급기야 노동운동 무용론까지 대두될 것이고, 그렇게 될 때 과연 우리 사회가 건전하고 건강하게 발전할 수 있을지 걱정이 됩니다. 한국노총과 민주노총을 비롯한 노동단체는 물론, 노동운동을 진보의 입장에서 이끌고 지지해온 활동가들, 노동운동에 관심을 가지고 지원해온 지식인들 모두가 자기성찰과 혁신이 필요한 시점이라고 생각됩니다.

최영기 지난 20여 년간 민주노동운동을 주도해왔던 민주노총 지도부는 항상 파행에 휩싸여왔던 것 같아요. 이수호 집행부도 중도사퇴했고 이석행 위원장도 그랬습니다. 특히 최근에는 비리나 물의를 빚어서 중도사퇴하는 일이 잦아졌습니다. 한국노총도 노조 부패사건에서는 예외가 아니죠.

1987년 이후 노동운동 전통에서 볼 때 이해할 수 없는 일들이 최근 연이어 터지고 있습니다. 이것은 간부 한두 명의 잘못이나 우연찮은 실수로 치부할 게 아니라 조직 내의 치명적인 문제가 불거진 것으로 봐야 합니다. 한 개인의 실수라면 반성하고 책임지면서 넘어갈 수도 있겠지만 그런 문제가 아닌 것 같습니다. 노동운동 노선과 정책의 잘못에서 비롯된 문제라고 봅니다. 이런 상황을 벗어나려면 새로운 전기가 필요합니다.

2000년대 들어 민주노총 스스로도 위기를 인식하고 특별위원회를 만들어 위기극복 방안을 연구하고 조직 혁신을 여러 차례 시도했습니다. 그렇지만 정파 간의 의견 차이 때문에 실제 변화를 만들어낼 만한 조직적 결단은 보이지 않았지요. 이 같은 개혁의 지체가 조직 내의 병리적 현상과 무관치 않다고 봅니다.

물론 2000년 이후의 우리 경제상황이 노동운동에 좋은 여건은 아니었다고 봅니다. 기업의 상시적인 구조조정을 비롯해 비정규직과 아웃소싱의 증가 등으로 인해 전통적인 노동운동 방식이 잘 통하지 않게 된 측면도 있습니다. 하지만 이 같은 환경변화를 탓하는 것은 문제를 해결하는 데 하나도 도움이 되지 않습니다. 따라서 1987년 이후 답습하고 있는 87년식 운동 노선과 운동 방식에 대한 보다 철저한 반성에서부터 해법을 찾아야 합니다.

노동운동의 위기 어디서 오나?

윤기설 민주노총의 운동 노선이 왜 잘못 가고 있는지 개괄적으로 살펴보았는데요. 장관님도 말씀하셨듯이, 이번에 새로 꾸려진 민주노총 지도부가 자기반성은 하나 없이 진보세력과의 연대를 통한 '사회연대노총'을 표방하고 나섰습니다. 민주노총 스스로 조직력이 약하니까 진보단체나 학생단체까지 끌어들이려는 것 아닌가 하는 생각이 듭니다.

얼마 전 민주노총 혁신대토론회를 취재한 적이 있는데, 그 자리는 국민들의 지탄을 받고 있는 투쟁적·이념적 운동 노선을 혁신하기보다는 오히려 노동세력들의 결집을 강화할 수 있는 방안들을 찾기 위해 마련됐다는 느낌을 받았습니다. 그런 점에서 볼 때 아직 민주노총의 변화는 멀지 않았나 싶습니다. 그 부분에 대해 좀 더 논의하고 넘어갔으면 합니다.

김대환 저도 민주노총 행사에 참가해 토론도 하고 발표도 한 적이 여러 차례 있습니다. 그때마다 느낀 것이지만, 민주노총은 자신들의 조직 논리를 최상위에 올려놓고 사회 분위기나 조합원들 내부 분위기를 압도해나가고자 하는 경향이 강하다는 거예요.

같이 자리를 한 지식인들, 즉 교수, 변호사 등 소위 '우호세력'이 노동운동에 대해 보다 진지하고 치열한 토론을 하는 장을 마련하기보다는 자신들의 내부적인 분위기 속에서 지지세력 내지는 우군으로서 무조건 편들어주는 역할을 기대하고 주문하는 식이었지요. 거기에 부응하고 심지어는 편승한 지식인들이 꽤 있었죠.

한국노총 자문위원으로 오랫동안 있으면서도 이와 비슷한 장면을 여러 차례 보았습니다. 한국노총 집행부에서도 저를 야당이라고 했습니다만, 노조운동으로 정형화된 노동운동 일반론과 현실 노동운동 사이의 괴리를 자주 지적하곤 했지요.

윤기설 한국노총과 민주노총이 조직 논리를 내세우고 지식인들은 이러한 노동단체를 편들고, 그러니 노동운동이 잘못돼가고 있다는 말씀인데, 좀 더 자세히 양대 노총의 문제점을 설명해주시겠습니까?

김대환 공식적으로는 재임 중인 2004년 8월 〈중앙일보〉와의 인터뷰를 통해 "노동운동의 위기는 내부로부터 오고 있다"고 했습니다만, 사실은 그 이전부터 양 노총 집행부는 정치화되어 조합원의 '목소리(voice)'를 대변하기보다는 자신들의 목소리를 키우기에 치중한 측면이 있어요. 한국노총의 자문위원으로 활동하면서 노동조합 내 민주주의를 역설하고 보다 못해 '내부 행동'을 한 적도 있습니다만, 진심 어린 충고나 비판마저도 '전투 중에 있는 상황에서 적을 이롭게 하는 것이다'라는 논리로 도리어 되받아치는 분위기가 팽배해져 있었지요.
심지어는 그 충고자를 공개적으로 매도하는 등, 독선적인 과두지배가 점차 굳어져왔던 겁니다. 그렇다고 해서 일관된 원칙과 가치를 지향하는 게 아니라 근시안적인 세(勢)의 유불리(有不利)에만 집착하는 경향을 보여왔습니다.
저는 총체적으로 한국 노동운동이 내부로부터 상당한 위기를 맞을 것이고, 이러한 상태로 시간을 끌면 끌수록 더욱 심각한 양상을 보일 것이며 결국 스스로 세를 허물게 될 것이라고 걱정했었습니다. 노동운동이 물리적인 힘을 수단으로 하여 우리 사회에서 참여하고 개입하여 성과를 보면서 그 폭과 강도를 넓히고 강화하는 데 주력해왔는데, 그것 자체를 노조 간부들이 아직까지도 노동운동의 경로라고 착각하는 것이 문제의 핵심이라고 할 수 있어요.

윤기설 노동계가 전문가의 충고를 받아들이지 못한다는 것은 그만큼 자신들의 조직이 경직돼 있다는 점을 스스로 인정하는 꼴인데……. 노조 간부들이 노동운동을 잘못 이해하고 있는 점을 좀 더 구체적으로 설명해주시죠.

김대환 이론적으로 볼 때 '참여', 즉 '파티시페이션(participation)'이라는 것은 문자 그대로 부분(part)을 택한다(take)는 겁니다. 그런데 현재 한국의 노동운동은 파티시페이션이라기보다는 사실상 도미넌스(dominance : 지배)를 요구하고 있는 셈입니다. 무리한 요구를 이념적으로 정당화하면서 사실상 조직 이기주의를 추구하고 있는 것이지요. 그것은 우리의 사회구조나 역학구조로 볼 때 불가능할 뿐만 아니라 사회 발전의 관점에서도 바람직하지 않습니다. 그동안 노동운동은 그것을 운동의 표상으로 삼아 내부적인 동원력과 외부적인 지지획득을 도모했던 겁니다. 여기에서 결정적으로 무엇이 잘못되었느냐를 이론적으로 얘기한다면 바로 콘셉트(concept)가 정립되지 못했다는 겁니다.

사회운동의 발전 초기 단계에서는 파티시페이션이 중요하지만 바로 다음 단계에서는 개념이 정립되어야만 운동이 발전합니다. 그런데 우리의 노동운동은 개념 정립은 고사하고 정서 자체가 과거에 머물러 있습니다.

그 과거란 1987년이고, 노동운동을 지배하는 것은 개념에 앞선 정서고, 이 정서마저 그 시점에서 벗어나지 못하고 있는 겁니다. 당시 노동계가 보였던 동원력과 이를 통한 실리 획득, 그리고 맛을 봐온 정치적 영향력―여기에만 시선이 고정되어 운동의 발전을 위한 콘셉트의 정립은 소홀히 한 채 관성대로 밀어붙이는 정서가 굳어진 겁니다. 그로부터 20여 년이란 시간이 지났는데, 이 시간은 단순히 산술적인 시간이 아니라 사회경제상 심대한 변화가 동반된 그야말로 역사적인 시간대입니다. 그런데 유독 노동운동만이 변화에 따른 개념 정립을 외면하고 20여 년 전의 정서를 가지고 콘크리트를 쳐왔던 거지요.

노조는 호박에 박힌 화석

윤기설 처음부터 콘셉트가 잘못되면 방향을 잡을 수가 없지요. 앨빈 토플러가 『부의 미래』란 책에서 지적한 것처럼, 기업은 시속 100마일의 속도로 빠르게 변하는데 노조는 호박에 박힌 화석처럼 시속 30마일로 천천히 변한다는 비유가 딱 맞겠군요.

김대환 정부, 재계, 노동계, 시민사회, 이렇게 크게 네 부문으로 나누어놓고 볼 때 노동계와 시민사회에서 비판의 표적으로 삼고 있는 정부와 재계의 변화가 그들보다 오히려 앞서 있다고 봅니다. 그런데 노동계의 경우 1987년 정서에 머물러 있었기에 오히려 더딘 자가 앞서 가는 자를 비판하고 발목을 잡고 그럼으로써 스스로의 정당성을 주장하는 그런 운동이 되고 있는 셈이죠.

우리 노동계가 1987년식 노동운동을 통해서 임금 상승이나 근로조건의 개선을 쟁취한 것은 사실입니다. 양 노총이 진보적이기보다는 진부

한 거대담론을 빌려 우리 사회 세력 판도의 변화나 노동세력의 도미넌스를 이념적으로 추구했지만 그것이 오히려 사회 발전의 발목을 잡고 스스로도 진전이 없는 상황이 도래되었다고도 볼 수 있지요.

<u>윤기설</u> 노동운동이 계속 발전하지 못한 게 운동가들의 콘셉트가 1987년 체제에 머물러 있기 때문이라고 말씀하셨는데요. 하지만 우리나라 민주화 과정에서 노동운동도 어느 정도 기여한 측면이 있지 않나요?

<u>김대환</u> 그럼요. 노동운동이 민주화운동을 주도한 것은 아니지만 민주화 과정에 추동력으로 작용하고 경제민주화의 과제를 명시적으로 제시함으로써 우리 사회 민주화에 기여한 것은 분명하지요. 그건 우리 국민들도 인정하는 바예요.

그 시점, 그러니까 1989년쯤 노사관계에 관한 국민의식 조사가 있었습니다. 서울대학교 사회과학연구소와 한국노동연구원이 공동으로 실시한 것으로 알고 있는데요. 그리고 이후 거의 20년이 지나 2007년에 같은 문항을 가지고 한국노동연구원에서 조사를 실시했는데, 이 사이 기간 중 괄목할 만한 여론의 반전이 나타납니다.

1989년 조사에서는 노동운동에 대한 국민들의 기본적인 시각이 상당히 긍정적이고 높은 지지율을 보였습니다. 61.7%가 정치민주화에 기여한다고 하고, 사회불평등 완화(70.8%)는 물론 경제성장(53.3%)에도 좋은 영향을 미친다는 의견이었습니다. 그런데 2007년의 조사에서는 국민들이 노동운동에 상당히 등을 돌리고 있는 걸로 나타납니다. 정치민주화에 대해서는 35.4%, 경제성장에 대해서는 16.6%로 노동운동에 대한 지지가 크게 줄어들었습니다. 심지어는 사회불평등 완화와 관련해서도 40.2%로 크게 주저앉았습니다. '민주화에 기여한 것은 인정하지만 그 식대로는 곤란하다'는 메시지를 읽을 수 있겠지요.

좀 더 자세히 들여다보면, 근로자 처우가 부당하다(71.5%)는 의견에서 정당하다(57.8%)는 쪽으로 바뀌었고, 노조의 요구에 대한 의견 역시 '정당'(67.0%)에서 '과도'(57.1%)로 무게가 이동되었습니다. 사용자에게 더 책임을 지우던 의견이 노조 책임에 더 무게를 싣는 쪽으로도 여론의 반전이 나타납니다. 특히 국민들의 70.3%가 노조의 임금 인상 요구가 과다하다고 지적하고, 경제성장을 위해 노조활동을 자제해야 한다(74.1%)는 데까지 나가고 있습니다.

최영기 말씀하신 것을 시기적으로 구분해서 얘기해보면, 10년 단위로 1987년부터 1997년까지, 그 다음에 1997년 이후 10년을 끊어서 볼 수 있습니다. 1987년 이후 10년의 노동운동은 한국 경제의 발전 과정에서 나름대로 긍정적 역할을 했다고 봅니다. 그 시기 노동운동이나 민주화운동은 박정희 시대의 개발 모델을 극복하고 우리 사회를 그 다음 발전 단계로 밀어올리는 핵심 동력이었다고 할 수 있죠.

어차피 한국 경제가 과거와 같이 선 성장, 후 분배의 패러다임으로는 더 이상 발전이 어려웠고 시장 주도의 개방적인 경제 질서로 넘어갈 수밖에 없는 단계가 아니었나 싶습니다. 노동운동이 한국의 경제 모델을 바꿔놓겠다고 의도한 바는 아니었지만, 민주적인 노동운동 세력의 대두로 인하여 한국 경제도 그 다음의 성숙 단계로 넘어가지 않을 수 없었다고 생각합니다.

윤기설 언론도 1987년 이후 1990년대 중반까지 노동운동에 대해선 그렇게 비판적이지는 않았던 게 사실입니다. 장관님께서도 말씀하셨지만 우리 사회가 민주화로 나가는 데 노동운동의 공로를 인정한 셈이죠.

최영기 그렇죠. 1987년 이후 노동자들의 요구는 임금·근로조건 개선, 직장 민주화, 노동 관련법 제도의 개선, 이런 것들이었습니다. 경제발전 단계로 볼 때 이 시점에서는 분배도 개선하고, 산업민주화도 이루고, 글로벌 스탠더드에 맞게 노동법이나 노사관계도 개선하는 것이 한국 경제가 갖추어야 할 모습이었는데 이것을 민주노동운동이 요구했던 것이죠. 1987년부터 1997년까지는 노동조합도 그 시대가 요구하는 방향으로 움직여왔기 때문에 노동운동에 대한 국민들의 지지도 비교적 높았다고 봅니다.

하지만 1997년 이후 한국 경제 환경은 크게 바뀌기 시작합니다. 1980년대의 3저 호황(1986~88년 연평균 12% 성장)도 없었고 기업 경영 패러다임도 크게 변합니다. 정부의 역할이 약화되고 시장이 주도하는 경제로 점차 전환돼가면서 기업 경영도 외형 확대보다는 수익성을 극대화하는 방향으로 바뀌어가기 시작했습니다. 이때부터 고용 문제가 본격적으로 한국 경제를 압박하기 시작했고, 노동조합의 분배개선 요구가 이전 10년과 같이 전체 노동자들이나 국민 경제 전체에 긍정적으로 작용하기보다는 자기 조합원들의 이익에만 충실한 것으로 끝나는 경우가 많게 됐습니다.

예를 든다면 대기업 정규직의 임금 인상이 비정규직이나 하청노동자들에게는 오히려 손해가 나는 경우도 있게 되고, 또 그들의 고용보장이 비정규직이나 하청노동자들의 고용불안정으로 이어지는 일도 나타났습니다. 어떤 경우는 비정규직의 노동조합 가입을 기존 정규직 노조가 배척하고 방해하는 사례도 있었죠. 노동운동이 이렇게 자기 조합원들의 이해만을 충실히 따라가다 보니 일반 노동자나 국민과의 호흡을 잃어버리는 결과를 초래한 셈이죠.

이전 정부서 시장 중시?

윤기설 그 부분에 대한 제 의견은 조금 다릅니다. 노동운동이 과격해진 게 정규직에 비해 비정규직과 하청노동자들의 대우가 나빠져 국민들이 등을 돌리게 된 근본적인 이유는 아니라고 봐요. 민주노총이 '사회변혁적 조합주의'라는 운동 노선을 들고 나오면서 이를 관철시킬 수단으로 '투쟁'을 들고 나왔고, 투쟁을 효율적으로 수행하기 위해 산별 노조를 확대시킨 측면이 있는 것이죠. 산별 노조가 돼야 노동단체의 정치 세력화와 대단결이 용이하기 때문입니다.

결국은 투쟁을 확대하는 과정에서 대화를 거부하게 되고 정파 간 갈등이 심화되면서 노동운동이 변질된 게 아닌가 하는 생각이 듭니다. 그리고 정부 주도에서 시장 주도로 바뀌었다고 하셨는데, 이명박 정부라면 시장친화적(market friendly)이라고 볼 수 있지만 DJ 정부와 노무현 정부가 시장을 중시했다고 보기는 어렵지 않나요?

최영기 DJ 정부의 정치적 성격이 그 이전 정권에 비해 진보적이었다고 할 수 있죠. 그러나 경제 운용 방식면에서 과거에 비해 더 정부 주도적이었다고는 보지 않습니다. DJ 정부에서 추진했던 경제개혁의 주된 내용을 보더라도 '정부의 개입은 줄이고 시장의 규율은 강화한다'는 것이었지요. 그러니까 국가의 규율 시스템에서 시장의 규율 시스템, 즉 마켓 디서플린(market discipline)으로 바꾸는 개혁을 추진했던 겁니다. 그 당시 IMF 외환위기를 계기로 우리 경제가 과거처럼 정부 주도로 가서는 미래가 없다는 것이 사회적 합의였습니다. 그리고 IMF도 구제금융의 조건으로 그런 요구를 구체적으로 했던 것이죠. 경제 시스템을 바꿔라, 그래서 많은 개혁을 했습니다. 진보 진영에서는 이 같은 개혁 과정을 신자유주의 개혁이었다고 비판하는 것인데, 한국적인 상황에서는 박정희 개발 모델에서 시장 주도의 개방경제로 전환하는 과정이었다고 평가할 수 있습니다. 노무현 정부에서도 이런 경향이 바뀌지 않았다고 봅니다.

윤기설 장관님도 최 원장님의 견해에 동의하시나요?

김대환 경제체제와 관련해서는, 1987년 체제는 개방 압력하에서 이미 시장주도 체제로의 이행이 진행 중이었고, 1997년 체제를 거치면서 과거 성장체제가 사실상 완전히 해체되었다고 봐야겠지요. 이명박 정부에서 말하는 시장경제 체제 확립은 잔존하는 규제 관행의 완화 내지는 해소라는, 크게 보자면 한계적인 변화에 불과한 것이라고 봅니다. 이 차이를 놓고도 논란이 있긴 하지만······.

노동운동과 관련해서는 1987년 체제에서 1997년 체제로 넘어가는 과정을 짚어볼 필요가 있습니다. 1987년 체제가 민주화운동 체제였다면 1997년 체제는 구조조정 체제라고 할 수 있습니다. 양자 사이에는 큰 단절이 있는 것처럼 보이고, 따라서 1997년 체제는 1987년 체제와 다른 것 같지만 사실은 그 연장선상 위에 있다고 볼 수 있지요.

1987년 체제에서는 노동운동이 중요한 몫을 차지했지요. 여기에서 노동운동은 파티시페이터(participator)에서 출발하여 콘셉트(concept)의 정립으로 넘어가야 했는데 그냥 민주화 관성으로 일관한 면이 아쉬워요. 잘 아시다시피 우리 민주화가 노동운동의 전유물은 아니었습니다. 구태여 그 맥락을 되짚어본다면 민주화운동을 통해서 노동운동의 공간이 열려진 셈이지요. 1987년, 바로 여기서부터 콘셉트상의 오류가 있었어요. 이후 어떤 노조 간부들은 "1987년 '넥타이 부대'도 근로자가 대부분이었으니 1987년의 민주화는 노동운동이 선도하고 주도했다"라고 견강부회(牽强附會)하던데, 이런 식의 사고가 스스로 또 조직적으로 일종의 세뇌적인 역할을 하면서 운동의 개념 정립을 저해하는 요소로 작용한 것도 사실이죠.

노동운동 & 민주화운동

윤기설 노동운동이 민주화의 덕을 본 것이지, 노동운동이 민주화를 이끈 것은 아니다, 이런 말씀이네요. 노동계에선 장관님의 견해에 쉽게 동의하지 않을 텐데요.

김대환 장관 그만둔 지 3년이나 되었는데 자꾸 "장관님" 하시니 어색하네요, 허허…….

노동계도 공식적으론 그러하지 못하지만 비공식적으론 제 논리를 수용해요. 분명하게 말하지만 노동운동이 민주화운동의 덕을 본 셈이지요. 민주화운동이 노동운동을 따라간 것은 아니라는 말입니다.

물론 민주화의 열려진 공간에서 노동운동이 구체적인 생존의 문제나 작업장 내에서의 산업민주주의 문제 등의 제기로 민주화의 폭과 내용이 넓어진 측면도 인정되어야겠지요. 말하자면 경제민주화의 중요한 과제를 제시한 것입니다. 그런데 그렇게 가면서, 그러한 표상을 내세우면서도, 실제 노동운동은 최 원장께서 잘 지적한 것처럼 전투주의로 작업장 내에서 분배 중심의 실리를 챙기면서 민주적인 가치와는 배치되는 '떼법'과 과두지배 체제의 길을 걸었던 것이지요.

그런데 이미 1987년 이후 1990년대로 넘어가면서 세계경제는 큰 변화를 보였지요. 노동시장을 놓고 본다면 과거 노동력의 무한공급 시대는 이미 끝났던 겁니다. 내부적으로는 노동력 부족 현상이 나타나고 국제적으로는 유동성이 상대적 과잉 상태가 됩니다. 상황이 이러다 보니, 상대적으로 노동력이 부족한 상태에서 공급자인 노조의 노동운동이 시장에서 다소 유리한 입장에 서게 되었지요.

'선 파업 후 교섭' 전략을 통해 전례 없는 두 자릿수의 임금 인상, 노조의 조직 확대와 위상 제고, 법제도 개선 등 얻은 것이 많았지요. 그런데 문제는 바로 이 과정에서 우리 경제와 사회 시스템에 과거에 없던 것들을 한꺼번에 펼쳐주어야 하는 부담이 가중되면서 크게는 '우리 경제의 패러다임을 어떻게 전환시켜야 할 것인가' 하는 것이었고 작게는 '기업들이 과연 인상된 임금, 근로조건을 제대로 감당할 수 있었느냐' 하는 것이지요.

<u>윤기설</u> 수요와 공급이라는 시장 작동 원리도 노조의 임금 인상에 영향을 미쳤군요. 하지만 기업들이 노조의 투쟁에 밀려 울며 겨자 먹기 식으로 임금을 과도하게 올려준 측면이 있지 않나요?

<u>김대환</u> 당시 기업들은 한마디로 민주화 분위기에 압도당해 눌려 있었습니다. '선 파업 후 교섭'이 유효하게 먹혀들어가면서 노동운동은 더 힘을 얻어갔고요. 이 같은 상황에서 기업들이 자신들에게 가해지는 압력들을 어떻게 대처했느냐 하면, 이른바 '3저 호황'에다 국제적으로 유동성이 과잉 상태였기에 손쉽게 차입하여 규모를 늘리는 경영을 하게 됩니다.

상대적으로 낮은 금리였고 많은 파생상품이 나오고 그랬지요. 그런데 기업들은 노사관계와 같은 문제들을 내부적으로 진지하게 풀어보거나 정리하려고 하기보다는 차입경영으로 우회하고 일단 넘기기만 하자는 대응이 주조를 이룹니다.

그리고 바로 이러한 과정의 연장선상에서 1997년 말 IMF 사태를 맞게 됩니다. 이 말이 자칫 잘못하면 노동운동이 격렬하여 분배 투쟁이 IMF 사태를 초래하게 됐다는 말처럼 들릴 수도 있겠으나, 그런 의미로 말하는 것은 아니고요.

여기에서 말하고자 하는 것은, 재계나 정부는—여기에는 물론 김대중 정부까지 포함됩니다만—실제로 임금 인상 등을 포함하여 제반 문제를 하나하나 풀기보다는 정치적으로 분위기를 싸잡아 넘어갔기에, 국제적인 유동성 차입과 그 관리에 문제가 생기고 기업의 방만경영을 가져와 결국 IMF 구제금융으로 가게 됐다고 볼 수 있다는 겁니다.

최영기 민주화운동과 노동운동의 관계에 대해서는 저도 장관님과 비슷한 생각을 갖고 있습니다. 1987년 7, 8월의 폭발적인 노사분규는 민주화운동의 투쟁 열기가 산업 현장으로 확장되는 과정이었다고 할 수 있고, 이후 진행된 사회민주화, 산업민주화 과정이 87년 이후 노동운동이었다고 볼 수 있습니다.

또한 1987년에서 1997년까지 10년간은 노동운동의 번성기이기도 했지만, 경제적 분배 측면에서 보면 전무후무한 '샐러리맨들의 10년 잔치'가 벌어진 시기였다고 봅니다. 매년 두 자릿수의 임금 상승과 기업 복지 확대, 그리고 직장 민주화의 진전 등 샐러리맨들의 획기적인 지위 상승이 지속됐다고 봅니다. 물론 이 과정에서 노동조합이 기업 경쟁력을 아랑곳하지 않고 자신들의 임금 상승만을 위해서 투쟁한 책임은 있습니다.

윤기설 그렇다고 노조의 파업을 무마하기 위해 기업들이 퍼주기식 분배를 한 것은 노사관계에도 좋지 않은 영향을 미친 측면이 있다고 보는데요.

최영기 1차적으로 임금을 안정시키려는 기업의 노력이 부족했던 것이죠.

기업들이 3저 호황기의 낙관적인 경제 흐름에 너무 취해 노동조합의 무리한 요구에 관대하게 대한 측면이 있었습니다. 또한 1990년대 초반의 경제자율화 조치에 편승해서 대기업들이 앞 다투어 제2금융권을 키우고 석유화학과 자동차 같은 분야에 진출하는 등 과잉투자에 나섰습니다.

이런 분위기 속에서 노동자들의 과도한 분배 요구가 수용되는 측면도 있었습니다. 다시 말해 기업이 노동운동의 힘에 밀려 생산성을 넘어서는 임금 상승을 방치했던 측면도 있지만 기업 스스로의 몸집 불리기 욕구가 작동되고 있었다는 거죠. 이런 과잉투자의 거품이 외환위기로 이어졌고, 이를 걷어내는 과정이 1997년 이후의 구조조정이었다고 봅니다.

그런데 문제는 노동운동이었습니다. 노동운동은 1997년 이후에도 변화가 없었던 거죠. 절체절명의 구조조정 위기 속에서 노동조합이 자기 조합원의 고용보장과 임금 극대화만을 요구하다 보니까 다른 노동자나 일반 국민들과 사이가 벌어지게 되었습니다.

아까 장관님이 말씀하신 대로 외환위기 이후 정부와 기업은 체인지 코스(change course), 즉 방향을 바꿨는데 노동운동은 그 이전, 즉 10년 전의 관성 그대로 가다가 결국에는 지금 이런 위기를 맞이하게 된 것이 아닌가 생각합니다. 단순화시켜서 해석한다면 이렇게 볼 수 있는 거죠.

노동운동, 왜 과격해졌나?

윤기설 노동운동이 과격해진 원인에 대해 좀 더 논의를 하고 넘어갔으면 합니다. 숫자상으로만 본다면 노사분규 건수는 1990년대 중반까지는 급격히 줄었고, 1997년 노동법 파동이 나기 전까지는 노사관계가 상당히 안정세를 보였습니다. 그런데 1995년 민주노총이 발족되고 1999년 정식으로 합법화되면서 운동 양상이 달라지기 시작했습니다. 이 과정에서 1998년도에 노사정위원회가 생겨나고, 노사정 합의로 정리해고법도 통과되었는데, 이때부터 노동운동이 좀 더 이념화되었다고 봅니다.

1991년도에 동구권 체제가 몰락하면서 움츠러들었던 좌파세력이 1990년대 후반 다시 결집되고 노동운동도 이념화·정치화되는 양상을 보인 것이죠. 이때 민주노총 내부에도 국민파와 중앙파, 현장파로 세력이 갈라지고 투쟁 노선을 둘러싸고 계파 간 갈등이 확대된 것으로 알고 있습니다.

일부 학자들은 정리해고법의 통과가 노동운동을 과격하게 만든 주요 요인이었다고 주장하지만, 저는 이런 시각에 동의하기 어렵습니다. 그것은 단지 일시적이고 부분적인 요인일 뿐이라고 봅니다. 오히려 노사정위원회 설립으로 사회적 대화의 틀이 마련돼 노동계의 활동무대가 넓어짐으로써 좌파들의 정치적·이념적 투쟁을 받아들일 수 있는 사회적 공간이 형성된 게 주요 요인이 아닌가 생각됩니다. 민주노총이 참여하지 않고 있지만 사회적 대화의 틀이 노사 간 힘의 균형을 노동계 쪽으로 기울게 만들었다고 봐요.

김대환 네. 그런데 이 문제를 좌우 개념으로만 접근한다면 문제를 협소하게 볼 수 있다고 생각합니다. 개략적으로 문제를 정리한다면, 1987년 체제에서의 노동운동은 그야말로 참여와 개입의 운동으로 갔던 것이고, 노조 설립이나 임금투쟁으로서의 노동운동은 노조의 설립을 합법화해 나가는 과정과 병행함으로써 사회적 힘도 갖게 된 것이지요. 바로 사회적 힘을 획득하는 과정에서 임금투쟁이 성공하고 그에 따라 사회적 영향력을 갖게 되었는데, 이때는 무엇보다도 내부적 콘셉트의 정리가 필요한 시점이었습니다. 그런데 과거 1987년의 파업을 통해서 얻어내는 소위 '전투적 실리주의'의 관성에서 벗어나지 못함으로써 이 콘셉트 정리가 제대로 시도되지도, 이루어지지도 못했지요.

윤기설 결국 전투적 실리주의가 한국의 노동 현장에 뿌리 내리면서 노동운동에 대한 콘셉트가 자리 잡지 못했다는 지적이시군요.

김대환 1987년 이후 노동운동의 활성화를 통한 사회적 힘의 획득 자체보다는, 이를 포함한 민주화의 분위기와 그 진전에 대한 사회적 요구가 정권교체에 영향을 미쳤다고 봐야겠지요. 또 어찌 됐든 당시 IMF 사태로 인한 경제적 위기가 정권교체, 즉 김대중 후보가 대통령으로 당선되는 데 하나의 여건이 되기도 했습니다.

그런데 그 시기 노동운동, 좀 더 구체적으로 노조 간부들은 김대중 정부를 자신들의 우호세력이라고 간주했습니다. 우호세력이 대통령이 되었으니까 이미 힘을 획득했다고 생각하고, 김대중 정부와 어깨를 나란히 하고 가기보다는 실제로 더 얻어내야 한다고 생각하고 과도한 요구를 비타협적으로 관철시키고자 했던 것입니다.

말하자면 그때 이미 노동운동은 상당히 정치화된 셈입니다. 물론 보다 엄밀한 검증이 필요하겠지만, 노동계 내부에서는 자기들이 김대중 정부의 탄생에 공헌했다는 의식들이 있었다고 봅니다. 그러나 다들 아시겠지만, 김대중 정부의 탄생은 새로운 노사 프레임을 통해서보다는 지역 프레임, 보다 구체적으로는 선거 과정에서의 DJP 연합을 통해 이루어졌다고 해석하는 것이 더 정확할 겁니다.

보상심리 작동으로 대정부 투쟁 강경

윤기설 민주노총이 선거 과정에 영향을 미쳤다면 김대중 정부에 대한 기대치도 높았을 텐데요?

김대환 형식논리적으로 보자면 사실상 독자 후보를 내세웠다가 선거에서

패배했음에도 불구하고 정서적으로는 그랬었지요. 그러나 이미 세계 경제는 WTO(국제무역기구) 체제로 전환되었고 우리 경제는 구제금융으로 IMF 관리하에 있었기 때문에, 이런 여건에서는 김대중 정부가 아니라 어떤 정부도 노동계, 특히 민주노총이 요구하는 것을 전부 수용할 수가 없었습니다. 대내외적으로 명백한 현실적 한계가 있었거든요.

그런데도 노동계는 보상심리가 작용해 높은 기대수준을 가졌지만 결론은 제대로 못 받았다는 생각이었고, 이것이 대정부 투쟁으로 나서는 계기가 됐다고 볼 수가 있습니다. 물론 민주노총이 1998년 2월 이른바 '노사정 대타협' 이후에 한국노총과 달리 대정부 투쟁으로 나간 데는 내부의 복잡한 사정도 있었지만, 그 투쟁의 상당한 부분이 계급론적 관점을 동력으로 삼았다는 것은 부인할 수 없는 사실입니다. 그런 이상 계급정당에 기반을 두지 않은 김대중 정부에 계급적인 정책을 요구하는 것 자체가 무리였던 것이지요.

최영기 저는 이 부분에 대해서는 좀 더 경제적인 해석을 하고 싶은데요. 분규 건수 추이를 보면 1997년 외환위기 이전 2~3년간은 근로자 1천 명당 파업에 의한 근로손실일수가 OECD 국가 평균보다 낮습니다. 1990년대 중반에 이르러 노사관계가 분명히 안정화 추세를 보였습니다.

그러나 1998년 이후 구조조정이 본격화되고 대량 해고사태가 빈발하면서 다시 분규가 늘어나고 노사관계가 악화되기 시작했습니다. 이 시기에 노동운동의 정파 갈등과 정치적 요구도 강화되는 추세를 보입니다. 그런데 이것을 윤 기자처럼 1995년 민주노총이 출범하고 1999년 민주노총이 합법화된 것에 기인한다고 해석하는 것은 무리가 아닐까요? 왜냐하면 이는 1997년 외환위기를 우리가 어떤 식으로 극복했는 가를 전혀 고려하지 않은 해석입니다.

1997년도 외환위기는 그야말로 한국 경제의 절체절명의 위기였습니다. 당시 노동운동도 위기를 맞이해 공세를 취하기보다는 매우 수세적인 자세를 취했습니다. 그 한 예가 바로 노동계가 대선 기간 중에 사회적 대화를 먼저 제안했던 것입니다. 민주노총 진영에서 고용 안정 협약을 맺자고 대선 후보들에게 요구를 했습니다.

여야 후보들이 모두 이 제안을 받아들였구요. IMF 당국도 멕시코의 사례를 들면서 정부 당국에 노동계와의 타협을 요구했습니다. 그것이 발단이 되어 1998년 2월에 경제위기 극복을 위한 사회협약인 노사정 대타협을 하게 되었지요. 이 시기의 정파 문제에 대한 연구가 좀 더 필요하지만, 제 관점에서 정파갈등을 촉발시킨 가장 직접적인 원인을 찾는다면 사회협약의 인준 여부를 둘러싼 대의원대회의 분란이 아닌가 생각합니다.

윤기설 그 당시 정리해고법이 통과되면서 민주노총 내 강경파들의 반발이 상당히 거셌던 걸로 기억됩니다.

최영기 그렇지요. 그 당시는 국민파가 민주노총 지도부를 구성하고 있었습니다. 2월 6일 잠정합의하고 2월 9일 임시대회를 하는데 해고자들이 몰려와서 임시대의원대회를 폭력으로 무력화시키고 인준을 거부합니다. 그 사건으로 인해 국민파 지도부(배석범 체제)가 물러나고 이갑용 집행부가 들어섭니다.

이들도 초기에는 노사정위원회에 참여를 합니다. 그러나 그 이후 기업 단위 구조조정이 본격화되고 광범위한 인력 삭감이 전개되면서 갈등이 첨예화하기 시작했지요. 구조조정의 주 타깃이 어디냐면 공공 부문, 금융 부문, 재벌 대기업 등이었습니다. 이 3개 부문은 한국 노동운동의 요새와 같은 곳입니다. 자기 조직에서 대규모의 고용조정이 이루어지는 것을 그냥 바라만 볼 노동조합은 없다고 봅니다. 특히 우리나라와 같이 기업별 노조체제를 지니고 있는 나라에서는 노동조합 지도부가 고용조정 과정을 합리적으로 대처하기가 참 어려운 것 같아요. 1998년 외환위기 이후 분규가 또다시 급증한 것은 이와 같이 고용조정을 둘러싼 갈등이 큰 원인이 되었습니다. 분규 사이클로 보면 1987년의 대폭발이 1995년 전후에서 안정되어가다가, 1998년 이후 고용조정으로 인해 분규가 증가했고, 이 구조조정 소용돌이를 서서히 벗어난 시점이 2005년 전후, 그러니까 김 장관님 재임 시절이 아니었나 생각합니다.

윤기설 외환위기 때 구조조정으로 노사갈등이 늘어났다는 분석인데요. 이런 분석에 이의를 제기하고 싶습니다. 우리나라에서 노사분규가 다시 늘어난 것은 외환위기가 지나고 민주노총이 합법화된 뒤인 2000년대 들어서면서부터였습니다. 아까도 말씀드렸지만 민주노총은 '사회를 변혁시켜야 한다, 변혁을 이루려면 투쟁이란 수단이 필요하다, 그리고 투쟁을 하려면 거대 조직이 있어야 하는데 바로 산별 노조가 필요하다'는 논리였습니다.

산별 노조라는 거대 단일노조의 결성을 통해 계급투쟁을 강화시키자는 것이었죠. 실제로 파업의 상당 부분이 산별 노조가 확산되면서 늘기 시작했습니다. 1990년대 말부터 보건의료 노조가 집단행동을 시작한 데 이어 2000년대 들어 금속노조까지 집단파업에 가담하면서 분규가 엄청 늘어납니다. 2002년 두산중공업의 장기파업도 산별 노조에 참여하느냐 마느냐를 놓고 회사 측과의 갈등으로 인해 빚어졌거든요. 연도별 노사분규 건수를 보면 파업이 얼마나 늘어났는지 금방 알 수 있습니다. 2001년 235건이었던 분규 건수가 2002년 322건, 2003년 320건, 2004년 462건으로 급격히 늘어났습니다. 이중 60% 이상이 산별 노조에서 벌어진 겁니다. 결과적으로 2000년대 들어 노사분규 악화는 노동운동의 정치세력화와 대단결을 통해 힘을 확대하는 과정에서 비롯된 것이라고 해석할 수 있습니다. 이는 실증적 수치가 뒷받침하니까요.

김대환 저는 복합적으로 작용했다고 봅니다. 김대중 정권, 그러니까 국민의 정부가 출범하면서 IMF 체제에 들어갔으므로 분규가 다소 늘어났지요. 그때는 고용조정의 문제가 발단이 되긴 했지만 방금 윤 기자가 말했던 것처럼 노동계의 세력화와 정치화도 상당히 작용을 했었고, 참여정부 출범 이후 2003년 하반기부터 2004년까지의 분규도 뭐랄까, 노동계가 참여정부를 시험해보는 다분히 정치적인 성격을 띠고 있었던 것으로 보여집니다.

다시 1997년 체제로 돌아가보면, 당시는 절체절명의 경제위기를 맞이한 시기여서 경제 전반의 구조조정이라고 하는 것은 불가피한 과제였습니다. 1997년 체제에서는 구조조정이 고용조정 중심으로 진행되었고 이로 인해 노사관계도 상당히 악화되었는데, 실제로 기업의 체질개선이라는 측면에서 보면 이점이 있었겠죠. 이론적으로 본다면 구조조정으로 할 수 있는 방법은 여러 가지이지요. 고용조정만이 아니라 임금조정을 할 수 있고 기능조정도 할 수 있었습니다. 그러나 당시에는 우리의 노동정책 자체가 표면적으로 드러난 노사분규에만 맞춰져 있었고 고용지원이나 직업훈련 등 노동시장 정책은 미흡했습니다.

외환위기 당시 상황은 어수선했지요. 향상훈련이나 배양훈련을 통해 숙련향상이나 기능습득을 가능케 하여 근로자들이 다른 데로 옮겨갈 수 있는 그런 시스템이 제대로 갖춰져 있지 않았어요. 그러다 보니 기업으로서는 고용조정에 치우치고, 그것이 근로자들에게는 직격탄이 되어 노사갈등이 심화된 겁니다.

이제 조금 지난 시점에서 생각해보면, 1997년 대선이 끝나고 1998년 노사정위가 출범하기 이전까지 노동계와 김대중 정권 사이에서는 뭔가를 좀 잘해보려고 노력했던 게 사실입니다. 하지만 그 당시는 실제로 할 수 있는 수단이나 방법에 상당한 제약이 있었기 때문에 정부가 노동계의 요구를 충분히 수용하는 것도 현실적으로 힘들었고, 재계 쪽에서는 당장 고용조정 이외의 방안에 주력하는 것이 어려웠던 것이죠.

계파분열이
이념화·정치화 부채질

윤기설 민주노총의 계파분열이 운동 노선의 이념화와 정치화를 가속화시킨 측면도 있다고 보는데요.

김대환 그런데 그 시기에 민주노총은 그들의 1차 목적이었던 합법화를 추진했었고 그 과정에서 이른바 정파 간 대립이 있었지요. 게다가 1998년 이른바 노사정 대타협을 전후해 정파 간의 노선 차이가 표면화되고, 그것을 계기로 국민파와 나머지 파들 사이의 대립 양상이 뚜렷하게 나타난 것으로 보입니다.

국민파든 아니든, 그 어느 쪽이 집행부를 구성하든, 내부적인 권력투쟁이 격화되는 상황 속에서 한편으로는 정파의 정체성을 위한 이른바 이념투쟁으로 노동운동을 이념화하고, 다른 한편으로는 상호간의 선명 경쟁이 강경투쟁으로 치닫게 한 것이지요. 여기에서 공통분모가 무엇이었는가 하면 '노동세력을 키우자', '사회적 연대를 통해서 힘을 키우자' 이런 것이었는데, 일단 조직 노동세력의 확장과 강화라는 측면에서는 양쪽이 다 명분을 얻을 수 있었고 실제 그 효과도 만만치 않았지요.

그런데 바로 이 과정이 노동운동의 정치화 과정이었습니다. 노동운동이 정치적 성격을 띠는 것 자체는 자연스런 것이지만, 우리 노동운동의 정치화는 속물적 정치화이기 때문에 문제가 있는 것이지요. 작업장 현안도 정치 이슈화하고, 비타협적 태도로 '타결보다는 쟁취'를 내걸고, 파업 일정을 미리 못박고 불법도 불사하면서 노동운동의 위상, 그 실체로서 노조 간부의 정치적 입지를 강화하고자 하는 속물적 정치화가 가속화되었던 겁니다.

이 대목에서 강조하고 싶은 것이 있는데, 내부의 분파는 이념화와 정치화를 촉진하지만 그러한 과정은 자기부정으로 귀결될 수밖에 없다는 사실입니다. 시간이 지날수록 그러한 이념화와 정치화는 결국 분파적 과두체제, 즉 노조 간부들만을 위한 것으로 드러나게 되고, 그렇게 될 때 조직은 물론 노동운동 자체가 위기에 빠지게 됩니다. 이념화·정치화의 과정에서 강화되어온 전투적 실리주의도 같은 운명을 맞을 수밖에 없을 겁니다.

윤기설 이 대목에서 최 원장님도 덧붙일 말씀이 있으실 것 같은데요.

최영기 어느 정부가 들어서든 정권 초기에는 신정부에 대한 기대로 정치적 성격의 노사분규가 늘어나는 양상을 보여왔지요. 1998년이나 2003년에도 그런 경향이 있었습니다. 2008년에도 약간 증가했죠. 그런데 1998년에는 때마침 산별 노조가 증가하기 시작했죠.
1997년 3월에 법 개정을 하면서 산별 노조로 전환하는 데 상당한 장애요인으로 작용했던 제도적 장치를 제거했습니다. 과거에는 기존 기업별 노조를 해산하고 산별 노조를 다시 결성하도록 했던 것을 노조의 규약 개정만으로도 산별 전환이 가능하도록 했던 겁니다. 이와 같이 산별 노조로 가는 걸림돌이 제거되면서 1998년 이후 병원·금융·금속 업종에서 산별 노조 추진이 본격화됐습니다. 그런데 이때는 마침 개별 사업장에서 구조조정을 둘러싼 분규가 급증한 시기와 겹치는 겁니다. 당시에는 그런 시기적인 특성이 있었다는 것을 밝히는 것도 중요한 것 같습니다.

대기업 정규직,
'그들만의 노동운동'

윤기설 친노(親勞) 성향의 노무현 전 대통령은 "우리나라 노동운동은 대기업 노조 간부들, 그들만의 운동이다"라고 비판한 적이 있습니다.

김대환 그 점에 있어서 대통령과 저의 인식은 일치했습니다. 그런데 '그들'에는 방금 지적하신 대기업의 노조 간부만이 아니라 공공 부문의 노조 간부도 포함됩니다. 1987년 이후 시간이 지나면서 노동운동이 노조운동으로 정형화되고, 노조가 사회적 힘을 획득하면서 노동운동은 점차 정치화되었습니다.

노조 간부가 조직과 운동을 이끄는 것은 지극히 당연한 겁니다. 그러나 앞에서 말한 것처럼 속물적 정치화가 가속화되어갈수록 노조 간부와 조합원과의 괴리가 커졌고, 노조 간부를 위해 조합원이 정치적 파업에 동원당하는 노동운동이 되어버린 감이 없지 않습니다.

이와 더불어 조합 내 민주주의는 점차 실종되어가는 양상을 보였습니다. 그 1차적 피해자는 하부조직과 조합원들이었고, 결국 비조합원은 물론 일반 국민도 피해를 입게 된 겁니다. 그 책임은 누구보다도 노조 간부, 특히 노동운동의 지도자로 과시해온 사람들에게 있다고 생각합니다.

영국의 사례가 귀감이 될 수 있을지는 모르겠지만, 대처 정부하에서의 노동운동의 변화와 재정립을 말하는 이들이 많습니다. 대처 정부는 노조 간부들이 누리고 있던 막강한 정치적 힘을 무력화시켰고, 그게 영국 노동운동이 변화하는 계기가 되었었죠. '노조의 무력화'라고들 하지만, 실제로는 정부와 정치화된 노조 간부와의 대결 과정에서 대처 정부가 거의 완벽한 승리를 거둔 것입니다.

우리의 경우도 사실 노조 간부의 정치화 양태는 당시 영국보다 결코 덜하지 않다고 봅니다. 여기서 정치화라는 것은 상당히 세속적이고 속물적인 의미가 포함됩니다. 노동운동이 현실적인 사회적 영향력을 획득하면서 이를 배경으로 정치적으로 입신함은 물론 속물적 힘을 과시하고 급기야는 비리와 부패로까지 이어지는 노조 간부들이 생겨났거든요.

그 1차적인 책임이 당사자에게 있다는 사실은 두말할 필요도 없지만, 저는 우리 정치권이나 기업이 역할을 제대로 못한 책임도 있다고 봅니다. 정치권이나 기업이 이런 노조 간부를 키워준 측면이 적지 않으니까요. 따라서 그러한 노조 간부에 대한 비판과 더불어 정치인이나 사용자가 제대로 역할을 못한 점도 동시에 지적되어야 합니다.

<u>윤기설</u> 장관님 재임 시절 법과 원칙을 중시하는 스타일을 빗대서 일부에서는 '바지 입은 대처'로 비유했던 걸로 기억하는데요. (웃음)

<u>김대환</u> 허~ 그 참. YTN이 그렇게 보도했던가요? YTN을 거꾸로 하면 뭐가 되지요? NTY, 노 땡큐(No Thank You)입니다. (웃음)

대처와 저는 철학이 다릅니다. 오해의 소지가 있을 수 있어 부연하자면, 사회적 배경이 다르니 철학이 다를 수밖에 없다는 의미입니다. 대처 집권 시기에 제가 영국 옥스퍼드 대학에 유학 중이어서 대처의 정치 철학을 피부로 느낀 바 있습니다. 1979년 선거를 통해 대처가 집권

을 하게 됐는데, 초기에는 조심스러웠고 노동개혁에 그렇게 적극적이지 못했었죠.

왜냐하면 당시 복지지출 삭감 정책 등에 대한 여론 지지도가 그리 높지 않았습니다. 저는 현지에서 대처 정부의 정책에 대해 비판적이고 부정적인 일반 시민들의 반응을 일상으로 접했습니다. 대처리즘(Thatcherism), 즉 대처 식 '신보수주의'를 통해 정부에서 공공지출을 줄이다 보니 교육, 의료 지원이 대폭 줄어들어 서민 생활에 주름살이 가게 되었어요. 그때 저는 거리에서 만난 사람들이나 시장에서 일하는 서민들의 심성이 매우 거칠어지는 것을 볼 수 있었죠.

당시에는 영국의 지식인들도 대처의 정책에 대해서 대체적으로 비판적이었습니다. 대처가 옥스퍼드 대학 출신이잖아요. 영국만이 아니라 우리나라에서도 관례적으로 모교 출신이 유명해지고 성공하면 명예박사 학위 같은 걸 주잖아요. 대처도 명예박사 학위를 신청했지요. 그런데 대처 정부에 대한 비판이 워낙 거세다 보니 옥스퍼드 대학에서 이걸 투표에 부쳤습니다. 결과는 부결이었어요. 결국 명예박사 학위를 받지 못했지요. 그만큼 대처의 정책 노선에 대해 지식인들의 부정적 시각이 강했던 겁니다. 그런데도 재임 중에 제가 대처와 비슷하다는 식의 얘기가 나온 계기가 있었습니다.

대처 식 개혁은
우리 풍토에 안 맞아

윤기설 대처가 노동개혁을 할 땐 국민들로부터 큰 점수를 받지 못했군요. 국회에서 장관님을 대처에 비유한 것도 노동계와 갈등을 빚었기 때문 아닌가요? 구체적으로 어떤 내용이었나요?

김대환 재임 당시 국회 상임위원회에서 당시 야당인 한나라당은 저에게 대처 식의 강경한 대응을 해줄 것을 주문했어요. 그래서 제가 "내 이름은 대환이지 대처가 아닙니다" 하고 넘어간 적이 있습니다. 저는 대처만 한 인물도 못 되지만, 대처를 존경하거나 좋아하지도 않습니다.

우리 현실에서 대처 식의 개혁은 문제가 있어요. 왜냐하면 일단 대처 식의 개혁은 동의하든 안 하든 '영국병'으로부터 출발했다는 겁니다. 과다한 복지, 정치적으로나 사회적으로 막강한 노조 간부의 힘, 기업의 활력 저하, 높은 실업률 등 영국병을 치유하지 않으면 영국에 희망이 보이지 않는 그런 조건하에서 대처 식의 개혁이 요구되었기에 정권교체가 이루어졌다고 볼 수 있지요. 그렇기 때문에 공공지출과 복지지출을 줄이고 노조의 막강한 영향력을 제어하는 한편, 기업에 활력을 불어넣어 경제를 활성화시키고 실업을 줄이고자 하는 대처 식의 개혁이 단행될 수 있었던 거지요.

우리의 경우는 무엇보다 사회안전망이 취약하기 때문에 대처 식의 개혁을 직수입해서는 곤란하죠. 경제와 민주주의의 지속 가능한 발전을 위해서 우리에게 필요한 것은 사회안전망을 강화하고 적극적 노동시장 정책을 강화하면서, 임금 및 기능의 유연화에서부터 시작하여 노동 유연성을 제고함으로써 노동시장의 유연성과 안전성을 조화시키는, 이른바 '유연안전성(flexicurity)'을 사회경제 정책의 기조로 삼아 우리식의 개혁을 하는 것입니다. 요사이 제가 몰두하고 있는 과제도 바로 이겁니다.

이를 위해서도 노사관계의 안정적 발전은 매우 중요합니다. 당시 대처는 "정치과잉"이라는 표현을 쓰면서, 과거의 타성에 젖은 노동운동을 바꾸려고 정치화된 노조 간부들과의 정치적인 대결을 감행했지요. 저도 우리 노동운동과 관련하여 "과도한 정치화"라는 표현을 했는데, 그러고 보니 대처와 비슷한 표현이네요. 하지만 정치적인 이슈를 걸고 파업을 하는 경우를 영국에서는 보지 못했어요.

저는 현재도 그러하지만 장관 재임 시절에도 야비하게 정치화된 노조 간부들의 행태로 우리 노동운동의 이름이 더럽혀지는 것이 개탄스러웠습니다. 노동행정의 책임을 지고 있을 때, 나라의 앞날을 위해 물꼬를 바꾸어놓아야겠다는 사명감을 가지고 있었던 것도 사실이고요. 이전처럼 정치적 미봉이 아니라, 합법과 불법을 교묘하게 넘나드는 '그들만의 잔치'에 법과 원칙을 엄정하게 적용함으로써 노사관계를 정상화시켜 우리 사회경제의 유연안전화 틀을 잡아나가고자 했을 뿐입니다.

시공(時空)의 맥락을 무시하고 대처에 비유하는 것은 맞지가 않아요. 저의 철학과 우리가 처한 현실은 대처나 영국과는 다를 수밖에 없어요. 그래서 저는 당시 국회에서도, 정부 내에서도, 또 언론을 향해서도 "영국과 우리는 사정이 다르다"고 여러 차례 얘기한 것을 윤 기자도 기억하실 겁니다.

불법 행위에 대한 관용은 직무유기

윤기설 그렇지만 당시 장관님이 우리나라의 노동운동을 강도 높게 비판하면서 법대로 대응했을 때 대처를 연상케 했거든요.

김대환 참~ 대처는 총리(Prime Minister)였고 저는 한 부처의 장관(Minister)이었을 뿐인데……. 연상의 비약은 자유입니다만 반갑지만은 않군요. 법과 원칙은 어느 사회나 그 구성원에게 기본 규범이자 상식이지 대처의 전유물은 아니지 않습니까. 반드시 총리나 장관이 아니라 하더라도 행정 책임을 맡은 사람이 법과 원칙에 충실해야 함은 지극히 당연한 일일 뿐입니다. 우리 사회에서는 지난 역사의 굴곡 때문인지 법 준수 의식이 미약해요. 그래서 준법을 거론하면 "법만으로?" 하고 대들기 일쑤잖아요.

정치권부터가 온통 이 타성에 젖어 "법만으로?"를 전략화해오고 있어요. 이것부터 바로잡아야 해요. 법은 법이지 왜 난데없이 '법만'입니까. 제가 법과 원칙을 강조한 데 대해서도 그와 같은 태클이 수없이 들어왔어요.

웬 정치인이 정색하고 "법만으로 되느냐?"고 하길래 "내가 언제 '법만'이라고 했느냐? '법과 원칙'이라고 했지"라고 응수한 적도 있어요. 또 법과 원칙을 강조하면 언론에서는 준비하고 있었다는 듯이 "강경하다"는 딱지를 붙여요. 윤 기자에겐 미안한 질문이지만, 우리 언론은 과도한 정치화의 희생자인가요, 아니면 그 '확실한' 주체인가요?

노동운동은 법으로 보장하고 규율하고 있습니다. 따라서 불법과 위법에 대해서 법의 조치가 이루어지는 것은 지극히 당연한 일입니다. 노동행정의 책임을 진 사람이 노사 어느 쪽이든 불법에 대해서 법과 원칙에 의거해 엄정하게 대응하지 않는다면 그건 직무유기지요.

다른 분야도 마찬가지예요. 특히 나라 일을 맡은 사람은 정치적 압력이나 풍향에 흔들려서도, 사심(私心)을 가지고 일을 해서도 안 되고 법과 원칙에 충실해야 한다는 것은 기본 중의 기본이지 않습니까. 제가 혹 다른 분야의 일을 맡았더라도 마찬가지였을 겁니다.

윤기설 그런데도 법과 원칙을 강조한 장관이 새삼 주목을 받았던 이유는 역대 어느 노동부 장관보다도 '법대로'를 실천했기 때문이란 생각이 듭니다.

김대환 그것은 그전까지 정부의 노사관계 정책이 법과 원칙에 충실하지 못했다는 반증일 겁니다. 민주화 이후 정부는 노동계와 우호관계를 가지려고 노력했지요. 그런데 노동계는 노사대등만이 아니라 노정대등, 아니 정부 위에 올라서려는 정서를 가졌던 것 같아요.

사실 민주정부는 미래를 내다보고 노동계의 불법이나 노조 간부의 속물적·정치적 행태에 대해 법과 원칙에 입각하여 엄정한 대처를 할 의무가 있다고 생각하는데, 근시안적인 정치의 우물 속에 갇혀서 '노조 달래기'에 허겁지겁한 감이 없지 않아요.

그러다 보니 노동계는 민주정부를 시쳇말로 '아래로 보고' 공공연히 정치공세를 퍼부었고, 그 과정에서 정부 불신이 야기되고 증폭된 측면이 있어요. 그렇게 당하면서도 정부는 과거의 '업보' 때문인지 유독 노동계에 대해서만은 법과 원칙을 적용하는 데 엉거주춤하는 모습을 보였는데, 저는 '이건 아니다'는 생각을 죽 해왔습니다.

그래서 제가 입각을 하면서 대통령에게 이러한 소신을 밝히고 동의를 받았던 겁니다. 노사 중립의 입장에서, 국민 전체의 관점에서 미래지향적인 '당당한' 노동행정을 펴겠다. 법과 원칙에 입각하여 정책적으로 노사관계 합리화의 물꼬를 트는 데 진력하겠다. 이를 기반으로 노동행정의 중점을 고용으로 옮겨놓겠다. 동의해주신 소신에 충실하지 못하거나 능력이 미치지 못하면 언제든지 물러나겠다. 그렇게 공언을 하고 집무를 시작했던 겁니다.

노동운동과 포풀리즘

3

윤기설 우리나라 노동운동이 잘못된 방향으로 흘러간 데에는 노조 간부의 정치 성향과 지식인들의 포풀리즘적 행태가 복합적으로 영향을 미쳤다는 비판이 많습니다. 먼저 노조 간부들의 정치 성향에 대해 간단히 짚고 넘어갔으면 합니다.

최영기 노동운동 지도자들의 정치성을 얘기할 때 두 부류로 갈라서 볼 수 있습니다. 노동조합에서 공식적으로 선출된 간부가 있고, 이와는 달리 소위 '활동가'라고 해서 어떤 집행부가 들어서든지 자기 정파를 관리하는 비공식 간부들이 있습니다.

저는 한국 노동운동의 큰 문제 중 하나가 정파 활동가라고 생각합니다. 노조 간부는 2, 3년 단위로 선거를 통해 계속 검증을 받고 단체 교섭을 통해 구체적인 결과를 내야 하기 때문에 과도하게 정치성을 갖기가 어려운 측면이 있거든요. 그런데 정파 활동가들은 구체적인 책임도 지지 않으면서 현장 내에서 영향력을 행사하고 과도한 정치적 요구를 합니다. 이라크 파병이나 한미 FTA 반대 파업 같은 것이 한 예가 될 수 있겠죠. 노사정위원회를 둘러싼 과도한 정치적 공방도 이와 무관치 않다고 봅니다. 민주노총 내에 사회변혁 운동적 성격이나 정치적 성격이 강하다는 비판도 이런 활동가들의 영향 때문에 그런 게 아닌가 생각합니다.

좌파·우파는 없고 잡파만 무성

윤기설 정말 노동운동의 문제점을 정확히 지적하신 것 같습니다. 결국 활동가들의 폐해가 우리나라의 노동운동을 망치고 있다는 분석이시네요.

최영기 민주노총이 사회적 대화를 거부하는 이유를 보면 다소 황당한 측면이 있어요. 사회적 대화라는 건 유럽 사회에서 일반화된 노사정 간의 정책협의 방식이거든요. 그런데 노사정위원회에 참여하는 것 자체가 개량이고 타협 노선이라면서 참여를 거부했습니다.

그들은 뭔가 더 변혁적인 것을 생각하고 있는 것 같은데, 자기들이 원하는 경제 모델이 무엇인지 밝히지 않고 있습니다. 현존하는 어떤 사회도 시장경제를 거부하는 나라가 없고, 어떤 사회도 노사정 간의 대화를 거부하는 경우가 없는데, 그것을 거부하면서 어떤 사회를 지향하는 건지 분명치 않습니다. 이는 한국 노동운동의 이념과 비전, 그리고 바람직한 사회에 대한 모델이 분명치가 않기 때문이라고 봅니다.

김대환 그 얘기를 하자면, 소위 우리나라 노동운동의 노선과 특히 민주노총의 강경 노선을 두고 흔히 '좌파'니 '변혁파'니 하는데, 사실 우리 사회에는 제대로 된 좌파도 우파도 별로 없어요. 제가 볼 때는 활동가 대부분이 한마디로 '잡파'예요.

우리 현대사의 굴곡이 잡파가 형성되고 활동하는 여건을 만들었다고 볼 수 있지요. 보다 가까이, 수십 년간 억압적인 개발독재 체제에 대항하여 이어진 민주화운동에는 자유민주주의적인 요소가 밑바닥에 깔려 있었고, 정치적으로는 독재적인 억압에 대한 저항, 경제적으로는 재벌체제에 대한 반감, 여기에서 더 나아가 자본주의에 대한 근원적인 부정과 타도, 심지어는 대한민국의 정통성에 대한 회의와 북한체제에 대한 감성적 동조 등, 이 여러 갈래가 어우러져서 잡탕으로 같이 갔던 겁니다. 어찌 됐든 강고한 압제에 대응하는 것은 관점이 다르더라도 거기에 반대하는 쪽들이 힘을 모아 같이 가는 방법이 효과적이었으니까 좌파나 우파가 아닌 연합으로 갈 수밖에 없었어요. 연합 자체가 잡파는 아니고, 이 과정에서 실리주의에 물든 소아병(小兒病)적인 잡파가 생겨났는데, 상황이 워낙 힘들다 보니 제대로 걸러지지 못했던 거지요.

민주화 이후 일부 노동운동이 좌파적 가치나 사회변혁을 내세우고는 있지만 잡파에서 탈피하지 못하고 있어요. 보다 실질적인 민주주의를 위한 노동운동의 기여는 경제민주화에 있다고 할 수 있는데, 이게 좌파적 지향으로는 안 되고 '무늬만 좌파'로서는 혼동만 가져올 뿐이지요. 경제민주화와는 결이 전혀 다른 전투적 실리주의를 노동운동의 지향으로 삼고 이를 통해 개인적 입신을 도모한다면 이보다 더한 잡파가 어디 있겠어요.

윤기설 '좌파'니 '잡파'니 하는 비판은 지식인들이 중심을 못 잡고 왔다 갔다 하기 때문에 나온 비판 아닌가요?

김대환 실질적 민주화라는 것을 저는 경제민주화라고 표현했는데, 문제는 이 경제민주화의 방식이나 경로 그리고 전략에 있어서 콘셉트가 없었던 거지요. 기존에 있던 잡탕적인 것들로 계속 이어진 겁니다.

과거 반독재 민주화운동의 타성인지도 모르겠습니다만, '싸워서 이기는' 것 외에는 별 콘셉트가 없어요. 경영자를 이기고, 자본을 이기고, 자본과 정부는 한통속이기 때문에 결국 정부도 이기고자 하는 식의 현실 노동운동에 대해 추상적인 이념의 차원에서 지식인들이 두루뭉술 동조해주는 경향이 없지 않았지요.

실제로 1980년대 후반 이후 우리 학계에서도 학문적 관점이라기보다는 이념적 입장에서 비롯된 추상적인 논쟁들이 있었죠. 저도 본의 아니게 개입했던 적이 있었는데요, 한 마디로 이 '잡탕주의'를 어떻게 정리하느냐 하는 것이 과제였는데 제대로 정리를 못했습니다. 이는 비단 '활동가'만이 아니라 그간 학계에 몸담아온 저를 포함한 지식인들의 책임이 큽니다. 막연하게 변화와 민주화, 개혁과 변혁, 이런 쪽에 관심만 두었을 뿐 지식인 사회에서 이를 확연하게 정리하지 못했거든요. 그러는 동안 NL(민족해방)이니 PD(민중민주)니 하는 여전히 잡탕적인 정파 논리가 판을 치기도 했지요. 그나저나 추상에서 추상으로 맴돌면서 '구체화'를 결여한 채 '당파성'으로 꿰맞추려다 보니 현실정합성은 물론 논리적 일관성도 잃어 사라진 거나 다름없는 일이었으니, 솔직히 말해 우리 지식인들의 고민과 연구가 부족했고 진지하지도 못했어요.

이념적 혼돈은
지식인의 책임

윤기설 우리 사회 오피니언 리더인 지식인들이 할 말을 못 하기 때문에 우리 노동운동이 이지경이 됐다, 이런 지적이시네요. 지식인들이 방향만 제대로 잡아줬어도 노동운동이 많이 달라졌을 거라는 생각은 듭니다.

김대환 우리 사회에서 노동운동이 점점 현실적 세력을 얻어가자 진보를 자처하는 사람들이 자본-노동의 프레임에서 자본을 비판하고 노동을 지지하는 추상 구도를 노동계의 주장을 무조건 정당화하는 방향으로 구체화하는 꼴이 되었습니다. 노동운동이 진보의 담지자라는 이유로 현실 노동운동을 무비판적으로 추종하는 정서와 경향이 강했던 거지요. 노동계에 대한 진보적 지식인층의 분위기가 이렇게, 또 때로는 감성적으로 흐르다 보니 설령 노동운동의 행태에 문제가 있다 하더라도 접어두고, 노동운동에 대해 비판을 하거나 문제를 제기하는 것을 꺼리고 심지어는 두려워하는 측면도 있었습니다.
이런 점에서 볼 때, 저는 지식인들이 솔직하지 못했고 비겁했다는 비판을 달게 받아야 한다고 생각합니다. 공부가 부족하면 공부를 통해서 뭔가 정리를 해야 하는데, 단순히 나타나는 현상을 추수하면서 자신의 입지를 유지하고 진보를 자처한다면 그건 크게 반성해야 할 일이지요.

윤기설 이념적 스펙트럼으로 보면 최 원장님은 좌파에 가까우신 것 아닌가요?

최영기 윤 기자 기준으로 보면 그럴 수도 있겠죠.

윤기설 김 장관님이 얘기한 '잡파'는 아니지만 그래도 좌파에는 가깝지 않은가 해서 말씀드린 겁니다.

최영기 지식인과 노동운동의 관계는 흥미로운 주제입니다. 특히 우리나라에서는 1970년 전태일 이후 많은 지식인들이 노동운동에 투신했고, 그 힘이 노동운동과 민주화운동의 원천이 되었습니다. 그리고 1987년 노동운동 폭발 당시에도 지식인들의 영향이 상당히 있었다고 봅니다. 초기 노동운동의 발전에 지식인들이 기여했던 게 사실입니다.

그런데 1990년대 초반을 넘어가면서부터 우리 사회에 이념적 혼돈이 크게 부각됐는데, 노동운동에 참여했던 지식인들이 그 '이념적 혼돈'에 일정한 책임을 져야 한다고 봅니다. 문제를 더욱 복잡하게 하는 것이 통일 문제였죠. 우리나라의 진보운동도 그렇고 노동운동에도 북한 문제가 아직 큰 숙제로 남아 있는 것 같아요.

한국의 이념 문제란 것이 단순히 서구적인 이념의 문제만은 아닌 것이죠. 더구나 노동운동의 정파 문제란 것이 어떤 경우에는 노동운동의 주도권 경쟁 수단으로 변질돼 나타나곤 합니다. 시간이 가면서 정파경쟁이란 것이 제대로 된 노선경쟁이 아니라 주도권 다툼처럼 변질돼가고 있단 말이지요. 그래서 뭐가 뭔지 구분이 안 되는 '잡파'처럼 보이는 거죠.

김대환 그래요. 그에 대한 얘기를 조금 보태자면, 제가 1987년 이후에 한국노총에 자문위원으로 참여해서 장관 취임 이전까지 계속했는데, 그때 내부적으로 그런 고민을 많이 했습니다. 산별연맹위원장 중심의 한국노총 의사결정 체제가 문제가 있다고 생각했는데, 규약을 자세히 들여다보니까 중앙위원회라는 게 있너라구요. 그때 몇몇 자문위원들과 뜻을 모아서 "의사결정 구조가 이래서는 조합 내 민주주의가 제대로 안 된다. 중앙위원회를 부활시켜 실질적으로 중앙위원회가 의사결정을 하도록 해야 한다"고 한국노총 집행부에 제안했습니다. 일단 형식적으로는 수용했는데 실질적으로는 흉내만 내다 끝났어요.

조직 내에 이념과 노선을 둘러싼 논란이 있었지만, 사실 대부분의 경우는 내부의 세력다툼이었던 것 같습니다. 그래서 저와 몇몇이서 "노선 문제는 사회적 조합주의로 하자"고 의견을 모으고 사회적 조합주의를 정리해보려는 시도를 했었지요. 굳이 모델을 말한다면 북유럽이나 서구식의 노동운동과 같이 노동조합의 정책 참여라고 할 수 있어요. 노조운동이 조직 이기주의에 빠지지 않고 사회 전반의 발전 방향과 관련해 제안하고, 반대할 것은 반대하고 협조할 것은 협조하는 그런 정책 참여지요. 말하자면 서구에서 수정되어왔듯이 자본주의 체제를 계속 건전하게 발전시켜나가는 방향입니다. 그런데 문제는, 최 원장께서 지적한 것처럼 내부의 세력다툼을 노선 논쟁으로 포장하는 식이었어요. 그런 점에서 어느 쪽이든 '잡파'라고 할 수밖에 없지요.

좌파와 우파가 싸우는 이유

윤기설 그간 취재하면서 보고 느낀 바를 말하자면, 좌파학자는 우파학자를 무시하고 우파학자는 좌파학자를 무시하며 서로 비난하는 경향이 있습니다. 똑같은 현상을 보고도 이념에 따라 해석은 제각각이고 심하다 싶을 정도로 상대편을 공격하는 모습도 종종 목격할 수 있습니다. 좌파도 그렇고 우파도 그렇고, 장관님 표현대로 '잡파'여서 그런지 노동운동이 갈 방향을 제대로 제시하지 못한 채 오히려 갈등만 조장한다는 생각이 듭니다.

김대환 물론 그런 측면이 분명히 있지요. 그러기 때문에 필요 이상의 갈등이 일어나고요. 그런데 그들 대부분을 좌파나 우파로 명확히 분류할 수 있는지는 여전히 의문입니다. 실제 우리 사회에서는 자기 정체성을 주장하기 위해 스스로를 '좌파'니 '우파'니 하는 것이 아니라, 상대방을 비난하고 폄하하기 위해 '좌빨'이니 '보수꼴통'이니 하는 딱지를 붙여왔지요. 이 용어 자체가 비속어임은 차치하고라도 여기에는 상대에 대한 증오나 경멸이 흐르고 있어요.

그런 때문인지 '좌파'와 '보수'라는 용어를 기피하고, 스스로는 '진보'라고 하거나 우파라는 우리말을 놔두고 '라이트(Right)'라는 용어를 선호하고 있는 게 아닌가 생각됩니다. 자신에 대해서는 '진보'니 '옳다(right)'니 하고 미화하면서 상대방에 대해서는 증오와 경멸을 거칠게 퍼부어대니, 이것부터 고쳐야 해요.

말씀하신 부류의 지식인들 일부는 매우 정치화되어 있어요. 심지어는 노조의 내부 정파에 직간접적으로 개입하는 사람도 있고요. 이들 가운데는 이념만이 아니라 정서적으로도 한국의 사회경제 체제를 근원적으로 부정하는 입장을 가진 사람도 없지는 않은 것으로 보입니다. 그런데 그 근원적인 부정을 뒷받침할 현실 분석은 결여되어 있거나 매우 취약해요.

'입장의 차이'로 넘어가고자 하고, 그런 때문인지 막상 대안적인 것은 못 내놓고 있어요. 물론 대안이라는 것을 당장 깔끔하게 내놓으라고 하는 것은 무리한 요구이기도 합니다만, 추상이념으로 구체현실을 재단하는 사람들에게는 기대를 가질 수가 없지요. 결국 저는 이렇게 생각합니다. 현실은 굉장히 다양하고 다면적인데 '에센스'를 무엇으로 보는가 하는 것이 중요하지요.

이에 기초해 노동운동이 나아가야 할 방향, 이런 것들을 현실적으로 명확하게 정리해야 하는데 비판보다는 비난에 치우쳐 있어요. 현실운동과 정치에 일일이 개입하다 보니 소홀해진 점도 있겠지만 실제로 학문적으로 치밀하지 못한 경우도 있거든요. 그러면서도 극단적인 주장을 고집하는 그들은 한마디로 무책임합니다. 어떤 사안에 대해서 명확히 이슈를 정리하지 못하고 스스로는 비켜가면서 상대에 대한 공격으로써 스스로를 정당화하려는 그런 비겁한 측면도 있지요.

최영기 노동운동이 지금 위기에 처해 있기 때문에 노동운동을 지지하고 후원하는 지식인들도 물론 비판에서 자유롭지 못하다고 봅니다. 노동운동을 비판할 때 이들도 함께 비판하는 것이 당연하지요. 그런데 저는 조합원들의 의식과 행태에 대한 비판도 필요하다고 봅니다.

'노동운동'이라 할 때 국민들이나 전문가들이 가장 먼저 비판하는 것은 우리나라 노동운동이 대기업 정규직 위주의 집단 이기주의에 빠져 있다는 점입니다. 노동운동이나 노동조합이라는 것은 사회적인 약자를 위한 연대나 배려의 가치를 추구해야 하는데 그렇지 못하다는 것이지요.

지난 10년간의 노동조합 행태를 보면 대기업 직원들의 임금·복지 향상과 고용보장만을 위해서 파업하고 투쟁한 것으로 비쳐집니다. 이는 오늘날 노동운동의 위기가 비단 노조 간부나 지식인들만의 잘못에서 비롯된 것이 아니라 좀 더 복잡한 원인에서 비롯된 것이라는 사실을 암시합니다.

윤기설 전적으로 동감입니다. 노동운동에 힘의 논리가 지배하게 된 것은 어제 오늘의 일이 아니지 않습니까?

최영기 노동조합의 조합원이라는 지위는 이미 노동시장 내의 강자라는 것을 함축합니다. 이 강자들이 자기 지위를 강화하기 위해서 더 많은 요구를 하고 더 격한 투쟁을 벌이는 것을 보고, 노동조합도 만들지 못하고 있는 노동자들이 소외감을 느끼는 것은 당연한 현상 아니겠어요. 노동조합도 '대기업 정규직 이기주의'에 대하여 많은 비판을 받아왔으면서도 어떤 뚜렷한 대안을 내지 못하는 것 같아요. 노조 간부들이 조합원들의 단기적인 임금 극대화 요구에서 자유로울 수가 없는가봐요. 실제로 2년, 3년 단위로 자기를 뽑아주는 조합원들이 더 많은 임금과 더 큰 보장을 요구하는데 노조 간부가 어떻게 견뎌내겠어요. 그래서 저는 개인의 의지 문제나 지식인들의 책임 문제만이 아니라 한국 노사 관계의 구조에도 문제가 있다고 생각합니다.

노조 간부의 리더십 실종

윤기설 글쎄요. 이 부분에 대해서 저는 약간 다르게 봅니다. 노동운동에 있어서 노조 간부가 조합원들을 설득하는 과정도 있거든요. 만약에 조합원이 10% 임금 인상을 원하는데 간부들이 볼 때 회사 경영상 '5%밖에 못 올리겠다', 이러면 조합원들을 설득해야죠.

그런데 현대자동차 노조처럼 정치집단화되어 있는 조직에서는 내부에 정파가 여러 개로 갈라져 있기 때문에 설득할 수 있는 구조가 되어 있지 않다는 거죠. 조합원들의 기대 심리가 높은 것은 사실이지만, 노조 지도부의 리더십만 제대로 갖춰져 있다면 잘못된 분배 타령은 막을 수 있을 겁니다. 리더십이 실종된 채 조합원들 눈치만 살핀다는 것은 노조 간부들 스스로가 정치집단화되어 있기 때문에 일어나는 현상이라고 봐요.

김대환 대기업과 공공 부문 노조에 국한해서 말하면, 조합원은 자기 실리를 챙기는 데 적합한 노조 간부를 선택하고, 노조 간부는 그것을 발판으로 삼아 세력 강화 내지는 정치화 쪽으로 활용할 수가 있고 실제로 그런 경향을 보여왔지요. 이 같은 양자관계가 '전투적 실리주의'를 낳았다고 할 수 있습니다. 최 원장께서 말한 조합 내부의 구조적인 요인, 윤 기자께서 밝힌 리더십의 문제, 여기에 정치화의 문제가 동시 복합적으로 엉켜서 이런 형태로 나타나는 거겠지요.

최영기 제가 경험한 바로는 대우조선 최원석 위원장 케이스가 있습니다. 그가 1990년대 중반 이런 제안을 했습니다. 임금 인상 요구를 예컨대 10% 하지 말고 5%만 하고, 나머지 5%는 하청단가 인상 재원으로 돌려 하청노동자들의 임금을 높이도록 하는 임금 인상 요구안을 만들자는 것이었습니다. 대의원 대회에서 정식으로 제안했지만 대의원들의 반응은 거의 "너 미쳤냐?" 하는 수준으로 굉장히 공박을 당했다고 합니다. 그 다음에 연임을 포기했고, 그 후 대우조선을 떠나 다른 중소기업에서 활동하고 있습니다.

2003년 무렵엔 금융노조 이용득 위원장이 비슷한 시도를 한 적이 있었어요. 연대임금 정책을 위해서 정규직 조합원의 임금인상률은 낮게 가져가고 그 재원으로 비정규직의 정규직화를 추진하자는 교섭안을 대의원 대회에 부쳤지만 별 논쟁도 못 해보고 폐기됐죠.

이런 것들을 보면 몇몇 지도자들의 개인적인 리더십만으로는 해결하기 어려운 측면이 있습니다. 이 문제는 한국 노동운동이 안고 있는 가장 큰 문제점 중 하나입니다. 대기업 정규직들의 욕망에만 갇혀 있는 노동운동이 지금 노동시장에서 여러 부작용을 낳고 있습니다. 따라서 노조 내에서 발생하는 여러 문제나 갈등을 간부의 리더십만으로 해결할 수 있는지는 매우 회의적인 것입니다.

계파갈등이
리더십의 발목 잡아

윤기설 물론 리더십이 발휘되려면 내부의 조직문화 같은 것들도 잘 어우러져야 된다고 봅니다. 하지만 우리 노동 현장은 리더십이 발휘될 수 있는 풍토가 조성돼 있지 않은 것 같습니다. 민주노총의 경우 국민파 출신 위원장들이 리더십을 발휘하는 데 많은 어려움을 겪지 않았습니까? 물론 강경파인 현장파나 중앙파에서 위원장을 맡는다고 해도 한계는 있을 겁니다. 어떻게 보면 노동조합 조직 내 구조적 한계로 인해 리더십이 작동하지 않는 셈이죠.

최영기 한국 노동운동의 취약한 리더십에는 여러 원인이 있죠. 매우 소모적인 정파 문제, 자기들 기업 울타리에 갇힌 조합원들의 기대심리, 그리고 이것을 더욱 가중시키는 것이 위원장의 짧은 임기와 잦은 교체 문제입니다. 1990년대 중반을 넘어서면서 노동조합 간부들조차 조합원들의 과도한 임금 인상 기대심리를 비판하는 목소리가 늘고 있습니다. 자신들이 마치 임금 인상 기계 같다는 회의를 나타내곤 합니다. 그러나 노조 간부 선출 구조가 다른 선택을 어렵게 합니다.

김대환 리더십과 구조적 요인 두 가지가 서로 상승작용을 해온 건데, 예컨대 대기업 노조들이 내부에서는 자기 실리를 챙기면서 소위 정치적 투쟁에 앞장서는 상반된 모습을 보여왔던 게 사실이죠. 그 시점에서의 리더십이라고 한다면, 많은 비용과 시간을 외부 정치에 쏟기보다는 내부적으로 조직을 다지고 건전화해나가는 것이어야 했어요.

이는 지금까지의 분위기로 봐서는 신이 안 나는 노동운동이겠지만, 실질적으로는 그러한 리더십을 발휘함으로써 노동운동의 건강성과 건전성을 키워왔어야 했던 거지요. 과다한 요구일지 모르겠지만, 그런 면에서 볼 때 우리의 노동운동은 구조적인 문제도 있지만 리더십의 문제가 분명히 있다고 할 수 있지요.

최영기 민주노총이 전투적 실리주의에 빠져 있다고 비판하거든요. 전투성은 활동가나 정파에서 나온다고 봅니다. 활동가들에게는 막연한 이상주의가 있는 거죠. 그러나 조합원들은 철저하게 실리주의에 빠져 있다고 봅니다.

활동가들의 전투적인 투쟁성과 조합원들의 눈앞의 이익에 몰입하는 실리주의가 묘하게 결합되어 노동운동의 올바른 리더십을 질식시키고 있는 것이 아닌가 합니다.

좌파 정당의 분열과 민주노총의 정파갈등

윤기설 지금 민주노총에 뿌리를 두고 있는 민주노동당이 지난해 진보신당과 갈라졌는데, 좌파 정당 내의 결별뿐 아니라 민주노총도 계파에 따라 분열되는 것 아니냐는 전망이 나옵니다. 내년 기업 단위에서 복수노조가 시행되면 서로 제 갈 길을 갈 노조들이 많이 나올 것이란 분석이죠. 좌파 정당의 분열과 민주노총과의 관계를 어떻게 연결시킬 수 있을까요?

최영기 정파갈등의 연장선상에서 볼 수 있지 않을까요? 민주노동당의 분당을 보면 당내의 정파갈등이 결국은 분당까지 갔다고 봅니다. 그리고 분당의 핵심 쟁점이 됐던 것은 '북한 문제를 어떻게 볼 것인가'였던 것 같아요.

'종북주의' 논쟁이 그런 것이죠. 당만큼은 아니지만 민주노총 내에서도 정파적 갈등이 있다고 봅니다. 그리고 민노당과 진보신당이 양당체제로 계속 간다면 민주노총의 정파갈등도 점점 심화되어 조직적 분열로 갈 수 있습니다. 민주노총의 민노당에 대한 배타적인 지지 방침은 오히려 분열을 촉진할 수 있습니다. '민주노총은 민노당을 배타적으로 지지한다'는 방침이 민주노총의 정치적 선택이나 정책활동을 오히려 위축시키는 측면도 있다고 봅니다.

윤기설 한 가지 분명하게 짚고 넘어가야 할 대목이 있습니다. 일반 국민들이 보면 '진보신당은 선이고 민노당은 빨갱이, 즉 악이다'라는 식으로 인식하는 것 같아요. 종북주의, 주사파 시비를 일으켰던 일심회 사건에 연루된 멤버들이 민노당에 많이 남아 있기 때문에 그렇게 생각할 수 있죠.

그러나 민주노총 내 국민파 조합원들은 "남북 분단 상황에서 노동계가 통일 문제를 외면할 수는 없지 않느냐. 국민파나 민주노동당이 친북 반미세력으로 비춰지고 있는 것도 통일 문제를 고민한 데서 비롯된 것이다. 이게 어떻게 빨갱이냐"라고 반론을 제기합니다.

노동운동만을 놓고 보면 사실은 민노당에서 탈당하고 진보신당으로 옮긴 심상정, 노회찬, 단병호 씨가 속한 중앙파 출신들이 강경투쟁을 주도하지 않았습니까? 이 부분이 잘못 알려져 있는 것 같아요.

최영기 1970년 전태일 이후, 짧게는 1987년 이후 노동운동의 결실이 민주노동당과 민주노총으로 제도화되었다고 봅니다. 이는 노동운동의 입장에서 보면 나름대로 큰 성과를 거둔 것이죠. 그런데 민주노동운동 세력이 제도권으로 들어온 이후 여러 정파가 주도권 경쟁을 하다가 결국에는 갈라지는 양상입니다.

민주노동당은 완전히 갈라진 것이고, 민주노총은 완전히 갈라서지는 않았지만 마치 딴 집 살림하듯이 정파갈등이 심해진 것은 아주 불행한 일이라고 봅니다. 이는 한국 사회의 특수한 성격과도 관계된 것입니다. 서구 사회의 이념 문제는 경제사회 정책을 가지고 보수냐 진보냐로 갈라지기 때문에 비교적 정책 메뉴를 놓고 서로 토론하고 타협할 수 있는 여지가 많습니다.

그래서 보수-진보 간의 경쟁이 있다 하더라도 공존을 거부하는 적대적 관계로 비화되는 경우는 별로 없죠. 한국의 경우에는 북한 문제가 들어오면서 서구적인 이념대립과는 다른 양상을 보이고 있습니다.

윤기설 우리나라 노동 현장에 통일 문제가 끼어들면서 서구 사회와는 다른 이념적 갈등이 심화됐다는 말씀이시군요.

최영기 그렇죠. 중앙파들이 계급갈등을 더 강조하고 민주노총 내에서 정파적 색깔을 더 강하게 갖고 있었다고 봅니다. 그런데 민노당이 추구하는 친북적인 정책기조가 한국의 역사적인 특수성으로 인해 서구적인 이념경쟁, 정책경쟁을 어렵게 한다는 것이죠.
6·25나 해방 이후에 굉장히 적대적인 대립이 있었기 때문에 이념갈등이라는 것이 보수-진보 간의 합리적이고 이성적인 정책 경쟁에 그치지 않고 적대적인 이념대립으로 비화된다는 것이죠. 그래서 '빨갱이다, 좌파다'라고 할 때 배척의 의미가 묻어나는 이유는 북한 문제를 둘러싼 긴장 때문이 아닌가 생각합니다.

김대환 민주노동당과 민주노총의 관계에 대해 일반 사람들이 알고 있기로는, 민노당은 민주노총의 정치적 진화로 알고 있습니다. 민노당은 "어디 민주노총만이냐"라고 하지만, 실제로 보면 민주노총을 제외하고는 참여나 활동이 극히 제한적입니다. 그래서 민노당의 분열-분화는 민주노총의 분열-분화와도 직결되어 있다고 봅니다.
그 이전에 민주노총이 합법화되고 민노당이 우여곡절은 있었지만 의회에 진출하는 발 빠른 과정이 전개되었는데, 이는 국민의 정부 이래 상대적이긴 하지만 노동계에 대한 정치적 동반자적인 의식이 맞물려서 진행될 수 있었던 것이라고 생각됩니다. 민노당과 민주노총의 대북활동도 국민의 정부의 '햇볕정책'에 의해 그 공간이 주어진 측면이 있죠.

분당은
세력 다툼의 산물

윤기설 그렇다면 우리나라에서 종북주의를 키운 것은 DJ 정권과 민주노총의 합작품으로 볼 수도 있겠네요?

김대환 저는 여기에서도 민노당과 민주노총이 많이 오버했다고 봅니다. 그들은 오히려 정부보다도 더 대북관계의 대표세력으로 나서려는 행태를 자주 보였습니다. 그런 행태는 국민의 정부 시절부터 그랬지만 참여정부에 와서는 훨씬 더 심해졌습니다. 바로 그런 과정에서 내부적으로 유화적이고 공존적인 입장만이 종북적인 경향으로 나타났고, 이를 둘러싼 암묵적인 균열이 배태되어오지 않았나 생각됩니다.

민노당과 진보신당이 갈라진 것은 종북주의에 반대하는 분파들이 진보신당으로 딴 살림을 차리는 형태가 되었었죠. 대북활동 자체가 매우 정치화되어 있었기 때문에 그들의 대북 접촉에서 정치화된 제스처들도 많이 나타났죠. 그런 상황에서 내부정리는 안 되었으니, 실질적으로는 갈라서기 이전의 민노당 내부 세력 다툼의 연장이라고 봐야겠지요.

먼저 윤 기자가 언급한 일심회 사건이나 그런 것으로 인해 진보신당이 '종북주의'라는 것을 가지고 나와 민노당을 비판하기에 이르렀고, 이것이 또 세력 다툼이 되었던 겁니다. 따라서 민노당과 진보신당의 분열은 앞으로 민노총의 조직적인 분화·분열에도 영향을 미칠 수 있을 거라고 봅니다.

최영기　분열을 피하는 방법을 찾아본다면, 민주노총의 민주노동당에 대한 배타적인 지지를 철회하고 자기들의 정치적 요구를 내걸고 모든 정당을 상대로 로비를 하는 겁니다. 민주노총이 진보정당을 인큐베이팅할 정도로 재력과 지지기반을 제공하기는 힘들다고 보거든요. 더구나 분당까지 간 상태에서 이것이 가능하겠습니까.

민노당의 탄생에는 민주노총이 주도적인 역할을 한 것은 사실이지만, 민주노총의 기반만 가지고 진보적인 정당이 교섭단체라도 꾸릴 수 있을 정도로 발전하기는 어렵다고 봅니다. 따라서 민주노총이 자신들의 정책을 관철시키려면 어느 한 정당과 배타적 지지관계를 맺어 자신들의 활동 범위를 좁힐 것이 아니라 오히려 선택 범위를 넓게 하는 것이 낫다는 것이죠.

김대환　그렇지요. 민주노총 입장에서도 그렇고, 민노당과 진보신당의 입장에서도 '배타적 지지 체제'라는 것이 오히려 진보정치의 외연을 제약한다는 점을 분명히 인식할 필요가 있습니다. 어차피 현재 통합이 아니라 분화를 통한 길로 들어섰다면, 최 원장님께서 말씀하셨던 것처럼 서로가 자율성을 인정하고 존중하면서 연대해나가는 것이 현실적인 방안이 아닌가 싶습니다.

정치노총 vs 실리노총  4

윤기설 한국노총은 지난 대선 때 우파 정당인 한나라당과 정책연대를 했습니다. 우파 정당과 노동단체의 이상한 동거가 이뤄진 셈인데요. 이런 현상은 세계 노동운동사에서 참 드문 일입니다. 이용득 당시 한국노총 위원장도 "세계적으로 우파 정당과 노동단체의 정책연대는 없었다"며 계면쩍은 표정을 지은 적이 있습니다. 그래서 그런지 한나라당과 한국노총의 연대는 무척 불안해 보입니다. 한국노총의 노동운동 노선을 어떻게 평가하시나요?

김대환 한국노총이 1997년 대선 당시에는 야당이었던 민주당과 정책연대를 했었죠. 2002년 선거 때는 정당을 만들어 독립적인 행보를 했지만 그 정당이 존속하지도 못할 정도로 참패를 했는데, 지난 대선 때는 한나라당과 정책연대를 했지요.
결과적으로 보자면 선거에서 이기는 당과 연합을 한 거지만 도무지 결이라고는 찾아볼 수 없는 무원칙한 정치행보였어요. 아마 한국노총 간부들 중에는 정치적 '선견지명'을 운위하면서 자신들의 정치적 영향력을 자만하는 사람도 분명 있을 겁니다. 그러나 그것은 대단한 착각이죠. 이용득의 '계면쩍음'도 그가 실제 취했던 행보에 비추어보면 자기변명 내지는 위선에 불과해요. 노동운동의 건전한 발전을 위해서 불행한 일이지요.

윤기설 한국노총이 한나라당과 정책연대를 맺은 것은 합리적 노동운동의 정착을 위해 잘못이라는 해석인데요. 실제 한국노총이 과다하게 정치적 행보를 한다는 지적들이 많았던 게 사실입니다. 이러한 점에서 한국노총도 민주노총 못지않게 욕을 먹는 것 같아요.

김대환 그렇습니다. 한국노총은 1987년 이른바 '노동자 대투쟁'을 계기로 나름대로 내부개혁에 노력해왔지만, 고질적인 문제를 스스로 정리하지 못하고 있습니다. 정치권과의 유착 내지는 정치권에 대한 '몽니'로 실리를 챙기는 것을 정치력이라고 착각하고 있는 것이지요.

두 차례 집권여당과의 정책연합을 통해서 지금까지 한 게 뭐가 있나요? 우리 사회를 발전적인 방향으로 이끌어가기 위해 연대하기보다는 '정책연대 해주었으니 보상받아야 한다'는 식이지요. 조직 이기주의의 관점에서 모든 사안에 '비토권'을 행사하려 들고요.

오히려 우리 노사관계의 합리화를 위해 요구되는 변화의 발목을 잡고 가로막고 있는 셈이지요. 문제의 핵심은 민주노총과 마찬가지로 한국노총도 노조 간부가 문제라고 할 수 있습니다. 리더십이 퇴보하고 있어요. 조합 내 민주주의의 결여 내지는 퇴행으로 '결 없는' 정치행보가 지속된다면 문제가 심각해지겠지요.

최영기 한국노총은 1987년 이후 '어용노총'이라는 멍에를 벗어나려고 부단히 노력을 했다고 봅니다. 20년 동안 개혁을 표방하고 여러 변화를 모색했지요. 박종근-박인상-이용득으로 바뀌면서 자주성을 더 확보하고, 민주화 이후 한국노총의 위상을 회복하기 위해 많은 노력을 기울였습니다.

한국노총의 개혁은 민주노총의 계속된 도전과 불가분의 관계에 있습니다. 그들과 다른 한국노총 나름의 경쟁력이 필요했다고 봅니다. 민주노총처럼 대중적인 투쟁은 하기 어렵기 때문에 자신들에게 익숙한 정책참여 방식을 적극 활용하면서 입지를 확대해왔던 것이죠. 좋은 의미에서 사회운동적 노동조합과 구분되는 '노동조합의 정치(union politics) 방식'을 개척해온 게 아닌가 싶습니다.

그리고 민주노총은 대중투쟁은 열심인데 정부나 국회를 상대로 대화하고 타협하는 것은 익숙하지 않았기 때문에, 투쟁은 민주노총이 하고 막상 대화 테이블에서의 협상은 한국노총이 하는 경우가 많았습니다. 그래서 "민주노총은 투쟁국이고 한국노총은 협상국이냐" 하는 조크도 있었죠.

윤기설 한국노총은 협상, 민주노총은 투쟁으로 역할분담을 한 셈인데, 한국노총은 구체적으로 어떤 행보를 보여왔나요?

최영기 한국노총은 지난 20년간 사회적 타협 노선을 일관되게 걸어왔습니다. 1990년 국민경제사회협의회 참여, 1993년 노·경총 임금 합의, 1996년 노사관계개혁위원회 참여, 1997년 DJ 정부와의 정책연합, 1998년 경제위기 극복을 위한 노사정 대타협, 2007년 한나라당과의 정책연대 같은 일련의 과정들을 보면, 한국노총은 대중투쟁을 통한 쟁취보다는 제도적인 참여를 통해 자기들의 요구를 관철시키는 것에 더 능했던 것이죠.

다만, 1997년 정책연합과 2007 정책연대의 성과에 대해서 비판적인 평가가 나오는 이유는 한국노총이 지나치게 미시적인 이해관계에 집착했기 때문이지요. 이를테면 전체 노동자를 위한 정책이나 제도 개선을 위해 연합하기보다는 한국노총 자체 내의 고충사항을 해결하는 방편으로 정책연대를 한 측면이 없지 않다는 겁니다.

윤기설 한국노총 내의 고충사항이란 게 무엇인가요?

최영기 가장 큰 게 전임자 문제와 복수노조 문제였던 것 같아요. 명백하게 표면화되지는 않았지만, 이것이 집권 여당과 정책연합을 하면서 해결하고자 했던 자신들의 핵심 요구사항이었을 것으로 봅니다.

정부에 손 벌리는 노동단체

윤기설 한국노총이 우파 정당과 정책연대를 한 것은 사실 어떤 정책적인 것을 노동계에 유리하게 하려는 것보다는 노조 간부들이 정계로 진출하기 위한 발판으로 삼으려는 전략이라는 지적도 많았습니다. '금배지' 몇 개를 얻기 위해 노동운동의 집단 권력을 이용했다는 비판 말입니다.

김대환 미시적인 이해관계를 말한다면 한국노총의 조직적인 이해관계도 있지만 그 배후에는 간부들의 이해관계가 자리하고 있다는 것도 부인할 수 없을 겁니다. 눈에 보이는 것이었으니까요. 그리고 한국노총과 민주노총을 볼 때 '한국노총이 과연 노동운동을 하려는 건가?' 이런 의문도 생기곤 했어요.

노조 간부의 정계 진출, 회관 재건축, 연수원 건립 등과 같은 것을 보면 한국노총이 미시적으로 실리는 챙겨오고 있습니다만, 이는 노동운동의 합리화와는 관계가 없는 것들이지요. 저의 재임 시절 이야기인데, 당시 한국노총이 정부 예산을 지원받아 여의도에 회관을 재건축하던 중이었어요. 어느 날 한국노총 집행부가 화급한 문제라고 하면서 줄줄이 면담을 신청했어요. 공사를 하다 보니 큰 바위가 나와서 예산이 더 들어가니 26억 원을 더 지원해달라는 거였어요. 26억 원의 공사비가 드는 바위가 어떤 것인지도 이해가 안 갔지만, 예산 지원 결정 당시의 문서를 확인해보니까 확정된 정부 지원 이외의 추가적인 비용은 한국노총이 부담하기로 명시되어 있었어요. 그래서 당연히 안 된다고 했지요.

저로서는 도저히 이해가 안 됐어요. 제가 한국노총 자문위원으로 있는 동안 내부 개혁에 대해 같이 고민하기도 하고 그러한 노력을 실제 접하기도 했는데, '이런 것은 개혁 과제로도 삼지 않았던 것이 아닌가'

하는 실망감이 든 적이 있습니다.

윤기설 한국노총이 욕을 먹을 수밖에 없는 행동을 해왔군요. 이념투쟁을 하지 않았는데도 국민들로부터 외면당해온 데는 이런 후진적 노동운동 행태가 크게 작용했다고 봐야겠군요.

김대환 참여정부 인수위 시절 한국노총의 모 간부가 역설한 게 뭐냐면, 자신들이 노무현 후보를 지지하고 당선을 도왔다는 겁니다. 도와주었으니 뭔가 받을 권리가 있다는 뉘앙스였어요. 그래서 제가 "그런 자가당착적인 얘기 하지 마라. 민주노총이 민노당을 배타적으로 지지하니까 한국노총은 '녹색사민당'을 만들어 독자적인 정치세력화를 꾀했는데, 그 말대로라면 정치적으로 신뢰할 수 없는 사람들이 아니냐"고 반문했습니다. 그때 저는 뭔가 정리를 해야겠다는 판단을 내렸어요. 그래서 "곧 출범하는 참여정부는 노동계에 빚진 거 없다"는 말을 공개적으로 하게 되었지요.

최영기 정치권이나 정부와 타협하면서 지나치게 자신들의 실리만 추구한다면 그것도 문제가 되겠지요. 하지만 한국노총에 이런 강점은 있는 것 같아요. 대중투쟁의 힘은 없지만 60여 년간 관료화된 노동조합으로서의 생존능력이나 정치적 로비 능력이 매우 좋은 편입니다. 이는 민주노총과 비교할 때 큰 강점이고 민주노총이 앞으로 배워야 할 점이라고 봅니다.
전략에서 사회운동보다는 노동조합의 정치를 선택한 셈인데, 그런 방법들을 그동안 다양하게 시도한 것은 높게 평가해줘야 하지 않을까요? 다만 이런 방식이 조합원의 의견수렴이나 조합 내 민주주의 절차가 생략된 채 상층 간부 중심으로 결정된다는 비판을 받고 있습니다.

김대환 그렇지요. 민주노총과는 대조되는 그런 측면이 있는 것은 사실이지요. 민주노총과 같은 내부의 정파갈등이나 노선투쟁이 그렇게 격렬하지 않기 때문에 어찌 보면 집행부가 운신의 폭이 넓다고 볼 수 있지요. 그런데 이 운신의 폭을 조합 내 민주주의의 신장과 더불어 합리적인 노동운동의 정립보다는 속물적 정치로 활용해왔지요.

이것이 최 원장께서 얘기하는 한국노총의 강점인지는 모르겠지만, 반면에 이것이 고질적인 문제점이기도 하지요. 한국노총 내부적으로도 간부들이 이런 모습을 보일 때마다 조합원들이 노조 간부를 바라보는 시각은 "저 사람도 자기 자리를 만들려고 한다"는 쪽이거든요.

중장기적으로 보면 조직의 결속은 물론 노동운동의 발전에 역행할 소지가 다분히 있습니다. 한국노총 간부는 조합 내 민주주의를 기반으로 내부 개혁에 계속 열정을 쏟아야 할 것입니다.

노조 비리와 회계의 불투명

윤기설 지금 한국노총 지역본부를 보면 상당히 권력화되어 있는 상태입니다. 국회의원 선거나 자치단체장 선거 때 표를 부탁하는 지역 후보들이 지역본부 간부들을 만나기 위해 줄을 선다고 합니다. 그러다 보니 노조의 권력이 확대되는 데 비례해 비리도 생기고 부작용도 일어나게 되는 것이죠. 조직 내부로부터 개혁의 목소리가 끊임없이 제기되는 것도 이러한 구조적 문제 때문이 아닌가 생각됩니다.

최영기 그런 경우에는 회계적 투명성이 문제가 될 수 있다고 봅니다. 외국에서도 노동조합이 안정됐을 때 재정적 비리의 위험이 있기 때문에 회계의 투명성을 높이기 위한 여러 가지 조치가 있었거든요. 노동조합 자체 내의 자율적인 규제 조치들이 있을 수 있고, 그것이 제대로 안될 때는 영국이나 미국처럼 정부의 법적인 개입 조치가 따르는 경우도 있습니다.
법으로 노동조합의 회계를 공시하게 한다든가 회계사에 의해 감사를 받도록 하는 제도적 개혁도 있을 수 있거든요. 지난 10년간 사회가 전반적으로 투명해졌기 때문에 노동조합도 재정의 투명성을 높이기 위한 뭔가가 필요하다고 봅니다. 특히 대기업 노조나 지역 노조에는 감사 시스템이 강화되어야 하지 않나 싶습니다.

김대환 노동운동에 대한 사회적 신뢰가 예전 같지 않은 현실에서 노동운동이 당면한 과제 중의 하나가 노조의 재정과 회계에 대한 투명성 확보라고 생각합니다. 노조 간부의 비리 사건이 터질 때 제가 "정부가 그런 문제를 고려하고 고민해야 할 단계"라고 했지요. 그런데 노동계에서는 제 발이 저린지 일제히 반발하고 나섰죠.
조합원들이 내는 조합비의 사용은 조합원들에게 투명하게 공개되고 감사받아야 하고, 정부 예산으로 지원한 부분도 마찬가지로 회계의 투명성이 이루어져야 합니다. 그 비리 문제가 터져나왔을 때 정부의 예산 지원 부분에 대해서는 전부 조사를 시켰어요. 반발이 있긴 했지만요. 좀 더 발전된 단계라면, 노동계 스스로가 객관적이고 중립적인 기관을 통해 회계감사를 철저하게 받고 공개해야 되겠지요. 이와 더불어 특히 대기업과 공공 부문 노조의 경우, 해고자 지원으로 인한 과도한 재정 부담 문제도 스스로 정리해나가야 할 것입니다.

제3노총 설립될까?

윤기설 지금까지 양대 노총의 문제점을 지적해봤는데, 이제 제3노총에 대한 얘기를 나눴으면 합니다. 지금 제3노총 설립 논의가 진행되는 걸로 알고 있습니다. 전국 6개 도시지하철 노조를 중심으로 제3노총 탄생이 예고되고 있는데요.

최영기 제3노총에 대한 논의가 이번이 처음은 아닌데요. 1999년, 2002년, 2005년에도 그런 시도가 있었습니다. 제3노총 얘기는 주로 민주노총이 위기에 처했을 때, 그리고 기업 단위 복수노조 허용이 임박했을 때입니다. 그런데 이 얘기가 나오다 중간에 좌절되는 것은 대개 복수노조 허용이 지연되곤 했기 때문입니다.

이번에도 민주노총 지도부가 사퇴하는 것을 전후하여 제3노총 얘기가 나왔고, 또 2010년 복수노조 허용 가능성이 있기 때문에 제3노총 얘기가 무성하다고 봅니다. 실질적으로 제3노총의 잠재력을 가늠해보면 몇몇 지방 공기업에 한정되어 있기 때문에 그렇게 폭발적인 세력으로 가기는 어렵다고 봅니다. 아직 민간 부문 독립노조들이 참여하지 않기 때문에 한계가 있는 셈이죠.

만일 복수노조가 허용된다면 제3노총 논의가 급물살을 탈 수도 있습니다. 10년 전만 해도 제3노총의 가능성은 그리 크지 않았습니다. 그러나 민주노총에 대한 사회적 지지나 조합원들의 충성도가 많이 약화됐기 때문에 민주노총 노선에 대한 대안을 모색하는 세력들이 결집될 수 있다고 봅니다.

지금 간헐적으로 나타나는 민주노총 탈퇴 움직임보다는 훨씬 더 넓은 베이스에서 제3노총의 움직임이 나올 수 있고, 그것이 단순히 조직경쟁 차원에서만이 아니고 노선경쟁, 이념경쟁, 정책경쟁의 단계로 확산될 수 있습니다.

윤기설 최 원장님의 지적대로 제3노총의 성격이 구체화된 건 아닌 것 같습니다. 사실 2005년 제3노총 논의가 있었을 때는 민주노총의 온건파와 한국노총의 개혁세력이 하나로 뭉치자는 구도였습니다. 하지만 지금 제3노총 논의는 도시지하철 노조 중심으로 추진되고 있습니다. 민주노총 노선에 반발하는 세력들이지만 공기업이라는 공통점이 있죠. 어떻게 보면 새로운 노동세력의 규합을 꾀하면서도 정부와의 협상을 유리하게 가져가기 위해 만드는 것이 아닌가 하는 생각도 듭니다.

김대환 지금 그렇게 진행되고 있는 듯합니다만 좀 더 지켜봐야 그림이 보일 것 같습니다. 민주노총의 문제와 한국노총의 한계에 대한 인식에 기초해 과거처럼 '민주노총의 온건 + 한국노총의 개혁', 그렇게 하는 방식의 제3노총보다는 공기업 노조들이 자신들의 교섭력을 높이기 위한 방책인 것 같아요. 그렇기 때문에 그만큼 한계가 있을 것이라고 생각됩니다.

복수노조 체제가 된다든지, 노동부가 행정 해석을 새로 하든지, 그런 여건이 주어지면 민주노총을 탈퇴하는 노조가 더 늘어날 겁니다. 공공 부문 노조 위주로 제3노총이 설립되면 명백한 한계가 있고, 그렇게 되면 대기업 노조, 공공 부문 노조 양대 세력으로 갈라설 것 같은데…. 여기에 대한 사회적인 평가와 실제 장단점은 지켜봐야 하겠지만, 지금까지의 노동운동을 혁신하고자 하는 그런 맥락은 아닌 것 같아서 우려스러운 측면이 있는 게 사실입니다.

최영기   지금 논의되고 있는 제3노총론은 공공 부문에 한정되어 있어서 발전가능성이 제한되어 있습니다. 이는 자칫하면 단순한 조직경쟁으로 끝날 가능성도 있습니다. 그러나 복수노조 허용을 전제로 했을 때 새로운 노동운동의 잠재력이 크게 넓어질 수도 있겠다는 근거는 독립노조의 증가입니다.

양 노총에 가입하지 않는 독립노조 조합원수가 2003년 4만 4,000명에서 2005년 9만 4,000명으로 늘어났고, 2007년에는 급격히 늘어 26만 5,000명에 이르렀습니다. 2008년 말 기준으로 전체 조합원의 20%가 독립노조 소속입니다.

이처럼 양 노총에 만족하지 못하는 노조들이 늘어나는 추세이고 앞으로도 계속 확대될 수 있습니다. 그렇게 되면 독립노조들이 한국노총이나 민주노총처럼 수직적 조직체계는 아니지만 느슨한 형태로라도 연합을 형성해 정부나 재계와의 대화 창구를 만들려는 노력이 있을 수 있습니다.

이들은 제3노총을 목표로 한다기보다 새로운 노동운동을 추구하는 세력이라고 해야겠지요. 그리고 지금 논의되고 있는 공공 부문 중심의 제3노총보다는 보다 넓은 틀에서 민간 대기업들, 그리고 기업 단위 복수노조로 떨어져나오는 다수의 그룹들이 노동운동의 제3의 길이라는 기치 아래 묶일 수 있습니다.

김대환 그렇지요. 그럴 가능성은 분명히 있습니다. 그렇게 간다면, 오히려 현재 추진되고 있는 듯한 공공 부문 중심의 제3노총보다 외연을 넓히고, 그 과정에서 노선 정립 노력도 병행되어 더 바람직하고 발전적인 형태가 되겠지요. 공공 부문 노조만으로 간다면 그들 중심의 제3노총도 불가능한 것만은 아니지만, 노동운동의 방향 정립은 명분에 그치고 실제로는 '그들만의 노총'이 되겠지요.

양 노총의 변화를 촉구하는 촉매제

최영기 지금 한국 노동운동이 당면하고 있는 위기라는 관점에서 볼 때 이런 제3노총론을 노동운동의 새로운 모색으로 개념화시킬 수도 있지 않겠습니까? 한국노총이나 민주노총 내에서 조직 혁신 노력이 있었지만, 지난 10년을 돌아볼 때 성과가 그리 좋지는 않은 것 같아요.
정파나 조합 내 민주주의 한계로 인해 성과를 내지 못하고 있는 것이 분명합니다. 그렇다면 밖에서 다른 흐름을 만들어 양 노총의 변화를 촉구하는 촉매로 제3의 흐름을 이해할 수도 있지 않을까 싶습니다. 이들이 세력화되면서 중앙조직 간의 노선경쟁, 정책경쟁이 본격화될 수 있다고 봅니다.

윤기설 이러한 흐름으로 볼 때 기업 단위에서 복수노조가 허용될 경우 노노 간 분열이 심화되지 않을까요?

김대환 초기에는 분화의 모습으로 나타나겠지요. 얼마만큼 심하게 나타날 것인가 하는 문제는, 우리가 머릿속으로 생각하는 것보다는 덜할 것 같아요. 조직논리가 있고 현실적인 문제도 있으니까요. 전반적인 양상은, 초기에는 분화하는 방향으로 갔다가 곧바로 내부에서 또다시 재통합하는 단계로 가지 않을까 생각합니다.

최영기 등록된 제3노총까지는 가지 않을 수도 있겠지요. 그러나 제3의 흐름은 분명히 있을 겁니다. 제3의 흐름이 양대 노총의 변화를 촉발해서 어느 시점에 가면 하나의 통합된 노총, 즉 단일노총으로 갈 수도 있다고 봅니다. 그게 바람직한 길이지요. 노동운동의 제3의 길을 모색하는 흐름들이 보다 적극적으로 추진될 때 노동운동의 질적 발전도 기대할 수 있습니다. 이런 긍정적 측면도 있는 거지요.

5 산별 노조, 선인가 악인가?

윤기설 앞에서 잠깐 거론된 산별 노조, 이것은 우리나라 노동운동을 거론할 때 매우 핵심적인 이슈입니다. 산별 노조를 바라보는 시각은 다양하게 나타납니다. 산별 노조체제가 노사관계에 악영향을 미친다는 분석도 있고, 산별체제가 구축되어야 노사관계가 안정된다는 주장도 나옵니다.

이런 와중에 노동 현장에서는 산별 노조 때문에 골머리를 앓고 있는 기업들이 많습니다. 일부 노동학자들이 얘기하는 것처럼 산별 노조는 기업별 노조의 약점을 보완하고 우리의 잘못된 노동운동을 개선시킬 수 있는 체제인가요?

최영기 산별 노조의 장점을 얘기하기 이전에 기업별 노조의 폐해에 대해서 짚어보죠. 첫째 문제가 노사가 임금 교섭을 할 때 국민경제나 업종의 경기 동향을 감안하여 임금을 결정하는 방식이 아니라는 겁니다.

주로 기업의 지불 능력과 노조의 교섭력에 의해서 임금을 결정합니다.

이런 방식이 경제 전체나 해당 업종의 경쟁력에 좋지 않은 영향을 미치게 됩니다. 또 하나의 문제는 다른 노동자들과의 임금 격차를 줄이기 위한 노력이 너무 없다는 겁니다. 임금의 공정성에 대한 고려가 전혀 없는 겁니다.

기업별로만 교섭하다 보면 임금의 국민경제적 정합성이나 다른 근로자들과의 임금 격차를 줄이기 위한 노력이 이루어질 수 없습니다. 그 부작용으로 대기업-중소기업 간의 과도한 임금 격차 문제, 정규직-비정규직 간의 과도한 임금 격차 문제가 발생하는 것이죠.

윤기설 기업별 체제 아래에선 노동 현장에 만연된 대기업 노조의 집단 이기주의, 고용시장의 양극화와 같은 구조적 문제점을 해결할 수 없다는 말씀으로 들리는데요.

최영기 대기업 정규직 노동조합의 이기주의 문제도 기업별 교섭체계에서 비롯된 것이죠. 이는 매우 한국적인 문제일 뿐, 산별 노조가 일반화되어 있는 유럽이나 미국에서는 찾아보기 어려운 문제입니다. 이것을 보완하는 방법은 여러 가지가 있을 수 있어요. 산별 교섭도 하나의 방법이지만, 일본처럼 '춘투'와 같은 방식으로 기업별로 교섭하되 업종 차원, 국민경제 차원에서 임금인상률을 조율(coordination)해주는 시스템도 생각할 수 있습니다.

우리도 1990년대 초반 정부가 임금 가이드라인을 내고 노·경총이 임금 합의도 해보고 여러 가지 시도를 해보았지만 중앙 차원의 임금조정을 제도화, 관행화하는 데는 다 실패한 겁니다. 이러한 임금정책 실패 이후에 나오기 시작한 게 비정규직 문제와 원·하청 간의 아웃소싱 문제입니다. 임금으로 조정이 안 되니까 고용을 유연화시켜 경쟁력을 유지하려는 것이죠.

윤기설 산별 노조가 된다고 해서 그런 문제들이 해결되는 것은 아니지 않습니까?

최영기 그렇죠. 그런데 노동조합이 단순히 교섭만 하는 기구가 아니라 근로자들의 대변기구거든요. 노동시장 내에서 자기 업종의 노동자들이 요구하는 교육훈련에 대한 수요, 복지에 대한 수요, 정부를 상대로 한 정책 요구 수요 등을 파악해서 대변해주는 곳이 노동조합입니다.

그런데 기업별 노조는 자기 사업장 내의 문제만 해결하려는 겁니다. 근로자들이 당면한 교육, 주택, 의료, 복지 등 모든 문제를 기업주가 해결해달라고 요구합니다. 장학금도, 주택보조금도, 의료비 지원도 모두 자기가 속한 기업 경영자에게 내라고 합니다. 능력 있는 대기업들은 기업 내 복지제도로 다 해결해줍니다.

그러나 능력이 안 되는 중소기업 근로자나 비정규직 근로자들은 그런 혜택을 받지 못합니다. 노동자들이 필요로 하는 정부 차원의 교육, 의료, 복지, 사회안전망에 대한 요구는 누구도 하지 못하는 겁니다. 이것은 우리나라 노동조합의 대변 기능에 큰 왜곡이 있다는 증거인 셈이죠. 대기업 중심으로 흘러가는 복지제도와 임금 인상, 이 모든 것들이 오늘의 노동 문제를 악화시키는 근본 원인입니다. 이것이 '기업별 노조체제와 무관치 않다'는 게 저의 생각입니다.

노조의 전투력 높이는
산별체제

윤기설 결국 '기업별 노조체제가 노동 현장에서 일어나는 모든 문제의 원인이다', 이렇게 들리는데요. 정말로 산별체제로 가면 노동운동의 여러 가지 문제점이 해소된다고 보시나요?

최영기 산별체제가 꼭 해법이라고 보는 것은 아닙니다. 그러나 '왜 노동조합들은 산별로 넘어가느냐' 하는 것을 따져보자는 거지요. 지난 10년 간 산별로 넘어가는 속도가 빠른 편이었어요. 1999년 이후부터 산별 전환이 본격화되었는데요. 2007년 말에 이미 민주노총의 조합원 중 71%가 산별 노조로 묶여 있었거든요. 한국노총은 24%, 독립노조는 28%가 산별 노조원입니다. 전체적으로는 52% 정도가 산별 노조입니다. 이렇게 산별 노조가 갑자기 늘어난 데는 세 가지 이유가 있다고 봅니다.
첫 번째는 1997년 노동조합법 개정으로 산별로 전환하는 데 필요한 법적 규제를 풀어준 것이고, 두 번째는 전임자 제도에 대한 우려가 있습니다. 1997년 법 개정으로 2003년 초부터 전임자 임금 금지가 예정되었기 때문에 이것을 대비한다는 차원에서 산별 노조로 전환했습니다.
또 다른 하나는 1998년 이후에 본격화된 구조조정입니다. 구조조정이라는 경제적 대격변을 개별 노조들이 감당하기 어려웠기 때문에 산별 단위로 연합하여 대응하자고 한 것이 산별 노조를 촉발하는 계기가 된 것입니다. 금융노조의 산별 전환이 대표적인 예입니다. 이처럼 산별로 전환시키는 어떤 원인이 있었습니다. 앞으로의 전망에 대해서는 지금까지의 산별 노조 경험을 따져보고 판단해야 할 것으로 보입니다.

김대환 기업별 노조냐, 산별 노조냐 하는 문제는 양자 모두가 일장일단이 있다고 봐요. 기업별 노조가 한계가 있는 것도 사실이지만, 현실적으로 볼 때 산별 노조로 전환하는 쪽은 오로지 교섭력을 높이고 전투력을 강화하는 그런 일방적인 측면이 강했지요.

사회경제 전체적으로 볼 때 산별 노조의 장점은 교섭 비용을 낮추는 것이거든요. 더 나아가서는, 기업별 체제보다는 노조의 리더십을 확립하여 노사정위 같은 데서 사회적 대화를 제대로 풀어나가는 데에 더 적합하다고 할 수 있지요. 그런데 지금까지 보면 교섭비용을 낮추는 데는 전혀 기여를 하지 못했다고 봐요. 그렇기 때문에 지금까지도 산별체제로의 전환에 대해 사용자 측이 거부감을 나타내고 있는 게 아닌가 합니다.

정부로서도 산별체제를 권장하기에 적절하지 않은 상황이 전개되었어요. 교섭체계를 어떻게 하느냐 하는 것은 노사 자율에 맡기되, 산별 노조체제로 갔을 경우 그에 상응하는 사용자단체와 교섭을 하는 방향으로 같이 가면 좋은데, 현재 이것을 놓고 갈등이 벌어지고 있는 판국입니다.

저는 이를 양자택일로 정하기보다는 현재 산별 교섭을 하고 있는 쪽에서 산별 교섭의 사회적 이점을 시현해 보임으로써 산별체제로 가는 윤활유 역할을 하는 것이 현실적이라고 생각합니다. 실제로 이것이 현재와 같은 구도하에서 제대로 실현될 수 있을지는 두고 볼 일입니다만.

이와 관련해서, 대체적으로 산별로 갔다가 기업별로 돌아가고 있는 서구의 경험들도 눈여겨볼 필요가 있다고 생각합니다. 획일적으로 "기업별 체제를 지양하고 산별로 가야 한다"는 주장, 거기에는 적극적으로 동의할 수가 없습니다.

2중, 3중 교섭은 사용자 외면

윤기설 저도 장관님과 비슷한 의견입니다. 임금 수준이나 복지혜택 수준은 기업별로 격차가 크기 때문에 산별로 가야 한다고 최 원장님이 지적하셨습니다. 그런데 산별로 간다고 해서 벌어졌던 격차가 줄어든다고 보진 않습니다.

지금 성과급 중심으로 임금체계가 전환되다 보니 실적이 좋은 대기업 근로자들의 임금 수준이 높을 수밖에 없고 실적이 좋지 않은 중소기업 근로자는 낮은 게 사실입니다. 이런 상황에 산별체제라고 해서 없던 돈이 생길 리 없지요. 오히려 부작용만 우려될 뿐입니다. 현재 국내 최대 산별 노조인 금속노조 가입 노조원 14만 7,000여 명 중에서 산별 공동 교섭에 참여하는 인원은 2만 명 정도 됩니다.

산별 노조가 우리 노사관계에 가져다준 이점이 별로 없기 때문에 기업들이 산별체제를 두려워하는 겁니다. 산별 노조 옹호론자들은 산별 교섭을 하면 교섭비용을 낮추고 임금 격차도 줄어든다고 주장하는데 노동 현장에선 반대현상이 나타나고 있습니다.

노동계가 산별체제를 늘리려면 산별 교섭으로 인한 장점을 사용자들이 느낄 수 있도록 유인책을 써야 합니다. 파업을 제한한다든가, 교섭 횟수를 줄인다든가 말입니다. 그런데 우리 노조들은 투쟁력을 높이기 위해 산별체제를 이용하기 때문에 사용자들이 등을 돌리는 겁니다.

 독일의 경우 오히려 개방조항이라고 해서 산별협약을 지키지 않아도 되는 조항을 두고 있습니다. 치열한 글로벌 경쟁으로 인해 기업 간 실적 격차가 많이 나다 보니 지불 능력이 부족한 중소기업들이 산별 노사가 합의한 임금이나 근로조건 수준을 지키지 않아도 되도록 명시한 예외 규정입니다. 많은 선진국들이 경제환경 변화에 따라 노사 교섭체제를 분권화하고 있는 이때 우리는 거꾸로 중앙집중화로 가는데, 이것이 맞는 방향인지 궁금합니다.

김대환 이 문제는 법적으로 규정하기보다는 노사 간 신뢰를 통해 풀어야 할 겁니다. 산별 교섭이 이미 보여준 것을 교훈으로 삼아 산별 교섭의 행태를 사전에 혁신할 필요성이 있습니다. 이를테면 산별 교섭을 하고 그 틀에서 보완 교섭을 해야 됩니다. 산별 교섭은 산별 교섭대로 하고 다시 기업별 교섭은 기업별로 한다면 이는 2중, 3중의 교섭이 됩니다. 이런 형태를 통해 교섭력을 높이는 것을 목표로 삼는다면 그건 사용자는 물론 사회적으로도 수용되기 힘든 것이지요. 기업별 교섭 역시 분명 한계가 있는 것이고요. 사회안전망을 비롯한 국가 전체적인 차원의 이슈라면 반드시 산별체제가 아니더라도 총연맹이나 산별연맹 차원에서도 해법을 찾을 수 있을 겁니다. 그래서 저는 산별이 갖고 있는 사회·경제·정치적 이점을 확연하게 내보이는 그런 경로를 통해 추동해가는 것이 현실적인 방안이라고 봅니다.

최영기 이 문제를 선악이나 호불호의 문제로 볼 게 아니고 현실적으로 50% 이상의 조합원, 특히 민주노총의 경우 70%의 조합원이 산별에 묶여 있습니다. 이런 현실을 외면하고 산별 노조의 폐해만 얘기하는 것은 실용적인 대처가 아니라고 봅니다. 다시 기업별 노조로 환원이 될 것도 아닌데 말이죠.

윤기설 이런 사례가 있습니다. 현대·기아자동차 노조가 2007년 산별로 전환을 했는데 2009년 가을 기업 지부에서 지역 지부로 넘어가게 되었지요. 그런데 기아자동차 노조에서 많은 조합원들이 노조비를 못 내겠다고 반기를 들었습니다. 이게 현장의 정서라는 것이죠.

 현장 조합원들이 산별을 원해서 간 게 아니고 지도부에서 분위기를 그쪽으로 몰고 가다 보니까 산별로 넘어갔다는 겁니다. 뒤늦게 정신을 차리고 보니 산별 노조가 조합원들한테 이득이 안 된다고 판단한 것이죠. 기아차 노조원들은 지역 지부에 포함될 경우 자기들이 낸 회비가 그쪽으로 흘러들어가는 것을 못마땅해한 겁니다. 이러한 현상은 단지 기아차 문제만이 아닙니다. 현대자동차, GM대우 노조원들도 앞으로 산별로서 이득이 없다고 판단되면 언제든지 기업별로 되돌아가자고 주장할 수 있다고 봅니다.

최영기 산별체제(산별 노조+산별 교섭)에 관한 문제를 구분해서 볼 필요가 있습니다. 산별체제가 문제라면 그것이 산별 노조가 문제인지 아니면 산별 교섭이 문제인지 따져봐야 할겁니다. 미국의 경우 산별 노조지만 교섭은 기업별 교섭을 합니다. 노동조합은 예외 없이 산별 노조입니다. 기업별 노조는 노동조합으로서의 자격이 없다는 인식이 깔려 있기 때문에 그렇습니다. 1930년대에 형성된 미국의 노동법 체계도 이것을 전제로 하고 있습니다.

그리고 유럽에서도 기업별 노조체제를 찾아보기 어렵습니다. OECD 국가 중에서 기업별 노조인 나라는 일본과 한국뿐입니다. 일본은 기업별 체제지만 춘투 같은 형식을 통해 업종 공통의 임금인상률을 조율해냅니다. 과도한 임금 인상 경쟁으로 경제에 무리가 가지 않도록 조정을 하는 메커니즘이 작동되는 것이죠. 우리는 그게 없는 겁니다.

대기업 노조들이 자기 권력을 놓지 않기 때문에 결국엔 산별에서도 교섭하고 기업 단위로도 교섭할 뿐 아니라 파업도 2중으로 하는 웃지 못할 사태가 벌어지고 있습니다.

따라서 지금 문제가 되는 것은 산별 노조 그 자체가 아니라 효율적이고 안정적인 교섭 질서가 정착되지 않았다는 것입니다. 산별 노조라는 형식을 갖추고는 있지만 기업별 체제의 부작용을 전혀 개선하지 못하고 있는 상태인 것이지요.

혼란만 부채질하는 산별체제

윤기설 문제는 현재 산별체제로 인한 부작용이 많이 벌어지고 있다는 점입니다. 제가 취재를 통해서 확인한 곳만 해도 여러 곳입니다. 외부 세력을 파업 현장에 끌어들여 문제를 꼬이게 만드는 건 다반사입니다. 노사 간 협상이 타결되려고 하면 산별 노조에서 파견된 협상 대표가 막판에 방해를 놓는 식입니다.

민주노총 간부나 민노당원들은 현장을 방문해 투쟁을 독려하는 경우도 많아 정상적인 노사관계가 형성되지 않는 것이죠. 노사 문제 때문에 망한 기업도 수백 개에 달합니다. 최 원장님 말씀처럼 산별 노조는 악도 아니고 선도 아닙니다. 잘만 운영된다면 우리 노사관계에 긍정적인 영향을 미칠 겁니다. 하지만 우리 노사관계 수준이나 환경으로 볼 때 현장에 뿌리 내리기가 쉽지는 않다는 것이죠.

최영기 그래도 보건의료노조 같은 경우는 산별 교섭이 비교적 안정되어간다는 평가가 있습니다. 그러나 이 경우도 교섭의 효율성을 높이기 위해서 이런 약정을 하면 좋을 것 같아요. '산별에서 교섭한 사항을 사업장에서 다시 논의할 수는 있지만 파업은 할 수 없다'는 식으로 노사가 합의하는 것이죠. 그러면 최소한 2중 파업 문제는 해결할 수 있겠죠.

김대환 그런데 실질적으로 산별 교섭의 이점을 실현시킬 수 있는 교섭이 나타나지 않는 한 현실적으로는 갈등과 혼란의 소지가 있을 것입니다. 이론적으로는 기업별 교섭의 한계를 극복하는 방법으로서 산별 교섭의 필요성이 제기되는데 우리 현실에서 나타나는 것은 달라요.

재임 시절을 돌이켜보면 산별 교섭의 사회적 이점을 살리는 데는 관심이 없고 2중, 3중의 교섭을 통해 교섭력을 높이는, 힘으로 쟁취하는 것을 강화하는 방향으로만 갑니다. 물론 그것도 노조 나름으로는 의미를 부여하겠지만, 중요한 것은 교섭의 질서마저 제대로 지키지 않는 상황에서 그렇게 간다면 사회적으로 바람직한 방향은 아니지요.

그리고 산별 노조체제이면서 교섭은 산별체제로 가지 않는 것이 우리 현실에서 가능하다고 본다면 그것 역시 실용적이라고 할 수 없을 겁니다. 리더십도 문제이고요. 이런 현실을 보면서 저는 법으로 산별체제를 강제하자는 주장을 수용할 수 없다는 입장을 분명히 밝힌 바 있습니다.

윤기설 조금 전 최 원장님이 보건의료노조는 산별체제가 잘 정착된다고 말씀하셨는데, 보건의료노조에는 현대아산 병원, 삼성의료원, 서울대 병원, 세브란스 병원 등 대형 병원은 가입하지 않고 중소 병원 중심으로 구성돼 있습니다. 서울대 병원 노조는 몇 년 전 보건의료노조가 합의한 임금인상률에 불만을 품고 뛰쳐나갔죠.

산별을 주장하는 학자들이 보건의료노조를 모범적인 사례로 드는 경우가 많은데, 올해도 산별 교섭이 삐걱거리고 있는 걸로 알고 있습니다. 더욱이 산별 노조의 대표격인 금속노조는 가입 사업장끼리 규모도 다르고 업무 성격, 경영 환경도 천양지차인데 보건의료노조를 일반화시키기엔 무리라고 생각합니다.

최영기 금속노조는 그런 한계가 있는 것 같아요. 자동차나 조선 같은 대형 사업장들이 산별 교섭에 참여하지 않았기 때문에 교섭 질서를 세우는 데도 많은 한계가 있다고 봅니다. 중소기업 중심으로 산별 교섭이 진행되고 사용자단체도 분명치가 않죠.

노조도 산별 교섭에 대한 리더십이 확립되지 않았고 약간 지리멸렬한 측면이 있습니다. 그것은 노동조합도 문제가 있지만 사용자단체 측도 "교섭에 응할 테니 교섭 질서는 합리화시키자. 교섭 비용을 낮추도록 교섭 틀에 대해 약정을 하자"고 요구하면서 질서를 잡아나가야 했습니다. 그런데 사용자단체도 그것을 요구할 만한 리더십이 없었던 겁고요.

우리 몸에 맞는 효율적인 교섭체계는?

윤기설 노조가 금속노조에 가입한 모 대기업이 있었어요. 그런데 사용자 측이 산별 교섭에는 참여하지 않는 겁니다. 그래서 그 회사 노무 담당자에게 "왜 산별 교섭에 응하지 않느냐"고 물었더니 기존 금속노조가 합의한 단체협약 내용이 맘에 안 든다는 겁니다.

실제로 단협 내용을 보면 손배·가압류 남용 금지, 불법 파견 판정 때 정규직 전환, 공장 이전 때 노사 합의 등 기업들이 수용하기 힘든 조항이 많습니다. 그동안 중소기업 사용자 중심으로 금속노조와 협약을 맺다 보니 웬만한 노조의 요구사항은 다 들어준 겁니다. 그렇지 않고선 견딜 재간이 없다고 봤겠죠. 그러니 대기업에서 산별 교섭에 응할 맛이 나지 않는 건 당연하죠.

최영기 예를 들면 일본은 기업별 노조인데요. 도요타자동차의 교섭은 도요타자동차 노사뿐만 아니라 협력업체 노사가 같이 협의를 합니다. 이것이 교섭 형식이든 협의 형식이든 도요타 생산 관련 모든 당사자들이 임금 인상에 대해 협의를 한단 말이죠. 그런데 우리나라는 그런 틀이 아예 없는 겁니다.

현대자동차가 관련 협력회사들과 함께 앉아서 임금인상률에 대해 협의한다는 것이 상상이 잘 안 되잖아요. 그 차이인 겁니다. 산별이든 기업 연합이든 원·하청 기업이나 정규직·비정규직 근로자들의 의사가 반영되는 그런 식의 협의 절차가 보완된다면 좋을 것 같습니다.

저는 산별 교섭을 꼭 해야 한다는 건 아닙니다. 기업별 교섭의 너무도 명백한 한계들을 보완하기 위한 교섭체계의 개선이 필요하다는 겁니다. 현실적으로 우리 상황은 산별 노조가 늘고 있는데 거기에 병폐가 많다면 기업별 교섭도, 산별 교섭도 아닌 제3의 임금 결정 시스템을 강구해보자는 쪽입니다. 한국적 상황에 맞는 효율적인 교섭체계를 만들어가야 되잖아요. 단지 산별 교섭의 병폐가 있기 때문에 "그건 안 된다"고 한다면 과거 10년, 20년 반복되어온 대기업 정규직 중심의 교섭에서 비롯되는 병폐는 또 어떻게 하겠어요?

김대환 그게 현실적인 방안입니다. 지금까지 실제로 진행되어오고 있는 기업별 교섭이나 산별 교섭에 병폐가 있다면 이를 지양하는 다양한 대안적인 교섭체계를 모색해봐야겠지요. 도요타자동차에서처럼 생산과 관련된 모든 그룹이 참여하는 것도 한 대안으로 생각해볼 수 있겠습니다만, 직수입할 것이 아니라 우리의 현실에서 어떻게 나타날 것인가를 면밀히 검토해봐야 합니다.

바람직한 대안으로, 우리 실정에 맞는 새로운 방법을 찾아내야 한다는 데에는 누구도 반대하지 않을 것입니다. 그간 산별 교섭에서 나타난 폐단을 없애고 기업별 교섭에서 놓치거나 한계를 가지고 있는 점들을 보완하는 그런 대안을 보다 심도 있게 모색하는 것이, 산별이냐 기업별이냐 하는 식의 접근보다 훨씬 더 바람직하겠지요.

6 복수노조와 전임자 임금

윤기설 기업 단위에서의 복수노조와 노조 전임자 임금지급 금지제도 시행을 앞두고 노동계와 재계, 정부 정치권이 촉각을 곤두세우고 있습니다. 정부는 이번에는 반드시 시행해야 한다는 입장이고, 재계는 복수노조에 대해선 반대하고 전임자 임금 금지에 대해선 찬성하고 있습니다. 반대로 노동계는 전임자 시행엔 적극 반대하고 복수노조에 대해서도 다소 껄끄러운 반응을 보이고 있습니다. 먼저 복수노조 시행에 대해서 논의해보죠. 복수노조가 결사의 자유, 단결권을 보장하는 차원에서 시행되어야 된다는 것인데 과연 시행될지, 또다시 유예될지 많은 국민들이 궁금해합니다.

최영기 복수노조 문제는 사실 법리 문제이기보다는 노사관계의 핵심적인 정책 변수가 되었습니다. 복수노조·전임자 문제가 13년간 유예되어 오면서 한국 노사관계 질서 변화의 중요한 정책 변수로 그 성격이 바뀐 게 아닌가 생각합니다. 1996년 김영삼 정부가 노사개혁 선언을 할 때 복수노조 문제는 상급단체만 논란이 되었지요.

'우리가 기업 단위 복수노조까지 필요하냐?' 이런 인식들이 정부 내에 있었습니다. 당시에는 민주노총도 기업 단위 복수노조에 대하여 강한 의지를 갖고 있지 않았습니다. 그런데 뜻밖에 한국노총의 요구로 기업 단위 복수노조를 법에 넣게 되었던 것이죠. 그것도 전임자 임금지급 금지조항과 함께 말입니다. 13년 지난 시점에서 이제 안 하기가 이상한 상황이 된 거죠. 그리고 복수노조에 대한 기대를 가지고 있는 집단도 생겨났습니다. 우선 제3노총을 지향하는 그룹이 있고, 또 하나는 대기업의 사무 관리직이나 전문 연구직, 일부 비정규직들이 복수노조의 수요자로 부각되고 있습니다.

처음 법에 반영시킬 때는 큰 기대를 안 하고 법리상의 문제로 넣어놓았지만, 이제는 구체적인 이해관계가 생기고 정책적 정당성을 부정하기 어려운 변수로 변했습니다. 지금에 와서 이것을 또 유예시킨다거나 아예 법에서 뺀다는 것은 정치적으로 큰 부담을 지게 됩니다. '법치냐 정치냐' 할 때 그동안은 법리적인 차원보다는 정치적인 고려에서 미루어왔는데 이제는 어려울 것 같습니다. 아예 빼버리면 모를까. 다만, 한국노총이 한나라당과의 정책연대를 명분으로 삼아 전임자 문제를 복수노조와 연계하여 유예하거나 무효화시키라고 요구할 수 있다고 생각합니다.

김대환 그동안 5년, 또 5년, 그런 식으로 계속 미루어두었다가 유예기간이 막 끝나가는 시점에서 다시 3년이 더 유예되었는데 이제는 결말을 내야 합니다. 어떤 방향으로 결말을 내냐면, 저는 기본적으로 해야 한다는 입장입니다.

이는 ILO(국제노동기구)도 수차례 지적한 집회·결사의 기본권에 관한 문제일 뿐만 아니라, 복수노조를 법으로 금지시킨 것 자체가 비정상적인 것이었지요. 정상화해야지요. 산업 현장에서 우려의 목소리들은 있습니다.

대기업에서는 복수노조 체제가 되면 여러 가지 복잡한 양상이 벌어질까봐 그러는데, 노사관계를 민주적으로 발전시켜나가야 한다는 원칙을 거부하지 않는다면 복수노조 체제의 도입도 거부할 것은 아닌 거죠. 이런 극단적인 우려를 하기도 합니다. 즉, 두 사람 이상이면 노조 설립이 가능하므로 한 사업장에서 100개, 200개도 만들어질 수 있다는 겁니다. 그런데 그건 지나친 기우인 것 같습니다.

다만 대기업 노조 내부의 분파로 인한 부작용이 초기에는 있을 수 있겠지만, 이것은 교섭 청구 단일화로 정리하면 될 것입니다. 현장의 우려도 있지만, 한국노총과 민주노총으로 되어 있는 이 양 체제의 불합리한 구도하에서는 현실적인 변화를 가져올 수 있는 계기로도 작용할 수 있으니까 진취적으로 나아가야 합니다.

윤기설 정부에서는 의지가 아주 강한 것 같습니다. 분명히 한다는 쪽입니다. 청와대 쪽에서도 상당한 의지를 갖고 있는 것 같구요. 그런데 정치권에선 이걸 흔드는 것 같습니다. 경제가 어려운데 노사 모두 반대하는 이 문제를 도입할 필요가 있느냐는 것이죠. 그런 반면 일부 학자들은 지금 복수노조를 시행하면 다소의 혼란은 있더라도 장기적으로는 큰 문제가 되지 않을 것으로 보기도 합니다.

최영기 경제위기 논리는 좀 다른 문제인 것 같아요. "경제가 어려운데 지금 꼭 해야 하나?" 이런 현실론이 있을 수도 있겠지요. 하지만 원칙은 원칙대로 정해놓고 "시행을 1년이든 얼마든 유예를 하자" 이런 것은 있을 수 있다고 봅니다.

김대환 상황에 따라 이런저런 고려를 할 수는 있겠지만, 지금까지의 경험에 비추어볼 때 자칫 잘못하면 계속 유예시키는 그런 잘못이 반복될 위험성이 있어요. 그래서 이번에는 확실하게 정리해야 한다는 점을 다시 한 번 강조하고자 합니다.

최영기 지금 창구 단일화 방안이 어떻게 되는지 알 수 없어요. 전문가들이나 정부 내에서는 다양한 방법을 강구해보았지만 관련 법률 개정안이 발표되지 않았기 때문에 노사 관계자들의 궁금증이 증폭되고 있는 겁니다.

전임자 임금, 노조 재정서 충당해야

윤기설 복수노조 시행과 함께 패키지로 걸려 있는 노조 전임자 임금지급 금지에 대해선 한국노총과 민주노총 모두 반발하고 있는데요.

최영기 전임자가 우리나라처럼 많고 회사에서 월급을 받는 경우는 없습니다. 노사 스스로 이것을 합리적인 수준으로 조정할 수 없으니까 정부의 개입을 불러온 것이죠.

지금이라도 노사가 합리적인 전임자 가이드라인에 합의를 한다면 사실 정부가 개입하기는 어려울 것 같아요. 예컨대 노사가 "앞으로 5년 내에 전임자를 50% 이하로 줄이겠다"고 합의한다면 정부가 법으로 전임자 제도 개선을 강제하진 않을 겁니다.

그런데 그게 안 되기 때문에 정부가 나서는 것이죠. 과도한 전임자 문제가 노조의 정파 문제라든가 노동조합의 여러 불합리한 행태와 무관치 않다고 봅니다. 노동조합이 최소한의 조합원 서비스 기능을 하기 위해서는 전임자가 필요하겠지만, 지금의 전임자 실태는 누가 봐도 비정상적이기 때문에 정부의 개입 없이는 정상화되기 어렵다고 봅니다.

김대환 지금까지의 흐름에 비추거나 노사 자율의 원칙에 입각해봐도 전임자는 노조에서 고용하고 노조에서 임금을 지급하는 게 필요하고 온당합니다. 그런데도 현실적으로는 복잡하게 생각하는 것 같습니다. 대기업 노조는 가능하지만 중소기업 노조, 특히 소기업 노조는 재정이 어렵기 때문에 이들 노조의 전임자 임금을 정부나 사용자가 기금 형식으로 지원해야 한다는 의견도 있는 것 같은데, 그렇게 간다면 전임자 임금의 노조 부담 원칙이 현장에서 잘 지켜질 수가 없다고 봅니다.

처음에는 다소 무리가 따르더라도 확실하게 예외 없이 시행할 필요가 있어요. 노조가 노조활동과 재정능력을 감안해 전임자 수를 정하고, 전임자 급여나 비용은 노조 스스로 부담하는 것을 분명하고도 확실하게 해야 합니다. 재정이 취약한 노조들은 연대와 조직 통합을 통해 스스로 자구책을 마련하고, 연대의 원리에 입각해 각급 노조의 노력, 상호 지원 및 협력으로 문제를 풀어나가도록 해야 해요.

교사와 공무원 노조는 그렇게 되어 있잖습니까. 전임자가 될 경우에는 휴직을 하고, 복직 시 전임 기간의 경력을 보장받고요. 이것을 확실하게 해야만 전임자 임금의 노조 자체 부담이 정착될 수 있다고 봐요. 전임자 임금 문제는 노조의 입장에서도 자주성 확립과 더불어 조합 내 민주주의에 핵심적이고 중요한 사안이므로 진취적으로 생각할 필요가 있습니다.

윤기설 ILO에서는 우리 정부에 전임자 문제를 노사 자율에 맡기라고 하지 않습니까?

김대환 ILO나 OECD의 노동조합자문위원회(TUAC)가 우리 정부에 보낸 형식과 내용(wording)을 다시 확인해볼 필요가 있는데, 매우 원칙적인 것 같지만 법 형식논리적인 측면이 강하다는 생각입니다. 전임자 임금을 사용자가 지급하는 것을 법으로 금지한다는 것이 과도하다는 논리 위에 노사 자율을 강조하고 있어요. 그런데 이는 과거의 잘못된 관행을 시정하기 위한 조치이고, 이를 통해 노조의 자주성에 기초한 노사 자율을 도모하자는 논리입니다. 양자가 배치되는 것이 아닙니다.

제가 장관직에서 물러나서 OECD로 날아갔었어요. 재임 중에 매듭짓지 못한 노사관계 감시(monitoring) 종료 문제가 찜찜해 개인 자격으로나마 기여해봐야겠다는 생각이 있었지요. 아시다시피 우리가 OECD에 가입할 때 10년 동안 노사관계 감시를 받는 일종의 조건부 승인을 받았는데, 그 10년이 다 된 2005년에 종결을 지으려고 했더니 안 된다는 거예요. 정부가 노조를 탄압했다는 이유를 다는 겁니다.

그래서 우리 대사관의 도움을 받아 OECD 앙헬 구리아(Angel Gurría) 사무총장과 만나 담판을 하다시피 했습니다. TUAC 관계자도 배석했습니다. 이들에게 노조의 합법적인 활동에 대해 정부가 탄압한 적이 없다. 그런 것이 있으면 당신네들이 증거를 대라고 했어요. TUAC 관계자들이 우회적으로 노조 간부 구속 얘기를 하기에 "폭력과 비리 등 불법에 대한 법적 조치를 '탄압'이라고 하는 것은 OECD의 기준인가, TUAC의 공식 해석인가?"라고 따지고 들어갔어요.

TUAC 관계자는 당황하고 구리아 총장이 제 의견에 공감을 표시했어요. 아마 이게 다음 해인 2007년 OECD가 '감시 종료'를 공식적으로 결정하는 데에 영향을 미치지 않았나 생각됩니다. 그때 거기에서도 TUAC 관계자가 "전임자 문제는 노사가 자율적으로 결정할 문제지 왜 자꾸 정부가 개입을 하느냐?"고 한 적이 있어요. 그래서 제가 "당신, 한국 사정 잘 알지 않느냐. 노사가 스스로 이 잘못된 관행을 시정할 수 있다고 생각하느냐? 노사 자율에 반하는 개입이 아니라, 자율을 위해 이미 오래 전에 노사가 합의한 사항이 시행되도록 하는 것이다"라고 하니까 더 이상 말이 없더군요. 요컨대 전임자 임금 문제는 정부가 책임지고 이 시점에서 정리할 일입니다.

최영기 한국노동연구원 조사에 의하면, 2007년 말 기준으로 전임자 규모는 약 1만 명이고, 임금 총액은 4,300억 정도로 추정됩니다. 그런데 이것을 법으로 일시에 금지시키는 것과 실제 기업에서 그것을 실행하는 것은 다른 문제입니다.

실행 단계에서 기업들이 노사갈등을 불사하고 이를 관철시킬 수 있을지 의문인 것이죠. 이를 피하려는 기업 입장에서는 어떤 명분으로든지 노조를 달래고 가려는 유혹이 있을 겁니다. 비공식 전임이나 반전임자가 남발되는 등의 부작용과 또 다른 왜곡 현상이 나타날 수 있지 않을까 싶습니다.

김대환 그 부분이 매우 중요한데요. 무엇보다 시행 초기에 그러한 왜곡현상을 철저히 막아야 합니다. 정부가 행정지도와 함께 감시를 철저히 하고, 위법적인 왜곡 현상이 적발되면 엄정하게 법적인 조치를 취해야 합니다.

물론 이것만으로는 충분하지 못합니다. 산업 현장에서 법제도를 지키기 위한 경영자들의 결기와 노력이 병행되어야 합니다. 일부 노동계에서는 이 법제를 사실상 무력화시키기 위해 갖가지 방법을 동원할 공산도 있으므로, 초기에 매우 엄격하게 이 법제를 운용할 필요가 있습니다.

재임 중, 아마 2005년도였을 겁니다. 업종별 CEO들로부터 현장의 전임자 문제 얘기를 들었죠. 대체로 중소기업 이상 규모의 CEO들이었는데, 그들의 얘기는 이랬습니다. "정부가 이를 확실하게 한다면 현장에서 어려움이 있더라도 최선을 다하겠다. 각서라도 쓰겠다." 그런 의지를 보인 적이 있거든요.

그런데 최 원장이 말한 대로 겉으로는 임금 인상을 내걸고 실제로는 전임자 문제를 가지고 여러 형태의 압박을 시도할 가능성이 없진 않지요. 파업이 있을 때는, 그 주된 목적이 무엇인지 형식과 내용을 따져서 정부가 엄정하게 정리를 해주어야 할 겁니다. CEO들의 의지도 중요하지만, 노조 전임자를 비롯한 간부 역시 이에 못지않은 의지를 가지고 조합원에 봉사하는 자세로 우리 노사관계의 새로운 지평을 열어나가야 합니다.

타임오프제, 노사갈등 소지가 다분해

윤기설 두 분 모두 전임자 제도는 시행해야 되고, 원칙과 법대로 해야 된다는 입장인 것 같습니다. 그러나 노동계는 계속 반대하고 있는데 과연 전임자 임금의 완전 금지가 가능할까요?

최영기 "비용을 치르더라도 이번에 정리를 확실히 하고 가자"는 주장에 기본적으로 동의를 합니다. 그러나 노동조합의 업무 중에서 어차피 회사가 해야 할 기능이 있습니다. 노동조합의 복지기능, 교육훈련을 위한 노동조합의 의견 수렴, 산업안전 차원의 예방적 조치, 교섭을 위한 기본적인 기능 같은 것은 회사에서 유급 타임오프(time-off)를 주어도 아까울 것이 없다고 봐요.

회사의 인사노무관리 기능의 일환이라고 보기 때문에 노동조합이 대신해주는 것에 대해서는 그에 따른 타임오프를 주는 것도 바람직한 방안이지요. 외국 사례를 보면 우리나라처럼 전임자 몇 명에게 백지수표 주듯이 하진 않지만 노조 간부의 특정 직무에 대해서는 타임오프를 주는 경우도 꽤 있거든요.

김대환 타임오프, 즉 근로시간 면제 제도를 활용하는 것도 좋은 방법인데, 운용이 문제입니다. 이것을 놓고 노사갈등이 빚어질 소지가 다분히 있기 때문에 확실한 사전정리가 필요합니다.

과거의 억압적인 체제 속에서 사용자의 전임자 급여 지급은 회사의 노무관리 기능을 상당히 대행한다는 데에 명분을 두었지요. 그런데 실제적으로는 노조 간부 달래기의 성격이 강했고, 민주화 이후 전임자는 회사의 관리기능을 대행하기보다는 사실상 제약한 측면도 없지 않았습니다.

기업의 관리기능은 기본적으로 그것을 담당하는 직원이 있기 때문에 관리기능 대행에 대한 근로시간 면제는 부분 전임자에게만, 그것도 엄격하게 적용할 필요가 있습니다. 회사에서 시켰다면 당연히 근로시간 면제가 적용되어야겠지만 노조에서 시켰다면 그 시간분의 임금은 노조에서 지급하는 것이 원리에 맞지요. 양측이 다 필요해서 했다면 양측에서 공동으로 부담하고요.

공동부담의 원칙을 적용하면 타임오프를 둘러싼 문제가 간명하게 정리됩니다. 해당 업무를 둘러싼 복잡한 논의도 필요 없어지고, 타임오프 시간 상한을 규정할 필요도 없습니다. 자동조절의 메커니즘으로서 공동부담만 한 것이 없습니다.

어쨌든 부분 전임자에 대해서는 근로시간 면제 제도를 활용하더라도, 완전 전임자의 경우는 노조에서 급여를 전적으로 부담하는 체제로 가야 합니다. 단체 교섭을 비롯한 노조 및 조합원 관련 업무를 위해 노조가 고용한 사람이기 때문에 일부 기능에 대해 사용자로부터 급여를 받는다면 그 부분에 대한 이중급여가 되는 셈이지요.

이렇게 하면, 완전 전임자를 최소화하거나 부분 전임자 수를 과도하게 늘려 집행부를 꾸리려는 시도가 일부 노조에서 있을 수 있습니다. 그렇기 때문에 부분 전임자에 대한 타임오프제를 엄격히 적용해야 한다는 것입니다. 일부라도 노조의 부담이 있어야 예산 제약의 조건이 성립되고 노조가 합리적인 선택을 하게 될 것입니다.

전임자 임금을 노조에서 지급하게 되면 노조의 회계 투명성은 자동적으로 제고될 겁니다. 조합비를 비롯한 예산 집행에 조합원들이 관심을 가지고 집행부를 감시하게 되니까요. '전임자를 몇 명으로 할 것인가' 하는 것을 놓고 노사가 대립할 필요도 없어집니다. 노조가 업무의 필요성과 예산 제약을 감안해 스스로 결정할 사안이 되니까요.

노조 조직률은 왜 하락하나?

윤기설 전임자 문제와 관련한 논의는 이 정도에서 끝내고 노조 조직률에 대해 논의를 이어나가죠. 전 세계적으로 노동운동의 힘이 약해지면서 노조 조직률이 떨어지는 게 사실입니다. 이것이 과연 산업구조 변화에 따른 필연적 산물인지, 그렇지 않으면 다른 이유가 있는 것인지에 대해 논의를 해봤으면 합니다.

김대환 세계적인 현상으로서의 노조 조직률 하락 요인에 관한 연구결과를 보면 다면적으로 여러 요인들이 지적되고 있습니다. 과거 포디즘(Fordism)의 대량생산 체제로부터 네오포디즘(Neo-Fordism)의 다품종 소량생산 체제로의 생산 시스템 변화, 산업구조 변화에 따른 서비스업 비중의 증가, 지식기반 경제로의 전환, 여성 근로자 및 시간제 근로자 비중의 증가 등 서로 연관된 요인들이 거론되고 있습니다. 이러한 요인들은 전통적인 작업 조직뿐만 아니라 조직 근로자의 기반에도 큰 변화를 가져오고 있습니다.

이와 더불어 공통적으로 지적되고 있는 것이 근로자의 세대가 달라지면서 개인주의적 성향이 강해져 조직, 즉 노조의 필요성에 대한 인식이 크게 저하되고 있다는 점입니다. 우리의 경우도 이러한 요인들이 작용한데다가 특히 민주화 이후 근로자에 대한 보호가 법적으로나 제도적으로 강화된 것도 크게 영향을 미친 것으로 생각됩니다.

과거 근로자가 실질적으로 법제적인 보호를 제대로 받지 못해 기댈 곳이라곤 노조밖에 없을 때와는 많이 달라졌지요. 민주화 과정에서 신생노조의 설립 등으로 조직률이 크게 증대되고 노조의 투쟁을 통해 임금을 비롯한 근로조건이 개선되면서 어느 정도 유지가 되었지만, 기본적으로 법제적 보호가 자리를 잡아가는 한편 노조의 투쟁과 과도한 정치화가 노조의 가치를 오히려 절하시킨 측면이 있습니다.

노조활동은 물론 노조 가입에 따른 불이익에 대한 우려에도 일부 영향이 있겠지만, 그동안 노조가 조합원에게 서비스했던 상당 부분은 반드시 노조가 아니더라도 제공될 수 있게 되었지요. 이에 반해 노조의 과두지배체제, 과도한 정치화, 비타협적 관성의 지속이 노조에 대한 적극적 관심을 저하시킨 요인의 하나라고 생각됩니다.

조합원들은 노조 서비스의 수요자이고 노조 간부들은 공급자인데, 서비스의 수요와 공급에 따라서 노조의 조직률이 결정됩니다. 실제 서비스가 불만족스러워 특별히 노조 가입의 필요성을 느끼지 않게 된 것도 노조 조직률 하락의 한 요인으로 보입니다.

전체적으로 보면, 최근 공무원노조가 설립되면서 조직률은 10%대를 유지하고 있지만, 1989년 19.8%에서 2008년 현재 10.5%에 이르기까지 하락 추세를 보입니다. 한국노총과 민주노총이 43.5%와 39.5%로 조합원을 양분하고 있지만 미가맹도 17.0%를 차지하고 있으니 양대 노총이라 부르기가 적절치 않아요.

앞으로 조직률의 변동은 특별한 계기가 없다면 보다 직접적으로 노조 서비스의 수급에 의해 결정될 겁니다. 최근 노동운동의 위기도 노조 조직률의 하락과 무관하지 않습니다. 따라서 노동운동의 노선이나 노조 간부 행태의 변화 내지 보완의 유무도 노조 조직률에 영향을 미칠 겁니다.

조직률 하락은 세계적인 추세

윤기설 전투적 실리주의가 만연된 우리나라 노동운동 풍토에서 노조 간부들에게 일선 조합원에 대한 서비스를 요구한다면 먹힐까요?

김대환 한국의 경우는 "도대체 노조가 우리에게 무엇을 해주었는가?" 하는 심리도 강하게 작용하는 것 같습니다. 물론 신세대 근로자의 증가, 산업구조의 변화, 생산체제의 변화 등의 요인과도 맞물려 있지만, 그동안 우리 노조의 활동과 노동운동에 대한 성찰이나 반성이 반영된 것으로도 해석할 수 있습니다.

그래서 노조에 가입하는 것이 나에게 유리할까, 불리할까 하는 기준을 중심으로 개인적 판단을 하게 되는 것이지요. 가입한 조합원의 노조 서비스에 대한 요구는 점증하고 구체화되고 있는데, 투쟁의 기치만으로 이를 소화할 수는 없습니다. 서비스가 수요에 부응하는 방향으로 달라지지 않으면 조직은 흔들릴 수밖에 없습니다. 최근 나타나고 있는 특정 노조 이탈 현상도 이러한 맥락으로 해석할 수 있습니다.

최영기 조직률 하락은 전 세계적인 현상입니다. 1990년대 이후 세계 노동운동이 공통적으로 고민했던 것이 조직률을 어떻게 다시 올릴 것이냐는 겁니다. 노동운동의 재활성화 전략(revitalization strategy)이 OECD 국가에서 노동운동의 목표였습니다. 실제 우리나라의 조직률 하락도 OECD 다른 국가들과 유사한 패턴을 보이고 있지요. 세계화와 기술 변화로 인하여 자본의 이동성이 높아지고 노동의 유연성이 높아진 때문이라고 봅니다. 한국도 이러한 흐름에서 예외가 아닌 것이죠.

더구나 지난 10년간 우리 노동시장의 변화를 보면 개별 노동자의 고용불안과 생활불안은 훨씬 더 심해졌습니다. 따라서 자기를 보호해주고 대변해줄 사회제도에 대한 필요성은 더 높아진 거지요. 그러나 노동운동은 전반적으로 지지를 잃어버리고 노동조합 조직률도 점점 더 하락하는 상황입니다. 이런 추세가 조만간 반전될 기미도 없다고 봅니다. 복수노조가 된다고 하더라도 조직률이 크게 변화할 것 같지는 않습니다. 지금의 조직률이 더 떨어지지 않고 유지되는 정도가 될 걸로 보입니다.

윤기설 노조 조직률은 기업 규모에 따라 큰 차이가 나는 것 같습니다. 대기업은 높고 중소기업은 낮은 형태로 양극화돼 있지 않나요?

최영기 그렇습니다. 한국 특유의 또 다른 문제는 조직률의 전반적인 하락만이 문제가 아니라, 노조 조직이 기업 규모에 따라 양극화되어 있다는 겁니다. 대기업 조직률은 아주 높습니다. 일례로 500인 이상 사업장의 경우 노조가 조직되어 있는 기업이 3분의 2가 넘거든요.

전체적인 조직률은 떨어지는데 대규모 사업장의 노조 유지 비율은 매우 높은 상태입니다. 그래서 노동운동이 대기업 정규직에 갇혀 있다는 비판을 받습니다. 노동운동이 어떻게 이 좁은 틀에서 벗어나서 중소기업 근로자와 비정규직 근로자들을 보호하고 배려하는 사회연대 조직으로 탈바꿈할 수 있을 것인가가 큰 과제입니다.

늘 자기 조합원들의 임금 인상 투쟁만 할 것이 아니라, 사회안전망도 확충하고 사회개혁을 통해서 근로생활이 안정되게 하는 활동을 많이 해야 지금의 노동운동 위기를 벗어날 수 있지 않을까 생각합니다.

윤기설 노조 조직률이 떨어진 것은 산업구조 변화에 따른 여성, 고령자의 고용시장 진출이 영향을 미친 측면이 있다고 봅니다. 하지만 근로기준법 등 노동 관련법에서 근로조건을 보호하면서 노조의 필요성이 없어진 측면도 있는 것 같습니다. 노동자들이 집단행동을 통하지 않고서도 부당해고나 근로조건 저하 문제를 법을 통해 해결할 수 있으니까요. 또 근로자 개개인의 자기계발과 HRM(인적자원관리)을 중시하는 미국식 경영방식 도입도 조직률 하락에 영향을 미치지 않았나 생각됩니다.

최영기 경향으로 보면 외국에서도 집단적 분쟁 같은 것은 줄어드는 반면에 개별 근로자들이 법을 통해 권리를 구제받는 개별 분쟁이 많이 늘어났습니다. 법적인 보호에 의해 근로자들이 보호를 받으니까 노동조합에 대한 의존이 줄어드는 추세입니다.

무노조도 경영전략의 일환

윤기설 장관님은 발전경제학을 연구하셨고 원장님은 정치경제학을 공부하셨지요. 두 분 모두 진보학자 출신이시다 보니 상당히 전향적이면서도 노동운동을 보는 시각에 있어선 현실을 중시하는 측면도 있는 것 같습니다. 노동운동에 대해서 장관님은 사회 발전과 함께 가야 한다는 관점이신 것 같은데, 원장님도 비슷한 견해라고 봅니다.

요즘 무노조 기업에 대해 긍정적인 여론이 많습니다. 실제로 국내외를 막론하고 무노조 기업 가운데 우량기업들이 많습니다. 우리나라에선 삼성, 신세계가 꼽히고, 미국에선 IBM, Federal Express, 월마트, 마이크로소프트 같은 기업들이 대표적이라고 할 수 있는데요. 노동운동에 다소 전향적 사고를 갖고 계신 두 분은 무노조를 어떻게 평가하시는지 궁금합니다.

김대환 기본적으로 자본주의 사회의 건전한 발전을 위해 노조라는 조직은 필요할 뿐만 아니라 사회 발전의 중요한 축을 이루고 있다고 봅니다. 임금노동이 존재하는 한 노조는 필수적이며, 사회 발전에 따라 그 위상이 달라지더라도 근로자를 보호하고 사회 발전을 추동하는 역할은 변함없이 요구된다고 생각합니다. 기업 단위에서도 기본적인 생각은 같습니다.

몇 년 전 실리콘밸리를 방문해 기업에 노조 유무를 알아보았는데, 노조가 없는 기업이 더 많았습니다. 개별협상을 통해 임금이나 근로조건 그리고 스톡옵션 같은 것들에 대해 계약을 체결하고 있어요. 그야말로 외부의 억압이 없는 자유로운 상태에서 스스로 결정해서 그렇게 한다면 이 또한 결사의 자유 원칙에 반하는 것이 아니라고 봅니다. 그러나 어느 쪽이 근로자의 권익을 보호하고 사회 발전에 효과적인가는 케이스 별로 판단해야지 일반화할 수는 없다고 생각합니다. 무노조의 경우 정부의 보호와 사회안전망이 더 필요하겠지요.

우리의 경우에는 참으로 이것이 딜레마입니다. 지금까지 노조와 노동운동이 사회 발전의 한 축으로서 잘 진행되어왔다면 이런 질문 자체가 필요 없을 테지요. 저는 1987년 체제를 거치고 1997년 체제를 통해 사용자의 노사관계 마인드가 많이 바뀌었다고 보긴 합니다만, 그런데 실질적으로 보면 여전히 과거의 타성에 젖어 있는 기업들이 있습니다.

노조 자체를 정서적으로 불편해하는 분위기에서 벗어나야 합니다. 경영진의 사고가 이런 기업에서는 반드시 노사 문제가 발생하기 마련입니다. 이런 상황을 감안할 때 우리의 경우에는 노조가 있으면서 건전하게 생산적으로 활동을 하는 것이 첫째고, 노사가 서로를 존중하여 노사상생 체제가 갖추어진 경우 사업장의 특성에 따라 자발적인 무노조 경영도 무방하다고 생각합니다. 이 경우도 근로감독과 사회안전망이 제대로 역할을 해야겠지요.

최영기 어떤 면에서는 무노조도 하나의 경영전략이 될 수 있습니다. '유니언 프리(Union Free)'를 해보겠다는 것 자체가 경영전략이며, 경우에 따라서 노조가 있는 것보다 훨씬 더 좋은 경영이나 근로자 서비스를 할 수 있습니다. 이것도 선악의 문제가 아니라 선택의 문제라고 생각합니다. 그러나 사회 전체를 놓고 보았을 때는 '유니언 프리 소사이어티(Union Free Society)'는 바람직하지 않다는 입장입니다.

노동조합이라는 것은 근로자들의 독특한 지위를 대변해주는 조직체로서 중요한 역사적 성과물이라고 생각합니다. 노동조합은 근로자를 대변하고 단체 교섭을 통해 분배를 개선하며 자본주의가 정상적으로 발전하는 데 많은 기여를 했다고 평가할 수 있습니다. 더 나아가 시장경제가 건전하게 발전하는 데 기여하는 기구라고 판단합니다. 단기적으로는 여러 가지 왜곡도 낳고 불필요한 사회 갈등도 야기하는 부정적 측면도 있지만 중장기적으로는 긍정적인 측면이 많은 셈이지요.

윤기설 사회 발전적 관점에서 보면 노조의 존재가 필요하다고 말씀하셨는데, 개별 기업 차원에서도 필요하다고 보시는지요?

최영기 그것은 경영의 선택 문제라고 봅니다. 업종의 특성에 따라서, 예를 들면 IT기업이나 근로자의 전문적인 기술, 즉 개인적 능력이 강하게 요구되는 사업장에서는 노동조합을 통한 집단적 의사결정이 오히려 불편할 수도 있거든요. 노동조합은 분명히 산업화 시대에 제조업을 기반으로 한 조직임에는 틀림이 없지요.

노동운동의 본질은 무엇인가?

7

윤기설 노동운동에 대해 많은 대화를 나누었는데 아직도 노동운동의 본질에 대한 개념이 정립되지 않은 것 같습니다. 우리나라 노동운동 현장에는 계급투쟁을 주장하면서 이념과 정치투쟁을 벌이는 마르크스주의자들이 많습니다. 아직도 계급투쟁을 벌이는 노동운동은 한국에서만 발견되는 특이한 현상이 아닌가 싶은데요……. 그렇다면 노동조합의 존재 이유, 즉 노동운동의 본질은 무엇이라고 정리할 수 있을까요?

김대환 우리가 논의하는 노동운동은 자본주의의 산물입니다. 자본주의 체제하에서의 노사관계는 사용자와 근로자, 그리고 정부와의 관계인데, 개별 근로자는 사회적 약자의 위치에 설 수밖에 없어요.

자본주의의 주요 특징 중의 하나는 상품경제인데, 노동력이 상품화되면서 자본주의 사회의 노사관계가 발생합니다. 그것은 노동력이 일반 상품과는 다른 특성으로부터 오는 것이라고 풀이할 수 있습니다. 마셜(Alfred Marshall)은 이를 다섯 가지로 나열했습니다만, 노동운동과 관련해서 요점만 이야기하자면 이렇습니다.

노동력이란 인간의 신체나 두뇌에서 나오는 에너지인데, 이는 항상 인간의 신체와 결부되어 있기에 노동력이란 상품의 판매는 사람이 직접 가서 일을 하는 과정 자체라고 할 수 있습니다. 필연적으로 사용자의 지시와 감독하에 일을 하는 노동 과정이 있게 되는 것이지요.

그런데 이 노동력은 일반 상품과는 달라서 저장이 안 되기 때문에 가격, 즉 임금이 다소 낮더라도 팔지 않는 것보다는 그때그때 파는 것이 낫기 때문에 노동력의 투매(投賣) 현상도 나오는 것입니다. 이러한 특징들 때문에 노동력이 상품화된, 다시 말해서 임노동이 이루어지는 자본주의에서는 사용자에 대해 개별 근로자가 약자의 입장에 설 수밖에 없습니다. 그렇기 때문에 집단적으로 뭉쳐야만 사용자에 대한 열세를 보완할 수 있습니다. 여기에서 비롯된 것이 노동운동이죠.

초기 노동운동은 사용자의 노동착취에 대해 집단적으로 저항하는 형태로 이루어졌기 때문에 정치운동의 성격을 가질 수밖에 없었어요. 그러한 노동운동은 우여곡절을 거치면서 결국 노동기본권을 쟁취하는 결실을 거두었지요. 이후 노동운동은 노조를 결성하고, 노조가 주체가 되어 단체교섭과 단체행동을 벌이는 방식으로 대체로 정형화되어왔습니다.

자본주의 사회는 그러한 노동3권을 법적으로 보장하면서 사회보험이나 사회정책을 통해 체제를 안정시키고 계속 발전해왔어요. 이러한 발전의 과정에서 노동운동도 점차 체제 내화되면서 정치운동에서 경제운동으로 전화(轉化)되어왔는데, 그 연장선상에서 오늘날 선진국에서 보듯 '불끈 쥐었던 주먹'을 펴 '악수'를 하는 그런 노동운동을 보게 되는 것입니다. 사회적 파트너십에 기초한 상생협력의 노동운동이지요.

윤기설 "자본주의 사회에서 상품을 파는 노동자는 사용자와 갈등을 겪어 왔고 이 과정에서 노조가 만들어졌다. 그리고 노동3권이 보장되고 사회안전망이 확대되면서 노동자의 정치투쟁이 줄어들고 경제적 조합주의를 통해 노동운동이 안정을 찾아갔다. 요즘 선진국에선 대립적 노동운동이 사라지고 상생의 노동운동으로 전환되고 있다", 이런 말씀을 해주셨습니다. 결국 노동운동이 진화하고 있는 셈인데요. 우리의 노동운동은 어떤 과정을 밟아왔나요?

김대환 우리 노동운동을 역사적으로 보자면 일제 식민지 시대까지 거슬러 올라가야겠지만, 1960년대 산업화 이래 오늘날에 이르기까지만 보더라도 반드시 단일한 과정은 아니라고 봅니다.

1960년대 이래 이른바 개발독재의 억압체제하에서 '열려진' 노동운동은 사실상 불가능했기 때문에 이 시기의 생존권 투쟁은 의식했든 안 했든 정치적 저항의 성격을 띠게 되었지요. 이는 기본권이 억압되어왔던 시기였기 때문에 당연히 그럴 수밖에 없었다고 볼 수 있어요. 당시 활동가들에 의한 이념적인 요소가 없었던 것은 아니지만 공개적으로 표출될 수가 없었던 것이지요.

민주화의 공간이 열린 1987년 체제에서 노동운동은 정치저항적인 성격과 더불어 이념적인 지향이 표방되기도 합니다. 이는 당시 노동운동이 민주화운동과 맥을 같이 하고 있었던 우리 사회에서 사실상 본격적인 노동운동의 시작으로 이해될 수 있는 측면이 있죠.

그러나 실제로는 '이념 따로, 전략 따로, 실제 따로'의 전투적 실리주의로 가닥이 잡히면서, 대단히 정치적이면서도 실리에 따라 변화될 수 있는 운동으로 전개되어오고 있는 것으로 보입니다. 따라서 민주적 절차나 실제가 충실해짐에 따라 우리 노동운동의 성격도 정치적인 것으로부터 경제적인 것으로 바뀌어갈 것으로 생각됩니다. 아직은 뚜렷이 나타나고 있진 않지만, 노사관계의 다른 주체인 사용자와 정부가 민주주의의 법과 원칙에 충실할 때 이러한 변화는 보다 가시화될 것입니다.

보는 관점에 따라 다를 수는 있겠지만, 서구에서는 노동운동이 정치운동으로부터 경제운동으로 전화하는 데 꽤 오랜 시간이 걸렸지만 우리는 상당히 빠르게 전환되고 있는 중이라고 봅니다. 1987년 체제하에서 노동3권이 크게 신장되었고 체제 내에서 수용이 되어가고 있으니까, 부분적인 문제를 가지고 전체를 부정하거나 정권과 결부짓거나 이념을 내세워 투쟁을 외치는 식의 노동운동은 대내외적으로 도전을 받게 마련입니다.

1987년으로부터 20여 년이 지난 이 시점에서 본다면 적어도 법제적으로는 선진국 수준으로 발전됐고 민주화에 따라 정치적인 의식 수준도 제고되어, 정치적 파업과 이념적 노동운동은 점차 그 입지가 축소되고 있는 현실입니다.

근로자는 여전히 사회적 약자라고 볼 수 있지만 노조는 오히려 사회적 강자인 현실에서, 이미 노조운동으로 정형화된 한국의 노동운동은 이념과 정치투쟁으로써는 사회적으로뿐만 아니라 노조 내부적으로도 더 이상 지지가 확보되지 않는 지점에 도달해 있습니다. 스스로 변화하지 않으면 안 될 대내외적 도전에 직면해 있는 우리의 노동운동 역시 서구의 변화 방향과 크게 다를 수 없을 것입니다.

계급투쟁론은 비현실적 관점

윤기설 "우리의 노동운동도 서구의 방향과 크게 다를 수 없다"는 말씀은 아직 우리 노동 현장에 만연돼 있는 계급론적인 투쟁 만능주의가 사라질 수밖에 없다는 얘기로 들리는데요.

김대환 저는 만연해 있다고도, 완전히 사라질 것으로도 보지 않습니다. 그보다는 앞으로 산업 현장에서 더욱 소수화될 것으로 내다봅니다. 강단의 '계급투쟁론'도 마찬가지일 것이고요. 이제 노동운동은 자기 책임과 역량하에서 방향을 정립하는 것이 지극히 당연하고, 그러한 노력이 늦게나마 이루어지고 있는 현상을 최근 몇몇 사례들이 보여주고 있습니다.

결국은 노동운동이란 사회적 약자인 개별 근로자들이 자신들의 사회경제적 지위 향상을 위해 집단화하고, 노조라는 조직을 통해 그것을 관철시키고 유지해나가는 그런 운동입니다. 일부에서처럼 이른바 계급투쟁론적 관점에서 체제변혁운동으로 노동운동의 본질을 규정하는 것은 어디까지나 그 관점 내부의 논리일 뿐이고 현실적으로 실현된 적이 없습니다. 앞으로 가능하지도, 바람직하지도 않습니다.

실제로 계급투쟁론적 관점에서 인용 또는 원용하는 그런 논자들은 자본주의 체제에 대한 안티(anti)의 핵심으로서의 노동계급, 즉 계급투쟁적인 노동운동을 제시했는데, 그 논리의 연장선상에서 자본주의 이후의 단계로 설정한 것이 사회주의 내지는 공산주의 체제죠.

그런데 실제 그에 대한 논의들을 보면 대안체제의 구체적인 콘텐츠는 빈약해요. 그렇기에 역사적 실험도 시행착오의 과정이었다고 할 수 있습니다. 결국 계급투쟁론은 자본주의 비판론으로서 의의가 있을 뿐인 셈이죠. 반드시 노동운동이 제기한 것이 아니라 하더라도 비판을 체제 내화시켜간다면 계급투쟁론의 근본주의는 현실적 정합성이 떨어질 수밖에 없지요.

윤기설 계급투쟁론은 사회 모순을 바로잡기 위한 구체적인 대안을 제시하지 못한 채 자본주의를 비판하는 데만 몰두해왔다는 지적이신데요. 그런데 분배와 복지를 내세운 사회주의가 갈수록 힘을 잃고 자유로운 경쟁과 이윤 극대화를 추구하는 자본주의가 세계 질서를 지배하는 체제로 자리 잡은 데는 자본주의 내부의 끊임없는 변신 덕분이 아닌가 하는 생각이 듭니다. 자본주의는 어떤 변화 과정을 거쳤나요?

김대환 자본주의는 과거 마르크스와 엥겔스 식의 계급투쟁론에서처럼 19세기 후반 상태로 머물러 있는 것이 아니라 자기 변화를 거듭해왔습니다. 초기 자본주의가 갖고 있는 원리적인 진보성은 가히 혁명적이라고 할 수 있었지요. 그러나 자본주의가 만개되면서, 이른바 '자본의 시대'로 접어들면서 많은 모순이 가시화되었고, 그중에서도 자본과 노동 간의 모순이 핵심적이었지요.

이에 따라 노동운동이 발생하고, 그 모순의 극복을 위한 대안체제로서 사회주의 체제가 지구상에 등장하는 역사적 과정에서도 자본주의는 변화와 수정을 거듭하면서 발전을 해왔던 것입니다. 물론 여전히 문제점도 많고 그렇기 때문에 계속해서 변화되어가야 되겠지만, 자본주의가 기존의 사회관계를 신분관계에서 계약관계로 바꾸어놓으면서 민주주의의 발전과도 궤를 같이한 것을 주목할 필요가 있습니다.

계급투쟁론은 노사관계를 여전히 신분관계, 계급관계로만 보는 그런 관점입니다. 그런데 노동기본권이 법제화되고, 노동조합이나 노동운동에 대한 법적인 보호를 통해 이미 노사관계는 기본적으로 계약관계로 전화되었습니다.

개별 계약에서의 열등한 지위를 단체 교섭으로 보완하고 있기 때문에 계약관계는 법제적인 측면에서만의 관계가 아니라 실질적인 관계인 것입니다. 정치적으로도 노조에 기반을 둔 정당이 의회정치의 한 축을 이루고 있는 상황에서 계급투쟁론은 약화되거나 포기될 수밖에 없습니다.

현 시점까지도 한국 노동운동의 일각에서는 계급투쟁론을 기반으로 삼고 있는 것으로 보입니다만, 추상적인 계급모순론을 우리 사회에 무매개적으로 대입하여 계급투쟁으로서의 노동운동을 얘기하고 있는 것은 시대에 뒤떨어진 것일 뿐만 아니라 한국 사회에도 걸맞지 않습니다. 그보다 더 현실적인 문제는, 계급모순과 계급투쟁의 냄새는 풍기면서 실제 운동은 그와 달리 힘의 과시를 통한 목전의 실리에 집착한다는 것입니다. 이른바 계급모순의 해결과는 도무지 맥이 닿질 않아요. 그래서 계급론적인 관점에서 완전히 무시했던 계약관계에 주목할 필요가 있다고 생각합니다.

이제 우리의 노사관계 발전도 상호대등 관계, 상호존중 관계, 계약의 체결과 이행에 대한 담보, 그리고 계약 파기에 대한 상응한 책임 등—이런 것들을 제대로 실현시켜나가는 과정이어야 한다는 입장입니다. 당연히 노동운동도 이에 입각해 상생과 협력을 통해, 노조 간부의 권력 신장이 아닌 근로자의 '근로생활의 질(QWL : quality of working life)'을 향상시켜나가는 방향으로 재정립되어야 합니다.

근로계약법이 필요한 시대

윤기설 일본이나 독일에선 근로계약법 도입에 대한 논의가 활발한 것으로 알고 있습니다. 전통적인 구조를 가진 노동법으론 빠르게 변화하는 시장의 흐름에 대응할 수 없다는 거죠. 그래서 근로계약 당사자의 의사자치를 존중하는 근로계약법이 새롭게 시행되고 있는 것으로 알고 있습니다.

김대환 국가가 노동법을 통해 근로자의 고용과 해고, 근로시간 등을 감독하고 처벌하는 방식은 이제 그 보편적 타당성을 인정받기 어렵다는 겁니다. 그래서 임금이라든가 근로조건의 결정은 당사자에게 맡기자는 것이죠. 윤 기자의 언급대로 일본이나 독일에서는 근로계약법을 도입해 근로계약 당사자들의 의견을 존중하고 있습니다.

이는 생산체제의 변화, 기술 발전, 작업의 성격, 그리고 근로자의 의식 변화 등과 맞물려 나타나고 있는 현상입니다. 미국에서도 개별 계약으로 흘러가는 추세를 보이고 있는데, 단적으로 실리콘밸리의 연구개발(R&D) 인력들의 경우 거의 모두가 개별 계약을 맺고 있습니다.

최영기 노사관계론 내지는 노동경제학이 일반경제학과 다를 수밖에 없는 특수성을 노동력이라는 상품의 특수성에서 찾을 수 있습니다. 일반상품은 사는 순간 그 상품의 처분권을 구매자가 바로 갖게 되는 데 반해 노동력이란 상품은 구매자가 처분권을 갖고는 있지만 노동력을 실제로 소비하는 주체는 다른 사람입니다. 즉, 구매자와 소비자가 다른 사람입니다. 때문에 노동력을 산 시점의 상품가치와 실제 노동력이 이용되는 과정에서의 상품가치가 다를 수 있습니다.

그래서 항상 구매자와 실제 상품 소비자 사이의 갈등과 긴장이 있습니다. 그 갈등을 어떤 식으로 조정해주느냐가 노사관계인 거죠. 그리고 이 갈등을 제도화하고 합리적인 룰을 통해서 조정하는 과정이 바로 노동운동의 제도화 과정이라고 할 수 있습니다.

어찌 보면 노동운동을 통해서 그런 제도나 룰이 만들어진 것이라 하겠습니다. 그렇게 본다면 한국 노동운동이 이념적으로나 정치적으로 유별난 길을 걸어왔다고도 하기 어렵습니다. 우리가 1980년대에 와서야 비로소 과격한 노동운동을 경험해서 그렇지, 다른 나라에서도 노동 문제가 해결되는 과정을 보면 우리나라 못지않게 이념적으로나 정치적으로 기존의 가치와 충돌하고 과격화되는 양상을 보였고 격동의 시기를 거쳤습니다. 그것이 사회 내에서 수렴되고 체제 내화하는 과정이 바로 사회가 발전해가는 과정이고 경제도 선진화되는 과정이라고 생각합니다.

다만 한국에서 정상적인 노동운동조차 쉽게 받아들여지지 못했던 것은 해방 후 혼돈과 6·25의 격변을 거치면서 노동운동이 좌파운동으로 인식된 것과 관련이 있다고 봅니다. 그런 역사적 특수성을 감안하면서 오늘의 노동운동을 평가해야 합니다.

대기업 노조의 이기주의

윤기설 미국의 노동운동가 새뮤얼 곰퍼스(Samuel Gompers)[*]는 1886년 미국노총(AFL) 위원장이 된 뒤 "노동운동의 본질은 무엇인가?"라는 기자들의 질문에 "첫째도 빵, 둘째도 빵, 셋째도 빵이다" 이렇게 얘기했다고 합니다. 먹고사는 문제를 해결하는 게 노동운동이란 얘기죠. 이러한 관점에서 투쟁의 덫에 빠진 우리의 노동운동이 가야 할 방향이 어디인지, 과연 노동운동의 본질이 무엇인지에 대해 최 원장님이 다시 한 번 정리를 해주셨으면 합니다.

---

* **새뮤얼 곰퍼스**(Samuel Gompers, 1850~1924)
  영국 출신의 미국 노동운동가. 1863년 담배공장의 연초공으로 일했고, 1874~1881년 연초공조합 위원장을 지낸 후 1886년 AFL(American Federation of Labor : 미국노총)을 설립해 초대위원장에 취임, 사망할 때까지 37년간 위원장을 맡았다. 그는 정치투쟁에 휩쓸리지 않고 실리주의 노선을 걸었다.

7 노동운동의 본질은 무엇인가?

최영기 곰퍼스가 "첫째도 둘째도 셋째도 빵(More and More and More)"이라고 말을 했지요. 일은 적게 하고 임금은 더 많이 받는 것을 노동운동이 원하지요. 근로계약 조건을 좋게 하자는 것이 노동운동의 본질이라고 봅니다. 그런데 앞서 논란이 있었지만 그 대상이 어디까지냐 하는 문제가 있습니다. "More and More and More"라고 했을 때 그 주체가 전체 노동자냐, 일부 노동자냐, 아니면 노동자만이 아니고 일반 서민까지 포함하느냐 하는 것이죠. 그 수혜 대상을 어디까지 잡느냐가 중요한 문제라고 봅니다. 노동운동이 지향하는 바가 법제도를 개선하고 사회보장제도를 확대하는 것일 경우, 그 수혜 범위가 조직 노동자만이 아니고 전체 노동자, 그리고 모든 취업자까지 포함되는 것이죠. 그러나 사업장 내의 자기 조합원 임금만을 극대화하겠다고 한다면 노동운동의 혜택을 보는 노동자의 범위가 좁아지는 거지요.

대기업 정규직 중심의 노동운동이라는 비판이 제기되는 것은 노동운동이 지나치게 자기 조합원만의 임금 극대화를 요구하기 때문에 다른 노동자나 국민들과 이해가 충돌할 수 있습니다. 지금 우리 노동운동이 그런 함정에 빠져 있다고 보입니다.

노동운동이 본래 가지고 있는 이기주의적인 속성을 부정할 수는 없지만 한정된 범위의 노동계층, 특히 상층 노동자들의 임금 요구만 관철될 때 노동운동은 여러 부작용을 초래하는 것이 아니냐 하는 생각입니다.

김대환 조금 보충을 한다면, 처음부터 '보다 많은 빵'은 아니지요. 그리고 현재에도 그것만은 아닙니다. 생존을 위한 저항, 노동기본권의 확보, '보다 많은 빵'을 포함한 복지 요구와 실현, 시민권의 공유 ─ 노동운동은 대체로 이런 단계로 발전해왔다고 할 수 있어요. 물론 시공(時空)에 따라 차이는 있지만요.

우리의 노동운동은 앞서 말한 역사적인 구도와 맞닿아 전개되어왔지요. 우리나라는 자본주의화가 일제 강점기에 이루어졌으며, 그 시기 공장 근로자들의 노동운동은 생존권을 바탕으로 하고 있었지만 일제의 억압에 대한 저항적인 성격이 강했고 다른 한편으로는 사회주의의 영향을 받은 측면도 있었습니다.

해방 이후에는 남북이 갈리면서 노동운동이 이념적으로 흘러갔습니다. 정부 주도의 경제개발 과정에서는 억압적인 기조가 이어졌지요. 민주화 이후 이런 것들이 많이 완화되기는 했지만 아직도 그런 게 남아 있기 때문에 노사관계를 계급관계에서 계약관계로 전환시키는 데 다소 걸림돌이 되고 있는 게 사실입니다. 말하자면 과거 산업화 초기 단계에서는 정치적인 운동이 될 수밖에 없었던 측면이 있었지만, 이제 민주화가 진행되는 과정에서 우리 노동운동도 체제 내화되면서 점차 경제주의로 전화되고, '보다 많은 빵'만이 아니라 사회복지와 민주주의의 신장으로 외연을 넓혀나가고 있는 것으로 보입니다.

크게 보자면, 노동운동이 우리 사회가 복지사회 형태로 나가는 데 많은 기여를 했다고 할 수 있습니다. 대기업이나 공공 부문 노동운동에 조직 이기주의가 강해지고 있는 것은 전반적인 사회복지의 향상과 자칫 충돌될 수 있는 위험을 안고 있긴 하지만요.

노조는
민주화의 최대 수혜자

윤기설 우리 노동운동도 내 몫만 챙긴 게 아니라 민주화와 복지사회로 나가는 데 많은 기여를 했다고 말씀하셨습니다. 결국 노동운동은 사회의 소금 역할을 한 셈이네요.

김대환 그렇다고 볼 수 있죠. 여전히 우여곡절은 겪겠지만 결국엔 우리 노동운동의 방향과 형태도 '대립과 투쟁'에서 '상생과 협력'으로 재정립될 수밖에 없고, 그렇게 가는 것이 옳습니다. 초기 영국의 노동운동은 숙련 근로자들의 배타적 이익을 위한 조직에서 출발했어요. 그것이 전체 근로자들로 확산되고, 이에 따라 노동조합이라는 조직도 확장되면서 조합 내 민주주의가 중요하게 되었다고 볼 수 있습니다.

우리의 경우도 과거 잘못된 노동운동의 타성이 노조 내외로부터 도전받으면서 민주화되어갈 수밖에 없습니다. 물론 회의적인 견해도 있습니다만, 그것은 우리 노동운동이 과거 경로의존성을 여전히 탈피하지 못해 다른 부문에 비해 변화가 상당히 더디다는 데서 비롯된 것으로 보입니다. 그러나 분명한 것은 사회 전반의 민주화가 진행되어감에 따라 조합 내 민주화의 압력도 거세질 것이고, 이에 부응하지 못하면 노동운동은 대내외적 기반을 잃어버리게 될 것입니다.

윤기설 사회 전반적으로 민주화되면서 노조 내 민주화도 함께 이뤄질 것이라는 지적이신데, 앞에서도 논의가 있었지만 우리 사회가 민주화되는

데 노동운동도 어느 정도 기여를 한 건 사실 아닙니까?

김대환 물론입니다. 그렇다고 하더라도, 앞에서도 말했듯이 민주화의 주역은 조직 근로자가 아니었습니다. 일각에서는 노동운동이 민주화의 주역이자 선도자임을 자처하고 있는데 그것은 정확하지도, 솔직하지도 못한 것이지요.

노조가 조직적인 민주화 투쟁을 선도한 것은 아닙니다. 억압적인 상태에서 어떻게 보면 자기 의사결정적인 개인이 참여하다가 마침 민주화 공간이 열리면서 노조의 조직적인 노동운동이 민주화의 흐름을 강화하고 진전시켜나갔다고 하는 것이 정확하지요. 노동운동이 민주화에 기여한 한편, 노조는 민주화의 최대 수혜자라고 볼 수 있어요. 노조 설립은 물론 노조활동의 족쇄가 풀리면서 노조의 물리적 힘과 사회적 영향력이 유사 이래 최고조에 달했으니까요.

이렇게 좀 냉정하게 평가하는 것은, 민주화의 주역 내지는 선도자로 자처하는 잘못된 의식이 노조 간부의 정치화와 이에 기인한 노동운동의 '과도한 정치화'를 가져왔고, 이것이 현재 우리 노동운동의 문제점임을 지적하기 위해서입니다.

최영기 지금 이 문제는 약간의 용어 구분이 필요합니다. 노동운동이 제도화되는 단계에서 노동조합이 정치활동을 많이 하게 되는 측면이 있다고 봅니다. 노동조합의 입법활동이나 정책활동은 통상적인 의미에서 노동조합의 정치활동이라고 볼 수 있습니다.

지금 민주노총이 과도하게 자기들의 요구사항을 길거리 투쟁을 통해 쟁취하려는 것이 문제이지, 그것을 정치적 절차를 통해 해결하려는 것은 나쁜 것이라고 보지 않습니다. 장관님이 지적하신 '정치화된 노조 간부들의 활동'은 노동조합의 통상적인 정치활동과는 다른 의미인 것 같습니다.

그런데 또 하나의 문제는 노동조합이 아직도 정상적인 정치 과정을 통해 자기들의 요구를 해결하려는 것이 아니고 뭔가 체제 자체에 대한 도전과 변혁을 시도하는 그런 노동운동 지도자들이 남아 있는 것 아니냐 하는 것입니다.

개인의 성향으로서 노조 간부들이 사회로부터 인정받고 회사에서 사장들과 동등한 위치에 서려고 하는 인정 투쟁적 성격의 습성도 있지만, 다른 한편으로는 아직도 정치적 변혁주의 단계를 벗어나지 못한 활동가들도 남아 있는 게 아닌가요? 그래서 용어를 구분해서 써야 한다고 봅니다.

과도한 정치성향은 시대착오적

김대환 그것은 이렇게 정리되어야겠지요. 선진적인 노사관계를 위한 법제도나 사회경제 정책의 요구와 같은 활동을 정의하자면 정치적 조합주의가 아니라 사회적 조합주의입니다. 정치적 조합주의는 혁명적·과도기적 성격의 것입니다. 사회적 조합주의로서의 정책활동은 노조활동의 영역을 넓히는 차원에서만이 아니라 사회 전반의 발전을 위한 차원에서 긍정적으로 받아들일 필요가 있지요.

어떻게 보면 1987년의 노동운동은 정치적 조합주의에 가까운 것이라고도 볼 수 있겠지만, '과도한 정치화'는 1987년이 아니라 문민정부 이후의 상황이라고 할 수 있고, 이건 정치적 조합주의와는 차원이 다른 얘깁니다.

과도한 정치화라는 것은 두 가지 측면이 있는데, 하나는 앞서 말했듯이 노조 간부들이 정치지향 내지는 정치권력에 근접성을 갖고 출발해 정치권력화되는 겁니다. 다른 하나는 노동운동 자체가 사회적 조합주의 범위를 훨씬 넘어서서 실질적으로는 현실 여건과 방향에 비추어볼 때 무리하고 과다하게 정치공세를 펼침으로써 사회 발전에 기여하는 것이 아니라 오히려 걸림돌이 되면서 조직의 위상이나 이익만을 취하려는 것을 말합니다.

노조 간부의 속물적 정치화와 노동운동의 빗나간 정치화가 어우러진 셈인데, 이는 부정적이고 시대착오적이며 현재의 노사관계를 풀어나가는 데도 큰 걸림돌이 되고 있다고 봅니다.

최영기 한국노총 박인상 위원장의 1997년 정책연합과 이용득 위원장의 2007년 정책협약을 어떻게 볼 것이냐 하는 문제가 있습니다. 형식으로 보면 그것이 민주노총식의 사회운동형 노동조합주의(social movement unionism)라기보다는 노동조합의 제도화된 정치활동이라고 할 수 있습니다. 이것은 상당히 발전된 노동조합의 정치, 즉 '유니언 폴리틱스(Union Politics)'라고 봅니다. 예를 든다면 실리적 조합주의 운동을 대표하는 미국의 AFL-CIO도 민주당과의 정책협력을 위해 맹렬

한 지지와 막대한 정치자금 제공, 입법 로비 등을 전개합니다. 온건·협조의 대명사인 일본의 렝고도 다각적인 정치활동을 전개합니다. 다만 이들의 정치활동은 시장경제를 받아들이고 민주적인 절차에 따른 유니언 폴리틱스를 한다는 점에 유념해야겠지요. 그리고 한국노총의 정치활동에서 비판을 해야 될 부분은, 형식은 그럴듯한데 노조 지도자들이 정책연합과 정책협약의 내용보다는 개인들의 입신출세를 위해 그것을 활용하지 않았나 하는 것이죠.

김대환 거기에는 개별적인 측면도 있지만, 실질적으로 정책요구의 내용이나 그 처리 과정을 보면 조직 이기주의에 빠져 있는 부분이 꽤 있었습니다. 물론 다 그런 것은 아니지만, 말하자면 정책적인 요구와 조직의 작은 이익과 교환한다든지, 정책요구를 내걸고 정치공세를 펼침으로써 나중에 보면 결국은 조직의 민원사항 관철로 정리를 하는 것, 이것은 나쁜 의미에서의 정치화죠. 이것을 조합 내부 정치에도 활용하고요. 현재 이명박 정부와 한국노총의 '정책연합'이 이런 것이 아닌가 하는데요. 거시적으로 볼 때 매우 염려스럽습니다. 정책연합을 한다면 내용을 가지고 연합을 해야 하는데, 이 경우는 엄밀히 말하면 정치연합을 한 셈입니다. '한국노총은 대통령 후보를 지지해주고 후보 측은 일단 당선되고 보자, 그 대가로 사회 전체적인 관점에서의 검토 없이 한국노총의 요구를 들어주겠다'는 식의 정치연합을 한 것이지요.

지금 나타나고 있는 현상은, 한국노총이 이익을 챙겨오다가 큰 정책에서 부딪히고 있습니다. 좀 더 지켜봐야 하겠지만, 한국노총은 정책연합을 했다고 하지만 조직 이기주의의 관점에서 계속 정부의 발목을 잡고 있는 것으로 보여요. 정책연합이 아닌 정치연합이기 때문에 정치적인 상황에 따라서 자칫 잘못하면 정책이 한국노총에 발목을 잡혀 한 발자국도 못 나가는 상황이 될 수도 있어요. 정부가 추구하고자 하는 정책에 한국노총이 걸림돌이 된다면 마찰은 불가피할 것이고, 정치연합이기 때문에 과거 YS나 DJ가 JP를 '팽'시켰던 것처럼 파기하는 길로 갈 수도 있겠지요.

정책연대냐, 정치연대냐?

윤기설 민주노총의 과도한 정치성향을 어떻게 규정해야 할까요?

최영기 민주노총에서 문제되는 정치성은 유니언 폴리틱스의 문제이기보다는, 오히려 아직도 사회적 변혁 노선 또는 정치적 조합주의에서 벗어나지 못한 것 아니냐 하는 생각입니다. 이들은 투쟁하고 쟁취하는 것에 열중할 뿐 정부나 재계를 상대로 협의하고 타협하는 것에 익숙하지 않아요. 민주노총은 운동방식 면에서도 거리투쟁이나 대중투쟁에 지나치게 의존할 뿐 자신들이 가지고 있는 정치적 역량과 여론의 지지를 바탕으로 자기들의 요구를 관철하려고 하는 제도적 참여의 방식을 제대로 활용하지 못하고 있습니다. 이제까지 성공적이라고 생각했던 비타협·비협조의 대중투쟁 관성에서 벗어나지 못하고 있다는 비판이 가능할 것입니다.

김대환 제가 보기에는 기본적으로 1987년 체제의 경로의존성에서 비롯되고, 이념적인 요소가 내부 헤게모니 다툼과 결부되어 복합적으로 표출되고 있는 것 같습니다. 내부 정파 간의 소위 '선명성' 경쟁과도 관련되지만, 현 단계의 민주화도 노동 배제를 깔고 있다고 보고 그렇다고 노동 포섭적인 체제도 수용하지 못하는 극단에서 오는 것으로 생각돼요. 설사 그렇다 치더라도 '변혁'의 구호 외에는 해결의 비전과 수단이 정립되지 않은 상태이기 때문에, 그들이 생각하는 기득권 세력으로서의 사용자와 정부에 대한 정치공세를 통한 실리 획득의 과도기로 설정하고 있는 것이 아닌가 합니다. 사업장의 문제를 정치 이슈화함으로써 정치권을 활용하고, 정치적인 이슈에 조직력을 동원하여 사회적 역학관계에서 자기 위상을 제고시키는 전략은 그런대로 재미를 보았지요. 이런 과정에서 정치화가 가속화되었는데 여기에는 정부, 특히 정치권의 책임도 적지 않습니다.

그런데 이게 우리 정치가 그렇듯 실제로는 상대주의에 빠져 있어요. 사용자나 정부를 곤경에 몰아넣는 것이 곧 위상 강화라는 식의 발상, 그렇다고 자신에 대한 지지가 증대되는 것은 아닌데도, 하여튼 그런 의식들과 이와도 관련된 내부 헤게모니 다툼이 과도한 정치화로 나타난 것으로 파악됩니다.

그러니까 정부 정책이나 회사 경영에 대해서 근본주의적으로 접근하거나, 부분을 가지고 전체를 부정하는 '전부 아니면 전무(all or nothing)' 식입니다. 단계적으로 접근할 사안도 처음부터 최대치를 내걸고 조금이라도 미흡하면 원천적으로 부정하고 반대하는 투쟁주의는 과도한 정치화로 나아가게 마련입니다.

스스로도 이게 무리라는 것을 모를 리는 없지요. 안 되어도 손해 볼 것 없다는 계산이 깔려 있는데, 실제로 그렇게 돌아가게 한 데에는 사용자만이 아니라 정부도 책임을 면할 수 없습니다. 투쟁 경력이 헤게모니 장악과 더불어 정치적 진출의 잣대로 통용되는 데서는 정치화가 기승을 부릴 수밖에 없지요.

노조의 사회적 책무와 그 범위는?

윤기설 노동운동도 그 시대의 경제·사회·문화를 반영하는 시대적 산물이라고 봅니다. 그렇다면 사회가 많이 변하고 있는데 우리의 노동운동도 사회 변화에 따라 변해야 되지 않나 싶거든요. 그런 의미에서 노동운동의 사회적 책무, 즉 USR(Union Social Responsibility)에 대해서도 논의했으면 합니다.

최영기 네. 요즘 노동조합이나 시민단체에서 기업의 사회적 책임과 윤리성을 촉구하기 위해 CSR(Corporate Social Responsibility : 기업의 사회적 책임)이 많이 거론되고 있습니다. 선진국들이 CSR을 또 다른 무역장벽으로 활용할 수도 있다는 우려가 제기됩니다. 이런 우려가 아니더라도 갈수록 CSR에 대한 글로벌 스탠더드가 강화되고 있고 유엔에서도 CSR 기준이 나오고 있는 상황입니다.

그런데 노동단체나 NGO(Non-Governmental Organization : 비정부기구)의 사회적 책임은 어떻게 되느냐, 특히 노동조합이나 NGO들의 회계 투명성 문제가 부각되고 있습니다. 사회적 책임에서 가장 기본적으로 요구되는 게 회계의 투명성인데, 그런 부분에서 우리 노동조합이나 NGO들이 상당히 취약합니다.

또 하나의 문제는 노동조합이 갖고 있는 사회적 영향력이나 산업 생산에서의 중요성을 빌미로 자기들의 이익만을 위하여 파업권과 노동기본권을 남용하는 것을 어떤 식으로 견제해야 하느냐 하는 차원에서 사회적 책임을 따질 수도 있습니다.

NGO들도 사회 갈등을 조정하기보다 경우에 따라서는 오히려 갈등을 조장하고 장기화시키는 측면이 있다는 점에서 마찬가지인 것 같아요. 사회적인 상식과 규범에서 받아들여지기 어려운 노동조합의 행태를 노동조합의 사회적 책무로 규정하여 개선하도록 촉구할 수 있지 않을까 생각합니다.

김대환 노동조합이라는 것이 자본주의 사회에서 중요한 이익집단임과 동시에 사회단체이기 때문에 조직 이기주의에 빠져서는 스스로의 존립에 위협 요소가 됩니다. 노동운동은 현재 사회경제 속에서의 노조운동으로 전개되고 있는 중인데, 그동안은 노동조합의 사회적 권리만 크게 강조되어왔습니다. 그 이전의 상황을 감안한다면 이해는 될 수 있는 일이지요.

노동조합의 사회적 영향력을 확대하기 위해서 정책적인 활동을 한다든가 하는 것은 자연스러운 것이지만, 법적으로 보호를 받고 법적으로 보장된 노동조합이 조직적 이기주의에 빠져 사회경제 발전과 역행한다면 사회로부터 외면당할 수밖에 없습니다. 다시 말해 사회적 책무에 대한 요구를 노동조합도 받고 있다는 얘기지요.

부분적으로 그에 부응해서 노조가 지역적으로 활동을 한 경우도 있지만 그 진정성에 회의적인 시각이 있듯이, 여전히 우리 노조는 권익투쟁에 기울어져 있는 게 사실입니다. 이를 책무 쪽으로도 옮겨 균형을 취하는 것이 바람직하고 발전적인 방향이겠지요. 흔히 봉사활동을 노조의 책무로 얘기하는데, 그보다 훨씬 기본적인 것은 바로 법과 원칙의 준수라는 사실을 상기할 필요가 있습니다.

회계 투명성이 노조 민주주의의 열쇠

윤기설 장관님은 노조의 사회적 책무를 법과 원칙의 준수에서 찾고 있습니다. 하지만 우리 노조가 사회적 책무를 수행하기 이전에 조합 내 민주주의를 먼저 이루는 게 더 중요하지 않을까요?

김대환 우리 노조운동은 1987년부터 활성화되었기 때문에 민주화운동과 결부시켜봐야겠지요. 1987년 체제 이전에 노동운동은 정치·사회·경제적으로 억압을 받았기 때문에 민주화운동 과정 속에서 노조에 대한 비판이나 요구는 분위기상 민주화를 저지시키려 하거나 아니면 민주화와는 어울리지 않는 것으로 주장해왔고 실제로 그렇게 밀고 간 측면이 있지요. 이것이 바로 노조의 사회적 책무를 게을리 하거나 늦게 자각하게 하는 원인이 되었지요.

이러한 과정에서 노조의 거버넌스, 즉 지배구조는 과두지배체제로 굳어진 듯한 느낌이 있습니다. 이는 조합 내 민주주의의 신장과는 오히려 배치되는 길이라고 할 수 있습니다. 노조활동이 법적으로만이 아니라 실질적으로 보장된 민주화의 과정에서 노조 간부는 조지 오웰의 『동물농장』식의 지배구조를 굳혀온 것이 아닌가 합니다. 조직의 확대에 따른 관료화, 상급단체와 하급단체 사이의 괴리, 게다가 일부 노조 간부의 '노동귀족화' 등으로 조합 내 민주주의가 오히려 구석으로 몰리는 현상이 나타났습니다.

그러했기 때문에 조합 내 민주주의의 수준이 지극히 낮은 가운데 내분이 발생했으며, 이 과정에서 드러난 것이 회계의 투명성 문제입니다. 노조 회계의 투명성은 자율적으로 제고시켜나가는 게 맞습니다. 그런데 집행부와 조합원 간에도 회계의 투명성이 아직 확보되지 않았다는 겁니다.

조합원에 대한 회계의 공개는 대단히 의례적이고 형식적으로 이루어지고 있기 때문에 이 부분은 제도적으로나 실질적으로 보강될 필요가 있습니다. 또 노동조합이 궁극적으로는 재정적으로 독립을 해야 하는데 아직까지는 사용자나 정부의 지원을 받고 있는 게 현실입니다. 정부 지원분에 대해서는 정부가 확고하게 투명성을 확보해나가는 조치를 취해야 합니다.

윤기설 사실 노조 내 회계의 투명성만 제대로 확보돼도 노동운동이 많이 달라질 것이라는 지적도 많습니다.

김대환 그간 회계의 투명성에 대한 문제 제기는 마치 노동운동에 제동을 걸거나 운동을 저해하는 것으로 주장해왔는데, 이는 기본적으로 잘못된 겁니다. 노조가 스스로 회계의 투명성 제고를 통해 조합 내 민주주의를 실천하는 것은 자율성을 높이는 것임과 동시에 사회적 책무를 수행하는 것으로 중요하게 생각해야 합니다.

과거 역사의 과정을 감안하면 노조의 주장은 일견 이해는 됩니다만 동의할 수는 없지요. 계속 그렇게 가는 것은 노동운동과 사회 발전에 저해가 될 뿐입니다. 투명성에 대한 사회적 요구를 민주 대 반민주, 진보 대 보수의 논리로 둔갑시켜 현재의 상태를 정당화시키고자 하는 논리는 말이 안 되는 겁니다.

조금 단순하게 말한다면, 지난 20년간 정부와 기업의 투명성은 많이 좋아진 데 반해 노조와 시민단체를 포함한 NGO의 투명성은 문제화되지 않았고 관심 밖의 것이었습니다. 최근에 와서 노조의 비리, 시민단체의 회계를 둘러싸고 문제가 제기되고 있는데, 이런 것들을 보면 정부와 기업의 투명성은 실제보다 과소평가되고 노조와 NGO의 투명성 문제는 실제보다 과대평가되었던 측면이 있었던 것이 아닌가 생각됩니다.

노동운동과
사회적 압력의 당위

윤기설 지금 노조와 시민단체가 사회적 책무를 외면하는 것은 사회 전반적인 수준과 관련 있는 게 아닌가 생각됩니다. 일본의 사례를 본다면 도요타가 2002년 이후 4년 연속 사상 최대 수익을 내고도 임금 인상을 동결한 것은 회사의 장기적인 발전만을 위해서가 아니라 다른 기업들의 임금을 감안했기에 가능했던 걸로 알고 있습니다.

그러나 우리나라의 경우 사회적 수준이나 경영 상황은 감안하지 않고 내 몫만 챙기는 경향이 강합니다. 노조는 임금이나 근로조건의 개선을 생산성이나 사회적 함수로 보지 않고 투쟁의 함수로만 여기기 때문에 파업이 일어난다고 봅니다.

선진 노사문화가 정착된 독일의 노동조합들도 사회적 압박에 밀려 타협과 양보를 하고 사회적 책무에 눈을 돌리고 있습니다. 정치권, 학자, 언론, 국민 모두가 노조를 압박해 고복지 저효율의 낡은 시스템을 개혁할 수 있는 토대를 만든 것이죠. 그래서 노조의 사회적 책무가 제대로 실행되려면 노조 스스로의 노력도 있어야 하겠지만 사회적 압력도 필요하다고 봅니다.

김대환 지극히 기본적인 이야기지요. 한 사회가 지속 가능한 발전을 하려면 각 부문이 자율적으로 의무와 책임을 제대로 챙기는 게 필요하고도 바람직합니다.

우리 사회는 아직까지도 남의 눈치 보고, 내게 책임이 있는 것은 알지만 상대가 나보다 더 책임이 있기 때문에 나는 면책될 수 있다는 의식들이 있기 때문에 자신의 책무를 우선시하는 사회로 자리를 잡지 못하고 있는 것 같아요. 그렇지만 과거에 비해서는 우리 사회도 상당히 달라지고 있는 과정에 있다고 봐야겠지요. 이럴 때일수록 넓은 의미의 사회적 압력은 더욱 필요하고 또 지속적이어야 하고요.

윤기설 노동운동에 대한 언론이나 국민들의 비판은 있지만, 지금과 같은 전투적 실리주의나 집단 이기주의와 같은 '그들만의 노동운동'을 감시하고 견제하는 사회적 압박은 약한 것 같습니다.

김대환 네, 그렇습니다. 우리의 경우 아직도 노사 문제는 당사자 간의 문제로 치부하는 경향이 있습니다. 당사자에는 정부도 물론 포함되고요. 참, 특이한 현상은 우리 언론이 노동운동을 정부와의 관계에 초점을 맞추어 거론하는 경향이 있다는 것입니다.

사안에 따라서는 그렇게 볼 수도 있지만, 정부는 자체의 이해관계에 의해 움직이는 조직이 아닙니다. 그런데 그렇게 함으로써 노동운동의 정치화를 조장하는 결과를 가져온다고 볼 수 있어요. 거의 모든 사안마다 '노정'이라는 용어를 사용해서 '노정관계', '노정갈등' 이런 식으로 보도하고 있는데 저는 개인적으로 못마땅하게 생각해요. 노조와 정부를 같은 선상에 놓고 말해서는 안 되는 것이거든요. '노정, 노정' 하는데, 그것은 다른 말로 정부의 법과 원칙 외에 광범위한 사회적 압력이 아직 제대로 조직되어 있지 않다는 것을 반영하는 것이라고 할 수 있겠지요.

특히 최근에 들어와서는 노동운동은 물론 노사관계를 진보 대 보수의 구도로 더욱 정치화하기 때문에 사회적 압력의 입지를 오히려 좁히는 방향으로 작용하고 있는 것이 아닌가 우려되기도 합니다. 예컨대 소비자는 노조에 대해서도 압력을 행사할 수 있는 그런 관계에 있는데, 안타깝게도 우리 소비자 단체는 아직까지는 기업이나 정부에 대해서는 비판의 목소리를 높이고 있지만 노조나 노동운동에 대해 대응하는 그런 면이 전혀 없어요. 언론의 압력도 좀 다른 식으로 유효하게 행사되고 사회적 압력이 형성되면 정부는 중립적 입장에서 통합해나가는 역할이 필요한데, 정부를 마치 이해 관계자인 것처럼 몰아가는 것은 도움이 되지 않습니다.

이런 모습을 볼 때 아직까지는 우리의 전반적인 수준이 유효한 사회적 압력을 가하기에 충분한 수준에는 도달하지 못했다고 할 수 있습니다만, 노동운동이 시민 각자의 삶에 미치는 영향을 체감하면서 점차 사회적 압력이 형성되고 행사되는 방향으로 나아가고 있는 것만은 틀림없습니다. 2004년 노사분규 건수가 증가하는 가운데도 근로손실일수는 대폭 줄어들고, 이 해를 고비로 물꼬가 바뀌기 시작한 것도 법과 원칙을 중시하는 사회적 압력에 힘입은 것이라고 볼 수 있습니다.

최영기 아까 도요타의 임금 인상 사례를 사회적 책임의 예로 들었는데, 사회적인 책임 속에 임금 문제를 직접적으로 포함시키는 것은 약간 무리가 아닐까 생각합니다. 기업에 대한 사회적 책임을 물어가면서 예컨대 주주배당을 어떻게 하는지, 임원 연봉을 어떻게 하는지 묻지는 않거든요. 이럴 수는 있겠죠. 기업이 하청단가는 매년 10%씩 깎아가면서 배당은 굉장히 많이 한다든가 임금 인상을 몇 십 퍼센트씩 한다면 이것은 사회적 책임 차원에서 다룰 수도 있죠.

임금 자제도
사회적 책무인가?

윤기설 노조의 사회적 책무라고 하는 것은 우리 사회에선 좀 생소한 개념인데, 결국은 도요타가 임금 인상을 자제했을 경우 협력업체와의 임금 격차도 줄일 수 있거든요. 우리 대기업 노동조합이 비판을 받는 것도 과도한 임금 인상을 요구해 중소기업 근로자와 많은 격차를 벌려놓기 때문입니다. 따라서 사회적 책무를 따질 때 임금도 매우 중요한 부분이라고 봅니다.

최영기 그건 맞는 말입니다. 하지만 그것을 노조의 사회적 책임 문제로 할 것인지, 아니면 앞에서 우리가 논의했듯이 임금 교섭 구조나 임금 결정 방식 문제로 볼 것인지 하는 문제가 있는 것이죠.
도요타가 자동차 업종 내지는 다른 기업의 임금 인상을 감안해 임금을 자제할 수 있는 것은 일본 내에 그 같은 임금 결정 시스템이 작동되고 있기 때문에 그렇다는 것이지요. 도요타 노조의 사회적 책임성이 높아서라기보다는 임금을 결정하는 메커니즘에 의해 그런 식으로 행동하도록 하는 것이 아닌가 하는 겁니다.

윤기설 지난해 일본의 노사 현장 취재차 도요타에 들렀을 때 임금 동결 배경에 대해 물어본 적이 있습니다. 이에 대해 도요타 간부는 "다른 기업들의 임금 수준을 감안해 결정한다"고 말하더군요. 실적이 좋다고 무조건 임금을 올리는 게 아니라 다른 기업과의 균형, 사회적 분위기, 경제적 성과 등을 다각적으로 고려한다는 얘기죠.

최영기 결과적으로는 그렇죠.

윤기설 그것은 비단 임금뿐 아니라 근로조건, 사회안전망, 이런 것들도 포괄적으로 이루어질 수 있다고 봅니다.

최영기 현대자동차의 과도한 임금 인상에 대해서 지난 5년, 10년 동안 사회적 비판이 많았거든요. 임금 협상철마다 언론이나 전문가들이 비판을 했습니다. 심지어 어느 대학 교수는 현대자동차 정문 앞에 가서 시위까지 했죠. 그것이 현대자동차 노조에게 압력으로 작용하긴 했지만 실제 행동을 바꾸지는 못했습니다. 과연 그 한계가 어디서 오는 것인가….

김대환 그것은 양쪽 다죠. 임금을 비롯한 노사 관련 시스템 및 사회안전망의 문제가 기본적으로 있는데다, 현대자동차의 경우는 잘못된 관행에 대한 사회적 압력이 제대로 조직화되지 못한 데서도 그 이유를 찾아야 할 것입니다.

2부

상생의
길을
찾아

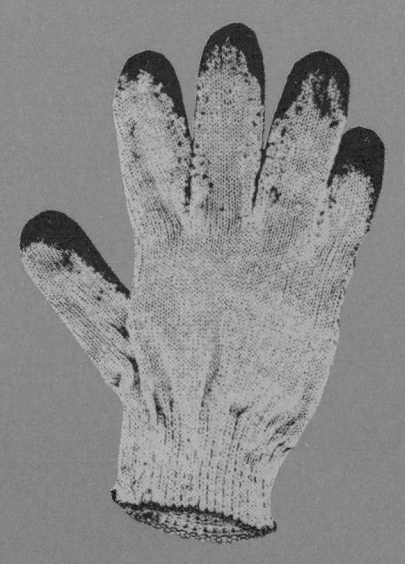

시장이냐, 정부냐?

9

윤기설 공기도 바꿀 겸 주제를 노동 문제에서 경제 시스템으로 넓혀보지요. 요즘 전 세계를 뒤덮고 있는 신자유주의(Neo-liberalism) 흐름이 글로벌 금융위기를 겪으면서 많은 비판을 받고 있습니다. 시장을 신봉하는 신자유주의가 정부의 개입으로 시장을 교란시킨다는 비판을 받아온 케인즈주의를 대체하는 효율적인 경제체제로 칭송받다가 하루아침에 세계경제를 망친 주범으로 전락했는데요.

탐욕과 이기심, 이윤 극대화로 대변되는 신자유주의가 빈부격차와 공황이라는 자유방임의 병폐를 다시 부활시키는 결과를 낳으면서 노동계와 진보 시민단체 등 좌파 진영은 물론이고 시장주의자들 사이에서도 새로운 경제체제에 대한 논의가 활발합니다. 노동계에서도 신자유주의에 대한 비판이 거센데, 이 부분을 노동운동과 연관시켜서 논의를 해보면 어떨까요?

김대환 '신자유주의가 글로벌 금융위기를 초래했다', 이는 다른 말로 하면 신자유주의적인 경제정책이 금융위기를 가져왔다는 지적이겠지요. 그동안 수백 년간 자본주의의 전개 과정에서 경제 정책의 기조는 교차되는 모습을 보여왔습니다. 자유방임주의 쪽에 가깝게 갔다가 정부의 개입과 조정을 불러오고, 다시 정부의 개입과 조정이 문제가 있으니 정부 개입 축소로 갔다가 또다시 정부의 개입과 조정으로 돌아가는 식입니다.

세계 무역을 보더라도 자유무역 방향으로 갔다가 보호무역 쪽으로 바뀌고 또다시 자유무역으로 돌아가는 그런 교차적인 현상이 이어져왔습니다. 신자유주의라고 하는 것도 고전적 자유주의에서 케인즈적 복지국가로 왔다가, 거기에서 '복지병'으로 대변되는 여러 문제가 발생하니까 다시 정부의 개입을 줄이고 시장원리를 새삼 강조하고 있는 것이지요.

저는 어떤 사회도 단일한 발전 논리로는 스스로 한계에 부딪힐 수밖에 없다고 봐요. 그것은 흔히 변증법에서 말하는, 자기논리에 의한 자기부정의 현상이 어느 사회에도 나타난다는 겁니다. 어느 한쪽이 계속 발전하면 거기서 문제가 생기고 모순이 생기니까 다른 쪽으로 모색을 하는 이런 과정이 지속되어왔어요.

신자유주의도 그러한 모색의 일환임과 동시에 자기논리에 의한 자기부정의 속성도 지니고 있는 겁니다. 궁극적으로 최선의 대안체제는 아니라는 말입니다.

<u>윤기설</u>   그런데 노동계나 시민단체들은 신자유주의와 케인즈주의를 너무 이념의 문제로 다루려는 경향이 있는 것 같아요.

김대환 신자유주의와 케인즈주의를 이념의 차원에서 볼 것인가에 대해서도 회의적이지만, 그보다 더 중요한 것은 이 양자를 보수와 진보의 이념으로 대척시키는 것은 온당치 못하다는 겁니다. 아시다시피 신자유주의는 정치적으로는 신보수주의로 나타났지요.

자유방임의 고전적 자본주의의 시장 실패에서 나온 케인즈주의 역시 1970년대 후반부터의 장기불황으로 그 한계를 노정하면서 정부 실패에 대한 대안으로 시장원리가 다시 전면에 나타난 것이 신자유주의입니다. 자유방임의 시대가 오래 전에 종말을 고한 시점에 사실상 그쪽으로 방향 전환을 하면서 새로이 '신자유주의'라는 이름을 붙인 것이지요.

자유방임주의가 문제가 있는 것은 말할 것도 없습니다. 그리고 케인즈주의 경제 정책을 시행한 결과 역시 문제가 있었던 것도 사실이고요. (신)자유주의와 케인즈주의는 어디까지나 자본주의 틀 내에서 교차적으로 나타난 것입니다. 케인즈주의가 우리 사회에서 기준 없이 거론되는 '좌우'에서의 '좌'냐 하면 결코 그렇지는 않아요. 케인즈 자신도 "언젠가 계급전쟁이 일어나면 나는 자본가 편에 설 것이다"라고 공언하지 않았습니까.

결국 양자 모두가 자본주의 체제 내에서의 변화인데, 신자유주의가 등장한 데에는 여러 가지 요인이 있겠지만 케인즈주의하에서 나타난 이윤 압축(profit squeeze) 현상을 가지고 설명하는 것도 한 방법이라고 봅니다.

한편에서는 기술 발전과 시장경쟁으로 인해 가격이 점점 낮아지고, 다른 한편에서는 조직된 근로자들, 즉 노조로 인해 임금은 상승해 그 가운데 이윤이 끼어 쪼그라드는 현상을 말합니다. 그런 상황이 지속되니까 이런 상태에서는 더 이상 투자할 수 없다는 소위 '캐피털 스트라이크(Capital Strike : 자본 파업)'가 일어난 것이지요. 어떻게 보면 신자유주의는 자본 파업이 정치적·사회적으로 성공한 결과라고도 볼 수 있지요.

우리는 지금 신자유주의 체제인가?

윤기설 결국 기업은 신자유주의, 노조는 케인즈주의를 선호할 수밖에 없겠군요.

김대환 케인즈주의하에서 조직된 근로자들의 사회·정치적인 힘이 성장하고, 그 과정에서 '프로핏 스퀴즈'가 나타나고, 이제는 노동 파업이 아닌 자본 파업을 통해서 노조의 기존 관행과 사회·정치적인 영향력이 상대적으로 사회적인 압박을 받게 된 거지요. 우리나라는 케인즈주의도 경험하지 못했어요.

노조활동이 제약되고 복지가 무시된 개발독재에 대한 저항, 이게 우리 노동운동의 출발이었습니다. 그러기 때문에 이론적으로 노조는 케인즈주의를 선호할 수도 있겠지요. 그러나 그 후속편이 신자유주의란 사실도 잊어서는 안 될 것입니다. 개발독재의 단물을 즐겼던 기업으로서도 신자유주의의 무한경쟁 체제가 반드시 달가운 것만은 아니지요.

현재 우리 사회가 신자유주의인가 하면 반드시 그렇지도 않습니다. 지난 20여 년 동안 복지와 노동 부문에서는 신자유주의와 반대되는 괄목할 만한 현상, 즉 복지와 노조의 신장이 있었습니다. 이를 가벼이 보아서는 안 됩니다.

개방체제하에서 시장경쟁의 논리가 강화된다고 해서 그것만 가지고 신자유주의로 '단죄'하면 우리의 복합적인 현실을 단일한 이데올로기로 재단하는 잘못을 범할 수가 있습니다. 따라서 현실적으로 볼 때, 우리 노동운동도 추상적인 신자유주의를 타깃으로 할 것이 아니라, 구체적인 현실에서 나타나는 문제들을 대상으로 하면서 조직 이기주의에 빠지지 않고 사회경제 발전을 위해 역할을 하는 그러한 운동이 되어야 할 것입니다.

최영기   지난 20년 동안 우리나라에서는 모든 문제의 근원이 신자유주의 때문이라는 비판이 있었습니다. 장관님이 언급하신 대로 신자유주의는 케인즈주의의 복지체제를 개혁하는 정책 패키지였습니다. 과도한 복지를 줄이고 노동조합의 시장에 대한 개입, 지나친 분배 요구, 이런 것들을 개혁하는 것이 신자유주의의 개혁 패키지였습니다.

한국도 그동안 외형상으로는 정부의 시장 개입을 줄이고 시장 주도의 경제체제를 만들기 위한 경제개혁을 했습니다. 그런데 우리는 케인즈주의 복지국가가 아니라 박정희 식의 개발경제체제를 개혁하는 것이었습니다. 중상주의적인 정부의 시장 규제를 줄이는 개혁을 한 것이지요. 그래서 노동과 복지 부문에서는 다른 OECD 국가들과 달리 지난 20년간 복지도 확대되고 노동권도 확대되는 과정을 거쳐왔습니다. 내용적으로 본다면 신자유주의적 개혁이라고만 하기 어려운 것이죠.

윤기설 우리도 정부의 시장 규제를 줄이는 개혁을 했다고 말씀하셨는데, 주로 어떤 정책들이었나요?

최영기 OECD 국가의 신자유주의 개혁은 공기업 민영화, 노동시장의 유연화, 주주권 강화, 기업 지배구조의 개선, 규제 철폐 등과 같이 시장을 강화하는 것들입니다. 그런데 지난 10년간 한국에서도 공기업의 민영화라든가 주주권 강화, 규제 개혁 같은 시장의 주도성을 강화해주는 개혁이 있었기 때문에 이런 부분은 신자유주의의 영향을 일정 부분 받았지만, 다른 한편으로는 복지 투자가 끊임없이 강화되고 사회안전망이 확대되었어요. 이런 면에서 OECD 국가들과는 다른 면을 보여온 것입니다.

지금 신자유주의에 대한 반성이 있고, 신자유주의 시대로부터 벗어나 새로운 시대로 넘어간다는 게 학계의 일반적인 전망인 것 같습니다. 그런데 막상 신자유주의의 기본 골격이라고 할 수 있는 워싱턴 컨센서스(Washington Consensus)* 이후의 경제 질서에 대해서는 뚜렷한 패러다임이나 비전이 확립되지 못한 상태라고 할 수 있습니다.

다만 지난 30년간 신자유주의 경제 시대의 큰 병폐로 거론되던 분배 악화, 빈곤의 확대, 그리고 금융시장에 대한 규제 완화 등에 대해서는 구조적인 개혁 시도들이 있겠죠. 하지만 정책 전문가들 사이에서 합의

---

* 워싱턴 컨센서스(Washington Consensus)
  1990년을 전후로 등장한 미국의 경제체제 확산 전략. 국가적 위기 발생을 제3세계 구조조정의 전제로 삼아 미국식 신자유주의의 대외 확산을 꾀했다. 미국의 정치경제학자인 존 윌리엄슨이 지난 1989년 자신의 저서에서 제시한 남미 등 개도국에 대한 개혁 처방을 '워싱턴 컨센서스'로 명명한 데서 유래됐다.

한 새로운 경제 운영 시스템은 아직 정립되지 못한 상황이라고 생각합니다.

김대환 신자유주의는 고전적 자유주의, 케인즈주의, 그 다음에 이어진 것이기 때문에 선진국의 '워싱턴 컨센서스'로 대변되는 정책 패키지라고도 볼 수 있습니다. 최 원장께서 거론한 민영화나 노동시장의 유연화 등은 신자유주의하에서만이 아니라 자본주의가 발전하면서 그때그때 상황에 따라 자유주의 쪽으로 흐르다가 다시 정부 개입 쪽으로 흘렀다가 하면서 부분적으로 나타났던 것이기도 합니다.

그런데 케인즈주의적 정책에 반발한 자본 파업이 성공하면서 신자유주의가 전반적인 흐름처럼 나타났던 거지요. 우리나라도 1997년 IMF 구제금융을 받으면서 '워싱턴 컨센서스'에 입각하여 IMF가 요구한 대로 그러한 정책들을 받아들였던 것입니다.

하지만 우리나라에서는 실제로 공기업 민영화, 노동시장 유연화, 노조에 대한 규제, 주주권 강화, 그런 것들이 그렇게 크게 진전되지 못했습니다. 다시 말해, 우리의 경우는 적어도 현재까지는 흔히 얘기하는 신자유주의의 서구와는 다르다는 겁니다.

금융위기 이후의 경제 시스템은?

윤기설 어떻게 보면 우리는 무늬만 신자유주의인 셈이군요. 신자유주의는 신자유주의인데 진정한 신자유주의라고 부를 수 없는…….

김대환 우리의 개혁 패키지는 시대적·사회경제적 여건에 맞게 만들어지고 실행되어야 합니다. 보는 사람에 따라 다를 수도 있겠지만 실제로도 우리는 그런 노력을 하고 있다고 봅니다. 한편으로는 구조조정을 하면서 노동권 보호와 복지 확대는 계속 추진되어왔거든요.

신자유주의하에서는 자본운동에 대한 무제한적인 자유 내지는 규제 철폐가 이루어졌습니다. 그것은 무한경쟁과 맥을 같이하는 것이지요. 특히 이 과정에서 중요했던 것이 금융의 흐름입니다. 전통적으로 금융이란 항상 실물경제와 결합되어 움직여왔습니다. 그런데 이미 서구 자본주의 경제가 장기 불황에 빠져든 1980년대 국제유동성은 상대적으로 과잉 상태에 있었거든요. 그러다 보니 금융이 실물경제와는 상관없이 자체의 부가가치를 생산하는 쪽으로 흘러가게 되었지요.

금융 이동의 제약이 제도적으로나 기술적으로 해체되다시피 한 가운데 자기증식을 위한 수단과 방법이 끊임없이 상품으로 개발되고, 결국 주택금융과 같은 파생금융이 눈덩이처럼 불어나 문제가 터진 것이 현재의 '세계 금융위기'라고 할 수 있습니다.

윤기설 신자유주의 아래에서 금융위기가 터진 셈인데, 그렇다면 새로운 경제 시스템이 출현할 가능성도 있나요?

김대환 이 대목에서 반드시 지적하고 싶은 게 있습니다. 일부 학자들이나 활동가들이 거대담론 차원에서 계속 이 문제에 접근하고 있습니다. 케인즈주의 다음엔 신자유주의가 나타났고, 신자유주의 이후에는 신케인즈주의나 어떤 새로운 것이 나타날 것이라는 식이지요.

이런 식의 거대담론 차원에 빠져 있는 한 문제를 정확하게 진단하고 치유하기는 힘들다고 생각해요. 오히려 현실적인 문제에 구체적으로 접근하는 가운데서 형성되는 담론들을 모으는 노력이 더 유의미한 결실을 거둘 수 있다는 생각입니다.

최근의 세계적인 경제위기가 기본적으로 금융위기로부터 출발한 것을 보면 금융과 실물과의 관계 내지는 결합에 정책적 초점을 맞추는 것이 중요하다고 생각됩니다. 따라서 금융의 무제한적인 움직임, 특히 투기적 성격의 이동에 대한 일정한 사회적 또는 국제적인 규제 장치를 정교하게 디자인할 필요가 있습니다.

이 규제는 크게 세 가지로 볼 수 있는데, 우리나라 상황을 결부시켜 생각해보면 이렇습니다. 첫 번째는 예금자에 대한 보호입니다. IMF 위기를 겪으면서부터 5,000만 원까지만 보장해주고 있는데, 예금자에 대한 보장을 강화함으로써 금융에 대한 신뢰를 높여야 합니다. 두 번째는 금융기관의 구조조정입니다. 예금자에 대한 보호를 강화하면 금융기관의 모럴 해저드(Moral Hazard : 도덕적 해이)가 발생할 소지가 높습니다. 이에 대해서는 정책적으로 정비하고 넘어가는 단계가 병행되어야 합니다. 세 번째는 국제적인 금융 이동에 있어서의 투기성에 대한 국제적인 규제가 필요합니다.

경제 질서가 바뀌면
노동시장은 스트레스

윤기설 결국 기존의 신자유주의에 어느 정도의 규제를 가미한 경제 시스템으로 가자는 말씀이시군요.

김대환 'IMF 위기' 이전 단계부터 국내에서도 많이 논의되었고 세계 학계에서도 토빈세(Tobin tax)와 같은 아이디어가 나왔는데요. 어려운 과제지만 이걸 해결하면서 금융이 실물과 결합되어 건전하게 자기증식을 하는 체제가 되어야 합니다. 물론 쉽지 않다는 것을 알고 있습니다.
국제금융시장을 장악하고 있는 선진국들은 이미 제조업 기반이 취약한 상태입니다. 탈산업화(de-industrialization)되어서 금융과 서비스 쪽이 경제 중심이 되어 있다는 거지요. 국제적인 금융이동을 통해 무한히 창출되는 부가가치를 제한하는 데 선뜻 동의하기가 힘든 구조지요. 투기적인 금융이동에 대한 국제적인 규제가 이루어지지 않고 있는 데에는 이렇듯 그것이 선진국의 이해관계와 맞물려 있기 때문입니다.
이 문제를 해결하기 위해서는 앞에서 말한 세 가지 정책을 패키지로 묶어 단계적으로 접근하는 방법도 생각해볼 수 있습니다. 서로 맞물려 있기 때문에 말처럼 쉬운 과제는 아닙니다만, 각국 정부가 이를 정책 패키지로 활용해 국제적인 공조를 추진하고, 그렇게 가다 보면 지금까지의 신자유주의와는 다른 경제 운용의 메커니즘들이 자리를 잡아갈 수도 있을 겁니다.

최영기 그건 그렇다 하더라도 금융 주도의 질서가 노동시장에 초래하는 긴장은 매우 큰 것입니다. 우리도 이제 산업이 성숙 단계에 진입하면서 대기업들이 전통적인 제조업에서 수익성을 보장받기 어렵기 때문에 금융으로 옮겨가려는 경향이 나타나고 있습니다.

앞으로 금융 주도로 경제 질서가 바뀔 경우 노동시장에는 큰 스트레스가 쌓이게 됩니다. 신자유주의에 대한 노동조합이나 노동자들의 거부감도 여기에 기인한다고 봅니다. 금융이란 기본적으로 가장 유연하고 사람 냄새가 가장 적게 나는 시장입니다. 즉, 금융시장과 노동시장은 가장 멀리 떨어져 있는 시장이라는 얘기지요.

경제가 유연하다는 것은 노동시장 입장에서 보면 고용이 유연해져야 하고 자기의 일, 지식, 숙련 이런 것들이 끊임없이 변화되길 요구하는 질서로 바뀐다는 것을 의미합니다. 그것이 경제효율성과 기업의 경쟁력을 높이는 데는 도움이 되겠지만 생산자 입장, 즉 노동력을 파는 노동자 입장에서 보면 자기 생활과 자기 직장의 불안정 문제인 거죠.

이 긴장관계를 어떻게 조정해줄 것인가. 외환위기 때도 IMF가 유연화를 요구하면서 "사회안전망을 확대하라"고 요구했고, 대부분의 정책 전문가들도 유연화를 요구하는 동시에 안전망에 대한 투자도 주문했지요. 하지만 그것이 정부의 안전망만 가지고 해결될 수 있는 문제는 아니거든요.

그래서 시장경제 질서 내에서 금융이 가지고 있는 과도한 유연성, 과도한 수익성 위주의 운용방식을 어느 정도 견제해줄 사회규범과 경영전략 등이 필요하다고 생각합니다. 예를 들면 고용을 앞세우고 사람을 중시하는 경영 패러다임 같은 것 말입니다.

김대환 네, 그렇습니다. 지금의 위기까지 온 일련의 과정들을 설명해주셨는데, 다른 말로 하자면 산업구조의 변화에 따른 노동시장의 불안정 문제라고 볼 수가 있겠지요. 그래서 탄기안(A. Tangian) 같은 학자는 노동시장의 유연안전성(flexicurity)을 확보하기 위해서는 현실적으로 금융의 개방 폭을 조정해야 한다고 주장하고 있습니다.

금융의 개방 폭을 조정하는 것도 독자적으로 할 수 있는 일이 아닙니다. 그래서 저는 앞에서 언급했듯이, 금융이 실물 부문과 결합되어 실물 부문의 확대와 성장에 기여하는 방향이 새삼 강조될 필요가 있다고 생각합니다. 여기에는 반드시 제조업만이 아니라 서비스업도 포함됩니다. 이는 금융자산의 부가가치를 창출하기 위한 운동을 국제적으로나 국내적으로 제한하고 유도하는 그런 정책을 필요로 합니다. 금융이 다른 부문과 같이 가지 않고 금융투기 쪽으로 가게 되면 노동시장이 긴장되므로, 금융이 실제 실물시장에서 노동시장과 선순환의 방향으로 갈 수 있도록 금융운동의 방향을 유도하거나 조정하는 정책이 필요한 겁니다.

우리나라를 보면 외국으로 생산시설을 옮기거나 외국에 투자하는 것이 하나의 대안이었지요. 그리고 유동성 문제가 있으니까 넓은 의미의 금융, 즉 보험까지 포함시켜 진출하려는 생각이었어요. 그런데 이마저도 확실한 수익이 보장되지 않는다는 겁니다. 세계금융이라는 것이 워낙 강자의 논리에 따라 움직이기 때문에 그렇죠. 따라서 금융개혁, 여기서부터 문제를 풀어나가면서 실물 부문과의 연계를 통한 노동시장의 확대로 가야 하지 않을까 하는 생각입니다.

한국의 노동시장은 유연한가?

윤기설 지금 노동계에서 신자유주의를 비판하고 케인즈주의로 가야 한다고 주장하는데, 이것이 노동시장의 유연화 부분, 그러니까 공기업의 민영화에 반대해서 나온 얘기가 아닌가 싶습니다. 우리나라 노동시장은 근로기준법이나 노동조합법에 의해 과도하게 보호되고 경직돼 있다고 볼 수 있습니다. 특히 대기업 정규직 노조원들은 단체협약에도 갖가지 고용안전장치를 마련하고 있습니다.

통계상으로는 OECD 국가 중에서 우리의 고용시장 유연성이 12위 정도로 나와 있는데, 실제로는 가장 경직된 나라로 꼽힙니다. 그러다 보니 신자유주의 체제라고 하지만 피부로 느끼는 유연성은 그렇지 못한 것이죠. 그래서 노동계가 지금 주장하는 새로운 대안, 즉 케인즈주의는 설득력이 없다는 평가를 받고 있는 것 같습니다.

최영기 "신자유주의 정책으로 우리나라 근로자들이 특별히 불이익을 본 것이 없다, 노동시장 유연화가 진전된 것이 없다"라는 주장에 대해서 저는 생각이 다릅니다. 지난 10년 동안 노동시장의 변화를 보면 우선 그 이전의 10년과 비교할 때 많은 차이가 있습니다.

임금인상률의 차이, 소득분배 악화, 비정규직 확대, 고용불안 심화, 이런 것들은 그 이전과 완연하게 대비되는 변화들입니다. 가장 큰 문제는 고용불안의 문제라고 봐요. 한국의 노동시장 유연성이 OECD 국가 평가에서 중간 정도밖에 되지 않는다고 비판합니다. 기업들은 우리나라 노동시장만큼 경직된 곳이 없다고 말합니다. 그러나 실질적으로 근로자들이 체감하는 고용에 대한 불안감은 매우 높은 게 현실입니다. 근로자들이 체감하는 노동시장의 유연성은 2차 노동시장에서의 유연성이고, 기업인들이 느끼는 경직성은 대기업을 비롯해 공공 부문과 금융 부문의 노동시장 경직성이라고 봅니다.

윤기설 고용유연성도 노동시장에 따라 양극화가 심해졌다고 보시는군요.

최영기 그렇습니다. 기업인들은 노동조합의 불합리한 인사 경영상의 개입, 경영혁신에 대한 비토, 생산성 향상에 대한 비협조 등으로 인한 인력 운용에서의 경직성을 체감하면서 노동시장이 경직되어 있다고 인식하는 것 같습니다.

그래서 우리 노동시장을 하나의 단일한 노동시장으로 보지 않고 대기업 정규직 노동시장과 그 외의 노동시장으로 구분하여 얘기할 필요가 있다고 봅니다. 노동시장 경직성의 보다 큰 문제는 대기업이나 공공 부문에서 관찰되는 대립적인 작업장 노사관계와 내부 노동시장의 경직성이라는 게 저의 견해입니다.

윤기설 고용경직성은 결국 작업장 내에서 노사 간 힘의 균형에 따라 달라진다는 시각이군요.

김대환 그런 셈이지요. 유노조 기업과 무노조 기업을 비교할 때 고용경직성은 많은 차이가 납니다. 유노조 기업이라고 할지라도 대기업과 중소기업, 공공 부문 등 규모나 성격에 따라 서로 차이가 나지요. OECD 국가 중에서는 중상으로 평가되고 있지만, 비교지표상의 문제도 있고 최 원장이 말한 것처럼 부문 간의 차이가 크기 때문에 고용의 경직성이 문제 되고 있는 것이지요.

대기업이나 공공 부문을 보면 정리해고라는 것이 법제적으로는 가능한데 실질적으로는 조직 근로자들의 힘이 강하기 때문에 사사건건 부딪히고 있는 현실입니다. 때문에 구조조정이 부분적으로 되거나 혹은 무산되는 사례들을 보면 대기업 부문과 공공 부문의 노동시장은 상당히 경직되어 있다고 할 수 있는데, 이것이 전체 노동시장의 유연화에 걸림돌이 되고 있는 실정입니다.

그리고 과문한 탓인지 노동계가 케인즈주의로 가자는 주장을 명시적으로 들어본 적이 없습니다. 복지와 노조의 강화라는 데 매력을 느낄수는 있겠습니다만, 우리 노동계는 그보다는 단기적인 실리 추구에 매몰되어 있는 것으로 보입니다. 정부가 시장에 폭넓게 개입해 노조의 요구에 부응하는 노사관계 정책을 해달라는 식인데, 이건 케인즈주의와는 전혀 차원이 다른 얘기입니다.

최영기 법적으로 분명히 고용조정의 길이 열려 있고 고용조정의 절차도 명시되어 있지만 우리나라에서는 그렇게 안 되는 사례가 많습니다. 고용 경직성을 보여주는 단적인 예를 1998년 현대자동차 고용조정 과정에서 찾아볼 수 있습니다.

당시 회사는 그야말로 문을 닫느냐 마느냐 할 정도의 노사갈등을 겪었습니다. 2001년 대우자동차나 2009년 쌍용자동차의 경우도 마찬가지입니다. 그렇게 갈등을 겪으면서까지 고용조정을 한다는 것은 엄청난 리스크인 겁니다.

법이 어떻게 되어 있다 하더라도 노동조합에서 "정리해고 결사반대"를 외치며 투쟁에 나서면 해고 비용이 엄청나게 높아지는 거죠. 기업 내 노사관계가 어떻게 형성돼 있느냐, 또 현장에서의 인력 운용이 얼마나 유연하게 될 수 있느냐, 이것이 바로 우리나라 노동시장의 유연성에서 더 중요한 문제인 겁니다.

공기업·대기업 노동시장이 가장 경직

윤기설 노사 간에 체결된 단협 내용에는 고용보호를 위한 조항이 아주 많습니다. 예를 들면 공장 이전이라든가 신기술 도입 때 노조의 동의를 받도록 한 내용을 단협에 일일이 명시해놓고 있을 정도입니다. 이런 조항들은 노조의 집단화된 힘을 통해 얻어지는데, 결국 노조의 권력이 단협을 경직적으로 만들고 이것이 고용시장을 경색되게 만드는 셈이죠.

최영기 네, 그렇습니다. 노동연구원에서 사업체 패널조사를 한 게 있는데요, 여기서 보면 배치 전환을 할 때 75% 정도가 노조와 합의 또는 협의를 하게 되어 있습니다. 정도의 문제지만 실질적으로는 합의를 요구하는 경우가 많습니다. 신기술 도입, 외주, 공장 이전, 비정규직 채용

등 고용 관련 변화가 있을 때도 노조와 협의를 하기로 되어 있는 게 50% 정도 됩니다.

이런 단체협약 사항을 통해 노동조합이 기업의 인력 운용을 통제하고 있는 겁니다. 이것은 법의 경직성 문제가 아니라 노조의 교섭력을 가지고 현장을 통제해버리는 거지요. 이것이 기업들이 느끼는 노동시장 경직성의 실체라고 봅니다. 우리나라 노동조합 조직률은 11%에 불과합니다. 그러나 500인 이상 대기업의 66%에 노조가 있습니다. 그리고 300인 이상 대기업 노동자의 37%가 조합원입니다.

 이런 것을 보면 전체 노동시장에 있어서, 실제 국가적 경쟁력을 가진 기업 중에서 노조가 있는 비율은 3분의 2가 되는 셈입니다. 기업인들이 체감하는 노동시장의 경직성이 통계적으로 객관화된 것보다 높게 나타나는 이유도 여기에 있습니다. 따라서 개략적으로 공무원, 공기업, 금융업계, 민간 대기업 노동시장이 주로 경직성의 대표적 사례라고 하겠습니다.

김대환 맞아요. 대기업의 노동시장은 아주 경직적으로 볼 수 있는 반면에, 중소기업 가운데서도 소기업과 영세기업은 거의 계약 질서가 확립되어 있지 않습니다. 이원화되어 있는 노동시장 구조지요. 앞에서 거론되었듯이 이러한 노동시장의 이중구조와 경직성은 기업 내부의 노사관계, 노사의 역학관계와 불가분의 관계에 있는 겁니다.

노동 권력, 대체 얼마나 세길래

윤기설 현장 권력에 대해서 논의를 더 해볼 필요가 있을 것 같습니다. 제가 울산 현대자동차 공장을 방문했을 때 노조원들이 근무시간에 담배 피고 신문 보고 책 보고 있는 현장을 목격한 적이 있습니다. 처음에는 일감이 없어 그렇겠거니 하고 생각했는데 회사 측에 알아보니 아주 바쁜 공장이었습니다.

미국의 GM, 일본 도요타 그런 곳들을 다녀보았지만 근무시간에 근로자들이 딴 행동을 하는 공장은 찾아볼 수 없었습니다. 이는 노조원들의 현장 권력이 강해서 나타나는 현상이 아닌가 생각됩니다.

최영기 현대차 노조가 가장 강한 현장 권력을 행사하고 있지 않을까 생각합니다. 기업의 관리 라인과 노동조합 조직 간에 현장 통제권을 누가 가지고 갈 것인가를 놓고 일상적인 대립관계에 있는 사례라고 볼 수 있지요. 노동조합은 현장 권력을 장악하여 노동 강도를 통제하고, 물량을 확보하고, 조합원에 대한 지휘권을 행사합니다. 노조가 지배하는 생산 현장에서 경영권이 어떻게 행사되는지 의심이 들 정도로 문제가 되는 경우도 많습니다.

예전에 어느 대공장의 관리자 교육 과정에서 들은 사례로 본다면 이렇습니다. 공장장이 출근하면 가장 먼저 노조 지회장의 심기를 살피게 된다고 합니다. 공장장으로서는 그날 달성할 물량 목표가 있는데 노조에서 협조를 해주지 않거나 어떤 분란이 일어나서 목표 달성을 하지 못하면 최고경영자의 질책을 받게 되기 때문입니다. 조금 노사관계 원칙에 어긋나더라도 어떻게든 생산목표는 달성해야 한다는 강박관념이 있다는 겁니다. 그래서 노동조합의 불합리한 행태를 방치하게 되고, 그런 점 때문에 "관리자로서 무력감을 느낀다"는 하소연을 들었습니다.

물론 현장 권력을 둘러싼 분쟁이 꼭 이와 같은 것은 아닙니다. 최근 LG 창원공장의 경우와 같이 우호적인 노사 파트너십에 의해 작업장의 일상적인 혁신활동이 상승작용을 일으키는 사례도 있었습니다. 그러나 노사관계가 대립적일 때 그 작업장에서는 일상적인 노사 간의 갈등과 대립이 일어나게 되고, 그로 인해 현장 질서가 무너져 있는 경우가 많다고 봅니다.

김대환 노사관계와 관련해 현장에서는 잘못된 인식들이 좀 있어요. 노사관계에는 기본적으로 사회의 통념과 수준에 합당한 선이 있습니다. 그런데 특히 공공 부문이나 대기업에서는 '노조가 상대적으로 얼마만큼 많은 권력을 가지는가?', 이것이 노동운동의 목표처럼 되어 있고 집행부의 실적 같은 것으로 보는 잘못된 인식이 있어요. 이로부터 현장 권력의 심각한 문제들이 나타나는 것을 볼 수 있습니다.

기본적으로 노동의 인간화는 작업장에서 근로자를 보호하는 것, 이를테면 작업장의 동선 문제나 인체구조에 적합한 작업장 환경, 이런 것에서 출발을 했습니다. 그런데 노동운동이 노동 권력의 획득으로 확산되어가고 있고, 특히 현장에서는 경영자와 노조 양자 간의 파워게임으로 가고 있지요. 심지어는 정부와의 파워게임을 노동운동으로 착각하는 그런 측면이 있습니다.

그래서 실제로 노조가 힘이 있으면 노사관계가 좋지 않은 경우가 많고, 현장에서의 권력을 노조가 장악하게 되면 중간 노무관리자들의 기업 내 위상이 흔들리고 경영에도 악영향을 미치는 그런 현상들이 적잖이 드러나고 있어요.

현장관리자 VS 노조대의원

최영기 현대중공업은 1995년부터 지금까지 무파업으로 이어져오고 있습니다. 이것이 가능했던 여러 이유가 중 하나가 '현장 관리라인을 어떻게 바꾸어놓았는가?', 이것이 핵심이었다고 봅니다. 그 이전까지는 현장 통제권을 노조가 행사하다시피 했는데, 1994년 이후에 회사에서 가장 역점을 두고 추진한 것이 중간관리 라인들에 대한 지속적인 교육이었습니다. 그리고 현장관리 라인의 힘을 강화해주기 위해 끊임없이 임파워먼트(Empowerment)를 해주기 시작했습니다.

작업자가 고충이 있을 때 이것을 '노조대의원에게 말하는 게 빠르냐,

아니면 현장관리자에게 말하는 게 빠르냐를 고민하지 않게 하는 겁니다. 과거에는 노조대의원에게 말하면 대의원이 노조위원장에게 말하고 노조위원장은 바로 최고경영자에게 얘기해서 즉시 해결하는 것을 경험한 조합원들은 당연히 노조에 줄을 서게 됩니다. 반대로 중간관리자들이 그런 문제들을 즉각 해결해준다면 굳이 노조에 달려갈 필요가 없겠지요.

윤기설 작업장 내에서 직·반장과 노조대의원 간에 주도권 싸움이 심심찮게 벌어진다고 하더군요.

최영기 그런 차원에서 기업의 관리 라인을 어떻게 세우느냐가 매우 중요합니다. 이는 단순히 작업의 효율성 문제만은 아니라고 봅니다. 노조의 현장 통제가 강하면 강할수록 유연한 인력 운용이 어려워지는데, 이로 인한 가장 큰 피해는 유연한 배치 전환과 숙련 교육이 힘들어진다는 겁니다.

도요타에서 장기고용을 보장할 수 있는 이유는 근로자들에 대한 끊임없는 교육훈련 때문이고, 교육훈련의 가장 유력한 수단은 배치 전환입니다. 그러나 우리 노조가 유연한 배치 전환을 반대하는 이유는 현장 통제권의 이완과 고용조정에 대한 두려움 때문입니다.

배치 전환이 되면 선임권(seniority)의 차이가 나기 때문에 한 작업 단위에서 그냥 버티려는 겁니다. 이는 근로자들의 숙련 향상을 위한 훈련을 근본적으로 어렵게 할 뿐만 아니라, 다능공화(多能工化)를 위한 기업의 인사 계획도 어렵게 합니다.

윤기설 하지만 노조 권력에 의한 배치 전환은 많은 문제를 발생시키지 않습니까?

최영기 현대자동차의 경우 노조가 주도하는 배치 전환 시스템을 운영하고 있습니다. 직무를 순번을 정해서 바꾸는데, 노동 강도의 평등화를 위한 교대 시스템인 셈입니다. 이것이 훈련에 도움이 되는 측면이 있긴 하지만 기업이 주도하는 체계적인 교육훈련 시스템으로 이어지지는 않고 있습니다.

개별 근로자의 입장에서 보면 자신의 직업 능력이나 숙련을 끊임없이 향상시켜 그것으로 승부를 보려는 것이 아니고, 노조의 교섭력에 의지해 커리어를 개발하려는 잘못된 인센티브 구조가 작동될 수 있습니다. 그래서 '작업장 통제를 누가 하느냐'가 작업현장 노사관계에 있어 핵심적인 부분인 것입니다.

노사관계가 나쁘다고 했을 때 그것이 분규로 인한 근로손실만이 아니고 눈에 보이지 않는 작업장 내의 무질서, 그로 인한 교육훈련의 황폐화, 그리고 개별 근로자들의 능력 향상을 위한 노력이 퇴화하는 그런 문제점들이 보이지 않는 더 큰 비용이라고 생각합니다.

윤기설 현대자동차에는 공장에서 일을 전혀 하지 않는 대의원들이 400명을 넘고 있습니다. 조·반장들이 작업통제권을 갖고 있지만 전혀 힘을 쓰지 못합니다. 노조 권력이 집중되다 보니 이런 현상이 나타나는 것 아닌가 생각됩니다.

최영기 그렇지요. 노조가 기업을 상대로 행사할 수 있는 교섭력(bargaining power)이라는 것이 노조가 공식적으로 파업을 위협하는 것만이 아닙니다. 작업 라인별로, 공장별로 대의원이나 소의원들이 보이콧(boycott)을 하기도 합니다. 이건 엄밀히 말한다면 와일드캣스트라이크(wildcat strike)로 볼 수도 있고 일종의 사보타주(sabotage)라고 볼 수도 있지요. 제대로 된 노조라면 그런 것을 막아줘야 합니다.

그러나 사업장이 여러 개로 흩어져 있는 경우, 노조 지도부도 자기 산하조직의 방만한 행태를 규율하지 못하고 그냥 방치하는 경우가 생깁니다. 그러다 보니 관리자 입장에서 보면 이것은 노조 전체의 문제가 아니라 그 지부에서 지부장과의 관계, 그 라인에서 대의원과의 문제라고 인식하고 원칙을 세워 규율대로 하기보다는 개인적으로 사정하고 인간적으로 풀어갑니다. 이런 방식이 오래되다 보면 노사담합 관계가 형성될 수 있습니다. 관리자들이 노조 간부들의 뒤치다꺼리를 해주는 그런 노무관리 방식에 젖어 있는 경우도 많습니다. 그러다 보니 노사의 유착으로 인한 노동조합 부패사건도 생기는 것이죠.

선진국에선 회사가 작업통제권 장악

윤기설 선진국에서는 노조가 현장을 통제하는 경우가 거의 없지 않나요?

김대환 선진국에서는 기본적으로 노동 규율(labour discipline)이 확립되어 있습니다. 현장 권력은 당연히 사용자가 장악하고 있고 사용자로부터 위임받은, 노조가 아닌 사람이 그 부분에 대해서만 행사하지요.

작업장 내에서 노사협조를 통해 생산성을 향상시키는 기능을 합니다. 그런데 우리는 노조운동이 상당히 정치화되어 있는 것이 작업장 내에서 현장 권력으로 나타납니다. 컨베이어 벨트 라인을 정지시키는 것은 기본적으로 노동 과정의 미시적 조정이라는 의미를 갖는 것이지만, 그때그때 사안에 따라 개별적으로 현장 권력의 행사 방식으로 활용되기도 합니다. 이는 기업 차원에서만이 아니라 노조 내부적으로도 용납될 수 없는 노동 규율의 파괴입니다.

1987년 체제 속에서 현장에서 노동 규율을 제대로 확립하지 못했고 국가 차원에서도 못했습니다. 이것이 여러 문제를 낳고 있는데, 이에 대한 정리는 앞으로도 시간이 걸릴 거라고 봅니다.

최영기 이 문제는 기업별 노조와 관계가 있습니다. 기업별 노조가 회사 내에 사무실을 가지고 있고 또한 과도하게 많은 전임자를 가지고 있습니다. 현대자동차 노조만 하더라도 일하지 않는 인력이 400명을 넘는다고 했는데 과도한 것이지요. 그리고 회사 내에 있는 노조가 파업권까지 갖고 있어요. 미국이나 유럽의 산별 노조는 파업권을 철저하게 통제하지요. 소규모의 기업별 노조가 각각의 파업권을 행사한다는 것은 외국에서 찾아보기 어려운 일입니다. 현장에 있는 현장관리 책임자 입장에서 보면 노조의 작업 거부 위협, 전임자들에 의한 끊임없는 간섭 같은 것들이 노조가 일상적으로 행사하는 현장 권력인 것이죠.

김대환 현실적으로 이런 문제와 맞물려서 교섭이 원활하게 이루어지지 않는 측면이 있는 것도 사실입니다. 그러나 설령 산별체제로 간다고 해도 문제는 여전히 있을 것이라고 봐요. 이는 꼭 노조만 탓할 수 없는, 거의 모든 분야에서의 실상이 아닌가 싶어요. 아주 획일적이고 조직 단위로 일사불란하게 움직이는 그런 사회 같지만, 실제로 내부를 들여다보면 현장 권력을 둘러싼 갈등이 심합니다. 그러니까 일단 전체적으로 원칙을 세우고 가야만 현장 권력 문제도 점차적으로 개선될 수 있을 겁니다.

최영기 기업별 노조의 강점도 있을 수 있습니다. 노사관계가 노사상생의 파트너십으로 전환됐을 때 생산성과 경쟁력 향상의 시너지 효과를 내는 사례들을 노사협력 기업에서 찾아볼 수 있습니다. 기업별 노조이기 때문에 그런 힘을 발휘할 수 있는 것이지요. 현장 혁신활동이라든가, 어려운 상황에 닥쳤을 때 노사가 합심해 경영위기를 극복하는 사례들을 볼 때, 이것은 기업별 노조이기 때문에 가능하다는 평가를 받습니다. 그러나 다른 한편으로는 노사관계가 일그러졌을 때 기업별 노동조합의 폐해가 굉장히 크다고 봅니다. 노동조합이 기업 내에 있다 보니 쓸데없는 경영 개입이 관행화되고, 관리자들과 매일 부딪히고 노사갈등이 일상화될 수 있는 위험이 있는 것이죠.

깨진 유리창과 현대차 울산공장

윤기설 현대차 현장 노동자들의 근무태만은 '깨진 유리창 이론'에 비유할 수 있을 것 같습니다. 현장에서의 무질서, 즉 작업시간 중에 담배 피우고 신문 보고, 이러한 것들을 하나 둘씩 묵인해준 게 지금 돌이킬 수 없을 정도로 노사관계가 악화되도록 만든 게 아닌가 생각합니다. 현장에서의 무질서를 하나하나 고쳐나갔다면 지금 이 지경까지는 오지 않았을 겁니다.

김대환 그런 부분에 대해서는 근로자나 노조가 1차적으로 비판받아야겠지만 경영자의 책임도 있다고 봐요. 특히 최고경영자가 초기부터 현장에서 노동 규율을 제대로 확립하고 적절하게 대응했다면 그런 문제들이 그토록 심각해지진 않았겠지요. 최고경영자가 정확한 기준과 판단력을 갖지 못하고 '좋은 게 좋다'는 식으로 가면 결국 중간관리자들이 설 자리만 없어지는 겁니다.

노조의 과다한 경영권 개입

윤기설 노조가 작업장 통제권을 장악하고 있는 게 노동 현장의 고질적인 문제점이라고 지적들을 하셨는데, 그 연장선상에서 노조의 경영권 개입도 너무 과하다는 생각이 듭니다. 독일이나 일본의 경우 노조의 경영 참여가 그렇게 깊숙이 허용되지 않거든요. 우리나라 노조의 경영 참여를 어떻게 평가해야 할까요?

최영기 '노조의 경영 참여냐, 근로자들의 경영 참여냐', 이것은 약간 구분해서 봐야 할 것 같습니다. 독일이나 유럽 국가에서는 노조가 직접 참여하는 방식보다는 근로자의 참여를 우리보다 강하게 규정하고 있는 경우가 많이 있지요.

그런데 한국의 경우 기업별 노조이면서 이 기업별 노조가 경영 참여의 주체로 등장하는 데에 따르는 문제가 있습니다. 비조직 사업장일 경우 노사협의회를 통해 근로자 참여를 보장하는 방식을 취하고 있습니다. 지금 얘기되고 있는 노조의 경영 참여 문제는 공식화된 노사협의 제도에 의한 참여보다는 노조의 교섭력과 현장 권력을 이용한 경영 간섭 내지는 경영권 침해가 이루어지고 있기 때문에 문제가 되는 것이죠. 근로자참여증진법 상의 경영 참여는 더 활성화되어야 한다고 봅니다.

윤기설 근참법에서의 경영 참여는 어떤 것을 말합니까?

김대환 우리의 경우 그것이 너무 광범위하게 규정되어 있어요. 그래서인지 별로 주목하지 않고 과소평가하는 경향이 있는데, 사실은 근참법만 적극적으로 활용하더라도 실제로 노조의 경영 참여가 상당 부분 가능합니다.

그것을 노사 양자가 중시하지 않으니까 법제적으로는 근로자의 경영 참여가 허용되지 않는 것 같은데, 실제 현장에서는 노조가 경영권까지 간섭하고 개입하는 사례가 적지 않아요. 이를테면 경영 책임자 임용 과정에 노조가 개입하고 실제로 파업으로까지 몰고 가는 부자연스럽고 불합리한 경우까지 목도되고 있지 않습니까.

기본적으로는 근참법에 기초해 실제로 협의하고 합의 사항을 성실히 지켜나가면서 우리에게 맞는 제도를 모색해나가야 합니다. 물론 그것도 과도하다고 말하는 사람이 있죠. 아무튼 현재 경영 참여 문제는 노조의 공동결정권 요구로 집약되어 있는 느낌입니다.

윤기설 경영권에 대한 의사결정 말이죠.

김대환 실제로 그런 수준까지 갔습니다. 문제는 경영에는 반드시 책임이 수반된다는 것입니다. 그리고 경영은 전문 분야입니다. 그런데도 불구하고 전문성이 없는 상태에서 노조가 책임은 지지 않고 공동결정권까지 요구하는 것은 과도한 것입니다.

노조의 경영 참가는 어디까지나 현실적으로, 점진적으로, 또 단계적으로 접근되어야 할 사안입니다. 근로자들의 의견을 작업 과정에 반영하고, 나아가서는 회사 운영에까지 반영하고 수렴한다면 경영전략도 같이 세울 수 있어요. 그러나 이것이 좀처럼 진전이 안 되는 이유는 노조의 경우 전문성이나 책임성이 준비돼 있지 않기 때문입니다.

거기에다 노사 양자가 경영 참여를 권력관계로 본다는 겁니다. 그렇기 때문에 경영 참여를 통한 노사협력이나 사회 발전 추구가 현실적으로 쉽지 않은 겁니다. 그래서 이 문제는 근본부터 다시 접근해야 합니다.

선진국 노조,
경영 개입 제한적

윤기설 독일의 경우에는 공장 이전이나 배치 전환 같은 것에 대해 노조가 거의 개입을 못 하는 것으로 알고 있습니다. 지멘스 사례가 대표적입니다. 회사 측이 2004년도에 임금 인상 없는 근로시간 연장을 추진했을 때 노조에서 강력히 반발하자 "노조가 그렇게 나온다면 공장을 헝가리로 이전하겠다"고 엄포를 놓았습니다. 그러자 노조가 무릎을 꿇고 말았죠. 공장 이전은 노조와 협의를 할 뿐 합의사항은 아니라는 겁니다. 우리 노동계가 경영권 참여 문제를 너무 경직되게 해석하는 것이 아닌가 싶습니다.

김대환 노조 권력의 확대라는 측면에서만 경영 참가를 보기 때문이죠. 여기에는 학자들의 책임도 있어요. 독일의 공동결정 제도를 제대로 소개하지 않고 권력관계로서만, 노동 권력의 관점에서만 이상적인 모델로 미화한 측면이 있지요.

최영기 독일의 공동결정 제도에서 그 중심은 근로자평의회에 있지 노조에 있는 것은 아니죠. 조합원과 평의회의원과 중복되고 있기는 하지만, 협의 주체는 근로자평의회이고 이들은 파업권이 없습니다.
우리나라는 노사협의회가 노동조합의 포로가 되어 있는 경우가 많습니다. 기업별 노조이다 보니 유노조 사업장에서 노조와 노사협의회가 거의 동일시되는 경우가 많을 수밖에 없습니다.

그러나 독일의 경우, 사업장 내에서의 활동은 근로자평의회가 하고 실질적인 단체 교섭은 밖에서 산별 노조가 결정하기 때문에 기능적으로 분리될 수 있는 겁니다. 우리나라는 그게 겹쳐져 있다 보니 노사협의로 해야 될 사항들을 노동조합이 들어가 파업사항으로 끌고나오는 혼선이 있습니다.

더욱이 경영에 참여할 수 있는 제대로 된 루트가 제도적으로는 마련되어 있음에도 불구하고 교섭과 근로자 참가가 혼재돼 있어 노조가 자기 권력을 신장하고 확대하는 방편으로 노사협의회를 활용하는 측면이 있습니다. 노조가 과도하게 경영에 간섭하는 측면도 있고, 정당하게 제도적으로 보장된 근로자들의 경영 참가가 제대로 활용되지 않는 측면도 있습니다. 따라서 이런 기능 미분리 상태에 있는 것이 문제가 아닌가 싶습니다.

김대환 그것이 문제입니다. 기업별 노조체제에서 노사협의와 교섭을 좀 더 발전적인 방향에서 정리할 필요가 있습니다. 법적으로는 노사협의와 교섭이 엄격히 분리되어 있는데 실제로는 혼합이 되어 있는 것이 문제입니다. 일종의 룰이 필요합니다.

예컨대 교섭을 최소화하기 위한 통로로서 노사협의회를 적극 활용한다면, 노사협의회에서 협의를 통해서 조정을 한 다음에 교섭사항만 교섭을 한다면 교섭 비용도 낮추고 실제로 경영에도 참가하는 그런 방향으로 활용할 수도 있거든요. 우리가 앞서 말했다시피 노사관계를 권력관계나 갈등관계로만 보고, 협의를 통한 조정보다는 '교섭=투쟁'을 통해 쟁취하고자 하는 것이 문제입니다.

최영기 학자들 사이에 그것을 보완하려는 시도와 노력이 있었습니다. '노사협의회 근로자 대표위원을 뽑는 방식을 바꾸자'는 것이었습니다.

지금은 50% 이상 조직된 사업장에서는 근로자 대표위원을 노조가 지명하도록 되어 있는데, 학자들은 노동조합의 기능과 노사협의회 기능을 분리하려면 근로자 대표위원을 비조합원까지 포함한 전체 직원들의 투표로 결정하자는 안을 제시했습니다. 그런데 노사정위원회 협의 과정에서 노조가 거부했습니다. 결국은 비조합원의 의사를 반영할 통로가 보장되지 못하고 있는 것입니다.

김대환 그래서 근참법을 새삼 주목하고 활용할 필요가 있다는 겁니다.

노사단체에 리더십은 없나?

윤기설 노동운동이 잘못돼 있다는 지적도 있지만, 노사관계에 있어 재계를 대표하는 한국경총의 리더십에 대한 비판도 많습니다. 재계에서 차지하는 위상을 감안할 때 한국경총이 리더십을 제대로 발휘할 수 있는 구조는 아닐 수 있습니다. 그래도 전문성과 리더십을 보완할 필요가 있지 않나 생각됩니다.

최영기 우리나라 재계가 재정적으로나 인력 면에서 경총을 키워오지 않았다는 게 문제의 본질입니다. 경총은 전경련, 무역협회, 대한상공회의

소 등 다른 경제단체들보다 재정과 인력 면에서 매우 취약한 구조를 가지고 있습니다.

탄생 배경에서 그 원인을 찾아볼 수 있는데, 경총은 1970년도에 전경련에서 일종의 노사관계 담당 창구로 분리·독립했습니다. 회원들도 많이 겹칩니다. 그러다 보니까 재정적으로도 약합니다. 경총 재정이 2000년대 중반에 약 50억 원 정도였는데, 이는 한국노총의 재정보다도 못하고 금속노조의 1년 예산인 100억 원, 현대자동차의 조합비 80억 원에도 못 미치는 수준입니다.

노사관계를 전담하는 경제단체로서의 재정적·인적·정책적 역량에 있어서 매우 취약하다는 것을 부정할 수 없습니다. 거대 대기업들은 자체적으로 노사 문제를 관리해왔기 때문에 경제단체의 노사관계 서비스를 키워오지 않았던 겁니다.

김대환 사용자단체도 참 답답한데, 말씀하신 것은 곧 우리 재계의 모습을 반영한 것이라고 생각됩니다. 기업 경영에서 중요한 게 말로는 사람이라고 하지만 실제로는 재무나 마케팅에 비해서 별로 비중을 두지 않고 있어요. 그러다 보니 기업의 노무 담당자들은 문제 발생시 소방관 역할을 하고, 문제가 나타나지 않을 때는 제대로 인정도 못 받는 형편입니다.

그렇기 때문에 경총 역시 재정도 빈약하고 인적 자원도 부족한 것이 아닌가 생각됩니다. 그리고 노사관계에서 용기도 제대로 보여주지 못하고 있어요. 당사자들은 섭섭해할 수도 있겠지만, 적당한 범위 내에서 주어진 역할만 하는 '월급쟁이'에서 별로 나아가지 못하고 있다는 인상을 받았습니다. 어떤 원칙을 세우고 그것을 끈질기게 추진하는 사명감 같은 것이 잘 보여지지 않은 게 사실이거든요. 이 역시 우리 재계에서 노사관계를 보는 비중과 안목을 반영하는 것이 아닐까요?

정부 눈치 보는 경총

윤기설 그렇다면 정부의 책임도 있는 거 아닌가요? 노사단체의 결정 과정에서 정부의 개입이 상당 부분 이뤄지고 있는 걸로 알고 있습니다. 그러다 보니 재계를 대표하는 경총은 사회적 이슈에 대해 자율적으로 결정을 내리지 못하고 정부 눈치를 보게 되는 겁니다. 올해 노사민정 대타협 때도 청와대나 노동부에서 많은 훈수를 두면서 방향을 잡아간 것으로 알고 있습니다.

김대환 글쎄요. 언급하신 부분에 대해 구체적으로 듣지 못해 뭐라고 하기엔 그렇지만, 원론적으로 노사민정협의회에서도 정부가 중요하기 때문에 정부로서도 자기 역할을 하려고 하는 것은 당연한 일이지요. 노사단체는 기본적으로 이해관계가 걸렸을 때 그것을 가지고 토론하고 정부와 조율해 실질적으로 대안을 찾아가는 그런 노력들을 하면 되는 겁니다.

윤기설 다시 말하면, 이번 노사민정 대타협은 근로자들의 고용 안정과 임금 자제가 주요 골자였는데 당사자인 재계는 썩 내키지 않아했던 것 같습니다. 경총이 청와대나 정부의 요구에 못 이겨 대화 테이블에 끌려나왔다는 지적들도 많았거든요.

김대환 구체적인 과정은 모르겠지만, 사용자단체로서는 추상적인 것으로 받아들인 게 아니었나 하는 생각이 들어요. 그러나 실제로는 각 기업마다 사정이 다릅니다. 획일적으로 해고는 하지 않고 고용은 그대로 유지한다는 것이 기업의 상황에 따라서는 더 힘들고 어려운 짐이 될 수도 있습니다. 따라서 이런 것이 구체적으로 반영되어야 하겠지요. 오히려 그럴 때 사용자단체인 경총 같은 데서 내부 조율을 하는 리더십을 발휘하는 게 필요한 겁니다.

최영기 그런데 경총의 의사결정 구조를 보면 전경련이나 다른 곳들과는 좀 다른 것 같아요. 전경련의 경우 의사결정 단위가 회장단 회의거든요. 그러나 경총은 '30대 인사노무 담당 임원회의'라는 게 있습니다. 비공식적인 간담회 같은 형태인데 실질적으로 주요한 정책적 의사 결정을 합니다. 여론조사도 하고 대정부 건의 결정도 합니다. 이것은 경총의 약점이기도 하지만, 그래도 전문성을 발휘할 수 있는 장점도 됩니다. 그런데 인사노무 담당자 수준의 판단과 기업 최고경영자의 판단은 다를 수가 있습니다. 예컨대 노사관계 전체의 질적인 전환이나 전략적 변화가 필요할 때 재계를 대표해 큰 결단을 내릴 수가 없다는 것이 경총의 큰 약점이 아닌가 생각합니다. 국가 정책에서 장관이 결정할 수 있는 사항과 정부의 1급 간부 수준에서 결정할 수 있는 사항은 다른 것 아니겠어요.

노사단체의 전문성과 리더십은 매우 중요한 사회적 인프라로 볼 수 있는데, 이것이 다른 나라에 비해 매우 취약한 편입니다. 그동안 왜 제대로 투자가 이루어지지 않았는지 참 안타까운 일입니다. 우리 재계 지도자들이 직접 나서서 노사관계를 정면 대응하지 않고 인사 담당 책임자들에게만 맡겨왔기 때문이 아닌가 합니다.

김대환 어떻게 보면 실무 책임자들의 그런 의견 수렴 모임은 건전한 면도 있습니다. 재계에서는 노무 담당자들에게 의견을 피력할 권한을 주고, 경총 차원에서도 그만큼 노사관계의 전담 창구로 그들을 지원해야겠지요. 그런데 사실 경총의 얘기를 들어보면 고충이 많은 것 같아요.

회원사들의 요구가 다양하고 이질적이기 때문에 그것을 하나로 조율하고 묶어내고 이끌어가기가 어렵다는 겁니다. 내부적으로 그런 것들을 실질적으로 조율하고, 기업 차원을 넘은 국가적 차원에서 우리의 노사관계를 발전적인 방향으로 이끌어가는 그런 리더십이 재계에도 있었으면 하는 아쉬움이 있습니다.

최영기 경총의 전문가 위주의 의사결정 구조 덕분에 주 40시간제 도입을 위한 근로기준법 개정 당시 경총은 전경련보다 더 현실적인 타협안을 제시했습니다.

구체적인 정책을 놓고 전문성을 발휘할 때는 경총이 현실적인 판단을 한다고 볼 수 있지만, 노사관계에 있어서 좀 더 전략적인 판단이나 인프라에 대한 대담한 투자에 있어서는 경총이 재계 리더십을 제대로 발휘하지 못하고 있는 것으로 평가됩니다. 경총이 항상 살림에 쪼들려서 회원사들의 눈치를 봐야 하는 그런 상황에 묶여 있거든요.

김대환 사실은 경총이 대기업을 포함한 회원사들을 때로는 설득하고 때로는 노사관계 전반의 발전을 위해 건의도 하는 그런 능력을 발휘해야 합니다. 그런데도 불구하고 대기업의 눈치를 보고 적당히 처신하고 있다면 그건 참 아쉬운 점이죠.

최영기 외국에서의 노사관계 대전환기를 보면, 대전환의 이니셔티브가 재계에서 나온 경우가 많습니다. 뭔가 노동운동이 변할 수 있는 리더십을 재계가 발휘할 때 노동운동이 더 빨리 변할 수 있다고 봅니다. 그런 부분에서 우리 재계의 노사관계 리더십이 취약한 것 같습니다.

김대환 재계 주요 인사들은 경총 회장을 잘 안 맡으려고 하죠. 그게 바로 경총이 전략적 판단과 전략적 리더십을 발휘하는 힘이 부족한 요인이기도 합니다. 떠밀려 맡다시피 하니 구조적으로 게임이 안 되지요.

최영기 전국 차원에서도 문제지만 지역으로 내려가면 더 심합니다. 지역 경총은 더 힘들죠. 갈수록 지역경제의 중요성이 강조되고, 노동조합의 산별조직화나 지역적 활동이 확대되고 있습니다. 그것을 맞상대해줄 지역 경제단체가 있어야 하는데 그렇지가 못해요. 지역·산별 차원에서 노동운동의 독무대를 견제하는 재계의 투자가 필요합니다.
하지만 기업들이 자기 사업장의 울타리 안에서는 노사관계 안정을 위해 많은 투자를 하면서도 기업 밖의 지역이나 업종이나 전국 차원의 노사관계 안정과 변화를 위해서는 투자를 잘 하지 않습니다. 기업인들의 이런 근시안적 태도가 경총의 재정적 어려움이나 우리나라 경제단체의 전문성의 낙후를 방치하고 있는 셈입니다.

사회적 대화 통해 재계 대표로 부상

윤기설 한국경총은 지금까지 현장에서의 노사 문제 해결보다는 노동관계법이나 제도 개선 같은 문제를 개선하기 위해 사회적 대화에 치중해왔다는 지적도 있습니다.

최영기 그렇지요. 한국경총은 그동안 대정부 로비나 입법활동에 주력했지요. 그리고 회원사에 대한 서비스를 제공해줍니다. 즉, 법이 바뀌거나 제도가 바뀌었을 때 대기업들이야 자신이 잘 알아서 하지만 중소기업들은 기초적인 정보조차 부족한 경우가 많거든요. 법이 바뀌었다면 바뀐 제도 안에서 어떻게 교섭을 할 것인지, 어떻게 해야 법에 어긋나지 않는지, 그런 것에 대한 교육이나 컨설팅 서비스를 주로 해왔습니다. 한국경총이 이 정도로 성장할 수 있었던 것도 1990년대 들어오면서 한국노총과의 임금 합의, 노사정위원회를 통한 사회적 대타협 등 일련의 사회적 대화 과정을 통해 재계의 이익을 대변하는 대표적인 조직으로 부각되었기 때문입니다.

윤기설 일본의 경우 노사관계가 안정되면서 경총이 없어지지 않았나요?

최영기 우리로 치자면 전경련과 경총이 합병을 한 것이지요.

윤기설 합쳐진 게 노사관계가 안정되고 경총의 필요성이 줄어든 때문이 아닌가요?

최영기 그렇다고 볼 수 있죠. 법도 정비되고 노사관계도 안정이 되면서 두 개의 경제단체에 대한 필요성이 줄어든 거죠.

그런데 노사단체 문제와 관련하여 노조 상급단체 문제도 살펴볼 필요가 있습니다. 초기업 수준에서 노동단체의 전문성도 매우 중요하다고 봅니다. 지역 노동시장에서의 대표성을 지역 지부들이 가지고 있기 때문이죠. 지역 지부의 전문성이나 재정자립성도 개별 기업노조의 자원에 비하면 취약하기 짝이 없습니다. 많은 경우 지방자치단체에 재정을 의탁하는 경우가 많습니다.

전국 조직으로서 한국노총이나 민주노총도 대정부 투쟁보다는 정책 전문성을 강화해 정책 노총, 정책 노동조합으로 정체성을 바꿔나가야 합니다. 하지만 양 노총의 경우 전국 단위 집회를 위해서는 엄청난 예산을 쏟아부으면서도 연구소나 노조 간부 양성을 위한 교육기관 하나 제대로 갖추지 못한 실정입니다. 그렇기 때문에 노동조합의 요구사항을 세련된 정책으로 만들어내는 정책 역량이 많이 부족한 형편입니다.

II 법과 원칙의 효용성

윤기설 노사관계가 악화된 데는 정부가 제 역할을 하지 못했기 때문이란 지적도 많습니다. 노사안정을 위해서는 법과 원칙, 대화와 타협을 적절히 절충해야 할 필요가 있는데, 지금까지는 대화와 타협에 치중한 나머지 현장에 무질서가 확대되고 노사관계가 부정적으로 흐른 것 아니냐는 비판이 나왔습니다. 노동행정을 펼치는 정부의 역할은 무엇이라고 보시는지요?

김대환 제가 대답을 해야 할 것 같네요. 정부는 당연히 정부의 역할을 해야 합니다. 노사관계란 것이 단기적으로는 노사의 이해가 상충하지만 장기적으로는 공존의 관계이기 때문에 그것이 작동되도록 통로의 걸림돌을 치우고 통로를 닦아내는 게 바로 정부의 역할이라고 봅니다.

흔히 정부를 보는 시각은, 민주화 이전의 단계에서는 사용자의 이익을 옹호하고 대변한다는 비판이 많았고, 민주화 이후의 과정에서는 정부가 지나치게 노조의 요구를 관철시키는 역할을 했다는 겁니다. 만일

그게 사실이라면 정부가 제 역할을 제대로 못한 것이지요.

정부는 중립적이어야 합니다. 여기서 중립적 역할이란 양자의 요구 사이에서 늘 중간에 서라는 얘기가 아닙니다. 이런 의미에서 '중용'이란 말이 더 적합할 텐데요. 기본적으로 노사관계를 어떻게 발전시켜야 한다는 비전을 가질 수 있도록 현실에서 그때그때 노사의 절충을 유도하는 식, 다시 말해 정태적인 균형이 아니라 역동적인 균형을 취해나가는 것이 정부의 역할이라고 생각해요.

실제로 제가 노동행정을 경험하면서 정치가 노동행정을 망쳤다는 생각을 여러 번 하게 되더군요. 기본적으로 행정이라고 하는 것은 법과 규정에 따라 원칙적으로 이루어져야 하고, 만일의 경우 변화된 현실에 대한 적응력이 떨어질 때는 법과 규정의 개정에 따라 행정을 개선하고 개혁해야 합니다. 하지만 그때그때의 정치적인 풍향에 따라 노동행정의 원칙을 무너뜨려온 것, 이것이 문제라고 봅니다. 실제로 노동행정 하는 사람 입장에서는 전에 했던 얘기와는 180도 다른 말을 해야 하는 상황이 됩니다. 정부의 역할은 '법과 원칙'을 지키는 것이며, 법과 원칙을 오로지 기계적으로 적용하는 데에 그쳐서는 안 되고 현실과 비전에 적합한 방향으로 개선시켜나가야 합니다.

일관성 없는 노동행정

윤기설 노동부 공무원들의 자세도 중요한 것 같습니다. 노사협력에 대한 정부의 정책기조를 보면 일관성이 없어요. 좌파정권 때는 노사협력을 별로 중시하지 않다가 '비즈니스 프렌들리'를 강조하는 MB 정권이 들어서자 앞 다퉈 상생의 노사문화를 강조하면서 온갖 정책들을 쏟아내고 있습니다.

김대환 일관성이 없다는 점에 대해 저도 공감은 하는데, 우선 국민의 정부나 참여정부를 좌파정권으로 규정하는 데에는 동의할 수 없음을 분명히 해둡니다. 일관성의 결여는 그동안 정치가 행정을 일방적으로 지배해왔기 때문에 그런 것 같습니다. 우리 사회가 선진사회가 되려면 공무원들이 전문가 집단으로서 정치적인 논리를 일정하게 제어하고 통제할 수 있어야 합니다. 이는 개인적 소신의 문제라기보다는 우리 같은 대통령제하에서 정권이 바뀌면 공무원들이 정권, 보다 직설적으로는 대통령 눈치를 보게 되어 있는 게 문젭니다.

제가 노동부 장관에 취임해 느낀 인상이 두 가지였어요. 하나는 정치 풍향에 따라 노동행정이 갈 지(之)자 걸음을 걸은 적이 여러 차례 있었기 때문인지 직업적으로 사기가 떨어져 피로감을 가지고 있는 것 같은 느낌이었습니다. 또 하나는 새로 온 장관에 대한 모색과 더불어 테스트에 '부심'하는 그런 느낌이었습니다.

그래서 저는 "정치 풍향에 흔들리지 말자", "터놓고 토론하여 현실적이고도 미래지향적인 정책을 만들어가자", 그러면서 '가운데 중심(中心), 무게 중심(重心)'을 강조했지요. 심지어는 "대한민국에는 노동부가 있다", "우리가 2004년 노동부에 몸담고 있었음을 당당하게 이야기할 수 있도록 하자"고 지극히 당연한 말에 힘까지 주곤 했습니다.

II 법과 원칙의 효용성

노동행정의 정도는 법과 원칙입니다. 그리고 노사관계를 풀기 위해서는 대화와 타협이 중요한데, 대화의 양 상대인 노사가 법과 원칙 내에서 대화가 타협으로 이어질 수 있도록 분위기도 조성하고 지원하는 것이 기본입니다. 만일 법과 원칙에서 일탈할 때 정부가 분명하게 조치를 취해왔다면 이렇게까지 힘들지는 않았을 거라고 생각합니다. 결과적으로 보면 정부가 제 역할을 하지 못한 잘못이 크지요.

최영기 거기에는 한국의 특수성도 작용하고 있다고 봅니다. 노동법 개정 과정에서 정부가 노동조합의 버릇(practices)을 잘못 들인 측면이 있습니다. 1987년 정치민주화가 이루어질 때 차라리 글로벌 스탠더드에 부합하는 노동기본권을 다 풀어주고 정부가 노동법 개정의 부담으로부터 빨리 벗어나는 게 오히려 나았을 것이라고 봅니다.

노동조합을 견제하려는 의도를 갖고 노동법 개정을 10년씩이나 자꾸 지연시켰다는 점에서 정부도 떳떳치 못했던 거죠. 노동조합도 이 과정에서 노동기본권을 확보하려면 정부를 상대로 투쟁해 쟁취하는 방법밖에 없다는 생각을 하게 된 것이죠. 우리가 OECD 기준으로 노동기본권을 어느 정도 보장했다고 보는 시기가 1998년쯤으로 여겨집니다. 그때도 교원·공무원의 단결권 보장을 갖고 노동조합과 교섭하고 타협을 했습니다.

노사정위원회 타협 내용을 보면 핵심적으로 정부가 양보하는 것이 노동기본권을 내주는 것이었습니다. 노동운동 입장에서 보면 자기들은 노동시장 유연성(정리해고의 요건 완화와 파견근로제의 도입 등)을 내주는 대신 노동기본권을 얻어온다는 인식을 갖게 되니까 뭔가 억울한 생각이 드는 것이죠.

김대환 좀 더 엄밀하게 말한다면 당시 노동기본권 문제는 정부와 노조가 아니라 정치권과 노조 사이의 사안이었지요. 노동기본권은 지극히 당연한 것인데 과거에는 정치적으로 억압당해 있었던 거죠. 그러니 정치적인 이슈가 되고 새로운 정권이 노동기본권의 족쇄를 풀어주니 실무를 하는 정부가 따라잡기에 바빴지요.

이후 노조는 교섭을 하면서도 정치권을 자꾸 노크해왔습니다. 그러다 보니 노동행정이 제자리를 잡지 못했고, 노사관계도 다른 나라에서는 없는 노정관계, 노정갈등으로 표현돼온 겁니다. 정부가 과거 정치권의 업보를 그대로 달고 갈 필요는 없습니다. 실제로 정권의 교체와는 무관하게 정부는 행정의 기본원칙을 고수하고 지켜나가야 합니다.

직업공무원으로서 어려움이 없지는 않겠지만 정부는 물론이고 사용자 단체, 노조 모두가 정권의 변화에 흔들리지 않고 각자의 정도를 걷는다면 노사관계는 지속가능한 발전의 길로 이어질 겁니다.

말로만 '법과 원칙' 외칠 뿐

윤기설 불법 정치 파업이 우리나라에서는 밥 먹듯이 일어나는데, 정부는 말로는 법과 원칙을 강조하면서 실제로는 뒷짐을 지는 경우가 많습니다. 이것이 정치 논리에 따른 포퓰리즘(인기영합주의) 아닌가요? 그렇지 않다면 현실적으로 정치 파업을 제재하기 힘들어서 그런 건가요?

김대환 정부가 불법 파업에 대해서는 분명하고도 단호한 조치를 취해야 하는데 그동안은 그때그때 무마하고 넘어가기에 급급했던 것 같습니다. 그러다 보니 계속 불법 파업이 관행처럼 이어져왔는데, 그런 잘못된 관행에 대해선 정부가 엄정하게 대응을 해야 합니다. 정치적 부담은 있겠지만 기본적으로 필요한 거지요.

노동부 장관 시절 민주노총에서 이라크 파병과 관련해 총파업을 한다고 선언한 적이 있습니다. 그때 기자회견을 자청해서 "명백히 불법적인 정치 파업이므로 끝까지 추적해서 응분의 책임을 묻겠다"고 법적 처벌 의지를 천명했습니다. 그 일로 노동계만이 아니라 진보를 자처하는 사람들로부터도 엄청 욕을 얻어먹었지만, 그렇게 하고 나니까 민노총은 파업에 못 들어갔습니다.

노동계가 정치적인 의사를 밝히는 것은 자유지만 파업을 그 수단으로 삼는 것은 불법이기 때문에 정부가 명시적으로 경고를 하는 것이 필요하다고 판단한 겁니다. 아마도 이것이 계기가 되어 그 이후로는 노조의 파업에 대한 태도가 '일단 붙고 보자'에서 '불법이냐 합법이냐를 고민하자'로 바뀌게 되었다는 얘기를 들었습니다.

윤기설 2007년도 봄 한미 FTA 협정 반대 범국민운동본부 대표단이 미국에 가서 시위를 했던 모습은 두고두고 노동 현장에서 회자되고 있습니다. 현지 고문변호사가 "미국에선 시위를 할 때 폴리스 라인을 넘으면 경찰이 발포하니 조심하라"고 경고하자 질서정연하게 시위를 하더라는 겁니다.

그런데 한국에 돌아와서는 돌 던지고, 화염병 던지고, 다시 과격해지지 않았습니까. 이러한 형태는 결국 법과 원칙, 즉 공권력이 실종된 때문이 아닌가 싶습니다.

김대환 그러니까 정부의 태도를 보면 그런 의심이 들 지경이지요. 과거 노동탄압의 정치, 그리고 이후 정치권의 인기영합주의적 행태는 법과 원칙의 현실적 입지를 좁힌 겁니다. 법과 원칙을 내세우면 보수이고, 법과 원칙을 벗어난 대화와 타협은 진보라는 이런 지극히 잘못된 구도가 지속되어온 겁니다.

대화와 타협은 중요한 것이지만 정부가 법과 원칙을 지키는 역할은 분명히 해야 합니다. 노사가 타협을 하면 당연히 존중을 해야겠지요. 그런데 담합을 할 수도 있잖아요. 그것이 불법이면 정부가 본연의 역할을 해야지요.

최영기 전적으로 동의합니다. 맞는 말씀인데요……. 양수길 대사가 OECD 재직 중에 귀국해서 노동 전문가들과 자리를 함께한 적이 있습니다. 그때 "노동조합 간부들 구속 좀 시키지 마라. OECD에서 창피해 죽겠다"고 하더군요. 그래서 통계를 보니까 민주화된 이후인 YS 정부에서도 연평균 200명의 노조 지도자들이 구속됐습니다.

DJ 정부나 참여정부에서도 변화가 없습니다. OECD 기준으로 보면 노조 지도자들이 노동운동을 하다 구속되는 것은 매우 이례적인 일인데다 100명, 200명 구속된다는 것은 상상도 못 한다는 겁니다. 그것을 해명하려면 구체적인 불법사례들을 구구절절 얘기해야 하는 겁니다. 그것도 매년 반복적으로 일어나니까 밖에서 보면 "대한민국 노조는 유난히 불법적인 운동을 하는 노동조합이냐? 아니면 정부가 노동조합을 괴롭히는 것이냐?" 하고 따지게 되는 것이죠.

앞서 거론되었듯이 이라크 파병 문제라든가 FTA 반대 파업 같은 것들은 명백히 정치 파업이고 파업 절차를 제대로 밟지 않은 불법 파업이라고 생각합니다. 이런 것을 법으로 다스리는 과정에서 인신구속이 발생하고, 이것이 국제적으로 자꾸 논란이 되니까 민사상의 손배·가압류를 많이 활용하게 됐습니다.

이런 일이 20년 가까이 계속되는데도 왜 반복되고 있는지, 정부가 엄격히 다루지 못해서 반복되는 것인지, 언제쯤 되어야 불법과 폭력을 불사하는 노동운동에서 벗어나게 될지 참으로 걱정스러운 상황입니다.

노사안정의 비결은 법과 원칙

윤기설 이명박 정부 들어서 법과 원칙을 강조한 뒤 그나마 노사 문제가 조금 달라지고 있는 느낌입니다. 지난 정권 때는 툭하면 불법 파업과 농성이 줄을 잇지 않았습니까? 지난 2005년 천성산을 관통하는 경부고속철도 터널 공사를 반대하면서 벌인 지율스님의 단식 농성은 이 나라에 얼마나 무분별한 투쟁이 넘쳐나는지를 단적으로 보여주는 예입니다.

미국에서는 환경운동가가 개발에 반대하며 철로 위에 누운 채 농성을 벌이다가 다리만 잘린 사건이 일어났던 일이 있습니다. 그런데 이 환경운동가는 다리가 잘린 채로 경찰에 업무집행 방해죄로 구속이 되었다는 겁니다. 우리나라에서 이런 일이 일어났다면 아마도 시민단체들이 들고 일어났을 겁니다. 결국은 법과 원칙을 제대로 적용하지 않기 때문에 불법 파업, 불법 시위가 끊이지 않는다고 봐요.

김대환 그것은 과거에 우리가 기본권을 법적으로 제한했을 뿐만 아니라 정치적으로 탄압한 역사가 있으니까 그 이후에 법과 원칙을 제대로 집행하는 것이 현실적으로 힘들었을 뿐만 아니라 정치적으로도 연관이 되었지요. 그런 게 문제였던 겁니다.

이런 상황을 저도 충분히 인식하고 있었어요. 그래서 제가 장관에 취임하면서 "불법 파업의 악습을 끊어놓겠다"고 공언했습니다. 처음에는 힘들었지만 조금 지나자 긍정적인 영향으로 나타난 것이 사실입니다. 장관 부임 첫해인 2004년 당시 파업이 460여 건으로 증가하면서 불법 파업 건수도 58건이나 되었습니다. 다음 해인 2005년도에는 파업 건수가 280여 건으로 줄어들었고 불법 파업은 10건으로 대폭 감소되었습니다. 정부가 제대로 역할을 한 때문이기도 합니다. 하지만 법과 원칙이 정치적 탄압이나 보복을 위해 악용되면 절대 안 되지요. 그야말로 법과 원칙은 엄정하게 다루어져야 합니다.

최영기 저는 분규 건수보다 분규로 인한 손실일수가 더 중요하다고 봅니다. '근로자 1,000명당 파업으로 인한 근로손실일수'를 보면 2003년도인가 한 번 올라가고 그 이후로는 떨어지는 추세입니다.

건수로 보면 산별 노조가 연대파업을 벌이면서 늘어났는데 근로손실일수는 현저하게 줄어들었어요. 지금은 어떻게 보면 질서가 잡혀가는 추세라고 봅니다.

김대환 근로손실일수는 파업 건수의 증가에도 불구하고 2004년부터 감소 추세로 돌아서 대체로 안정적인 하향 추세를 보이고 있습니다. 참여정부에서 구속자는 정규직, 비정규직을 불문하고 폭력과 관련된 사람들이거나 비리를 저지른 노조 간부들입니다.

노동계에서는 불법과 폭력 사실은 숨긴 채 그 숫자만을 국제사회에 퍼뜨려 마치 정부가 노동탄압을 하는 것처럼 선전하고, 역으로 이것을 가지고 정부에 대해 정치공세를 펴곤 했지요. 그래서 제가 e-메일을 통해 실상을 국제사회에 적극적으로 알리는 조치를 취했던 것입니다.

과정과 상황을 잘 알지 못하는 상태에서 국제기구들마저도 노동운동에 대한 우리나라의 법 집행에 문제가 있는 것처럼 생각하고 있었지요. 그래서 앞에서도 말한 바와 같이 퇴임 후 OECD를 방문해서 TUAC 관계자들을 배석시켜놓고 그 실상에 대해 자세하게 설명해 OECD 사무총장의 동조를 끌어냈습니다. 법이 미흡하거나 잘못되었다면 개선하거나 고쳐야 하고, 그렇게 하는 것이 '법과 원칙'의 정신에 충실한 것이라고 할 수 있습니다.

외국서 불법 파업은 형사처벌의 대상

윤기설 회사 측의 일관성 없는 대응도 노사관계를 해치는 요인입니다. 우리 기업들의 경우 파업이 끝나면 파업기간 중 '노워크 노페이(No work, No pay : 무노동 무임금)' 원칙을 지키지 않고 타결 축하 장려금이나 생산 장려수당 등의 명목으로 임금을 보전해주는데, 이런 무원칙이 불법 파업을 부추기는 측면이 많습니다.

3년 전에 미국 GE를 방문했을 때 노무 담당자가 들려준 얘기는 아직도 귀에 생생합니다. "당신들은 노무관리를 어떻게 하느냐?"하고 물었더니 "세 가지 원칙을 갖고 대응한다"고 말하더군요. '단호하게, 일관성 있게, 공평하게'. 현장에서 일관성 없는 노무관리는 신뢰만 잃게 하고 노사분쟁의 씨앗으로 작용합니다.

김대환 그렇지요. 그런 문제는 기업 단위 노사 간의 충분한 협의와 이해를 통한 동의가 필요합니다. 그런 면에서 대화라는 것은 1차적으로 노사 간에 필요하면서도 제도 면에서는 정부와 노사 그리고 관련 이익단체가 결합이 되어야 하지요. 그런데 기본적으로는 지켜야 할 법과 원칙이 일관성 있게 지켜지게 하는 것이 중요하지요.

최영기 노조의 불법 파업에 대한 견제 방법은 업무방해죄로 형사고발하는 것과 민사상으로 손해배상을 청구하는 것인데요. 업무방해죄라는 것이 100년 전에 프랑스에서 개발되어 일본을 통해 우리나라에 들어왔다고 합니다. 외국에선 사문화된 법인데 우리는 아직 활발하게 쓰이죠. 외국에서 주로 활용하는 방법은 민사상으로 손해배상을 청구하는 것 같습니다.

김대환 불법 파업에 의한 점거는 외국에서는 형사 사안입니다. 일단 퇴거 명령을 내립니다. 퇴거 명령에 불응하면 형사사건으로 넘어가지요. 그런데 우리는 그게 잘 안 돼요. 일단 고발을 해야 하고 사법부의 처분을 받고 하는데, 이건 우리의 법에 따른 것입니다.
법과 원칙이 제대로 작동하지 못하니까 문제가 되는 겁니다. 합법적인 파업에 따른 노무 거부 수준을 넘는 과격 행위는 스스로 자제하는 것이 바람직하지만, 그렇지 못할 경우 법과 원칙에 의해 단호한 조치가 취해져야 합니다.

최영기 OECD 국가에서 불법 파업 자체가 인신구속으로 이어지는 경우는 흔치 않습니다. 폭력 행사에 대해서는 더 엄격하지만 말이죠. 그런데 최근에는 회사 양해하에 불법을 하는 경우도 있더군요. 노사 담합에 의한 불법 파업이라고 할까요. 전국 집회가 있을 때 회사 양해를 구하고 일정 인원을 집회에 참여시키는 방식입니다. 예를 들면 '한미 FTA 반대 파업'이라고 걸어놓고 회사가 '인정한' 범위 내에서 파업 형식을 취하는 겁니다. 노조의 체면을 세워주기 위한 고육지책이겠지요.

김대환 그러한 경우에는 회사가 원칙을 지켜야 합니다. 파업의 주된 목적이 명백하게 합법이 아니라면 회사는 그러한 노조의 요구에 응하지 말아야 하죠. 그걸 빌미로 노사관계가 거북해지는 것을 두려워하기도 하는데, 회사 내에서 원칙을 세워놓은 뒤 하면 안 된다는 것을 밝히면 문제 될 게 없다고 봅니다.

장관 재임 중에 GS칼텍스와 대구지하철에서 파업이 발생했는데, 회사 측은 정부의 눈치를 살피는 것 같더군요. 그래서 사용자들에게 "법을 지키고 원칙대로 해달라. 그러나 불법적으로 하면 노사를 막론하고 엄정하게 대응할 수밖에 없다"고 했죠.

GS칼텍스 회장은 어려움을 겪으면서도 원칙을 지켜줬지요. 조건부 직권중재의 조건을 노조가 어겼기 때문에 당연히 직권중재에 회부되었고, 사용자의 원칙적인 대응으로 우여곡절은 있었지만 큰 문제 없이 파업이 종결되었습니다.

강성노조가 변한 까닭은?

윤기설 저도 GS칼텍스 분규가 끝난 후 취재를 간 적이 있었는데, 그곳에서 현장 노조원 두 명을 인터뷰할 기회가 있었습니다. 20여 일간 지속된 불법 파업에 얼마나 신물이 났으면 더 이상 노조활동을 하지 않겠다는 생각을 했다고 하더군요. 대의원들의 압도적 찬성으로 민주노총을 탈퇴한 것만 봐도 이 회사 노조의 분위기를 읽을 수 있습니다. 경제학 책에도 나오지 않습니까? 사람은 결국 인센티브에 의해 움직인다고. 노동운동도 그런 것 같아요. 불법 파업에 대해 법과 원칙으로 대응하면 파업을 할 인센티브, 즉 효용가치가 줄어드는 셈이죠.

김대환 대구지하철 분규는 88일을 갔습니다. 그때도 같은 얘기를 했어요. 법과 원칙을 제대로 지키면 지원하고, 그렇지 않으면 노사 할 것 없이 엄정하게 대응을 하겠다고요. 88일 파업 기간 중 한 달째 봉급이 안 나가고 두 달째 봉급이 안 나가고, 그러다 보니 석 달째 되어서도 분명히 안 나올 거다, 그런 생각이 들면서 하나 둘씩 복귀를 한 겁니다.

윤기설 노동운동이 바뀌거나 노사관계가 달라진 사업장들을 보면 강경투쟁 다음에 법과 원칙을 철저하게 지킨 사업장들입니다. 지금은 상생의 노사문화가 정착된 현대중공업을 비롯해 삼호중공업, 두산중공업, GS칼텍스, 효성, 태광산업 모두 마찬가지입니다. 노조의 불법투쟁에 회사가 법과 원칙으로 대응하면서 얻을 게 없다는 걸 깨달은 것이죠.

김대환 대구지하철 분규 중 마침 추석 명절이 되어 고향에 내려갔다가 그 현장에 가봤어요. 그런데 시민들이 지나가면서 경상도 말투로 "미친 놈들 또 지랄한다" 그러는 겁니다. 그때도 시장에게 시간이 걸리더라도 법과 원칙을 지켜달라고 했고, 그분은 끝까지 그렇게 해 진통 끝에 자진복귀가 이루어졌어요. 그러다 보니 시장의 인기는 없어졌겠지요. 그 다음 시장 선거에 불출마 선언을 해 미안한 생각이 들더라고요.

최영기 현대자동차가 노조를 너무 규율하지 못한다는 말들을 하잖아요. 여기에는 경영 스타일도 있고 사업장의 특성도 있습니다. 현대자동차가 끊임없이 성장하면서 어떻게 보면 생산극대화, 즉 생산제일주의가 경영의 1차 목표였던 거지요.

지금 당장 노사관계를 바로잡는 것보다는 생산 목표 달성을 통해 마켓셰어를 확대하는 게 더 중요하다는 입장이죠. 그러나 큰 불황에 처했을 때, 자동차 수요가 크게 줄었을 때, 그 상황에서는 회사 측에서도 뭔가 적극적인 액션을 취할 수 있겠지요. 노사관계를 바로잡기 위해서는 1~2년 정도 투자하겠다, 이런 생각을 할 수도 있다고 봅니다. 물론 쉬운 일은 아니겠지요. 최고경영자들도 노사관계 고치려다 회사를 거덜내는 것이 아닌가 하고 겁이 나지 않겠습니까?

고용 없는 성장, 그 해법은?

12

윤기설 요즘 들어 우리 노동시장은 경제가 성장해도 고용이 창출되지 않는 고용 없는 성장으로 가고 있습니다. 여기에 경기침체가 지속되면서 일자리가 갈수록 줄어들고 있는 실정입니다. 2009년 상반기 일자리는 14만 개나 줄어들어 외환위기 이후 최고치를 기록했습니다.

제조업의 경우 전년 동기 대비 취업자가 15만 7,000명이나 감소했습니다. 제조업에 이어 도소매업, 음식·숙박업의 일자리도 급감하고 있고요. 고용 없는 성장을 극복할 묘책은 없습니까?

김대환 경제가 발전하면서 성장의 고용 유발 효과가 점차 감소하는데, 이러한 감소 효과가 매우 크게 나타나는 현상을 '고용 없는 성장', 그렇게 표현하고 있지요. 특히 최근 들어 기술 발전, 산업구조의 고도화, 국경 없는 세계화, 이런 것들이 맞물리면서 성장은 이루어지더라도 고용은 그다지 증가되지 않는 현상이 두드러지게 나타나고 있습니다. 따라서 성장에만 고용을 의존할 수 없는 상황에서 고용 패러다임도 바꿔야 하는 시점이 되었다고 생각됩니다. 투자를 통한 고용 효과가 과거에 비해 현격하게 줄어들고 있기 때문에, 기존의 경제 규모를 늘리는 성장을 통해 유효수요 부족 실업을 줄이는 노력을 멈출 수는 없습니다만, 여기에 구조적 실업이나 마찰적 실업을 줄이는 노력이 동시에 이루어져야 합니다.

유효수요 부족 실업과 관련해서는 서비스 산업이 고용창출 효과가 크기 때문에 한편으로는 산업 구조가 부가가치가 높은 서비스 산업으로 넘어가야 하는 것은 당연하지만, 그렇다고 해서 간과해서는 안 될 문제가 있어요. 우리나라 제조업이 외국으로 상당히 많이 빠져나갔습니다. 수출 기반 확대라는 점에서는 긍정적이지만, 제조업 분야의 고용창출 효과가 그만큼 외국으로 유출된 셈이지요. 중국의 경우만 하더라도 현지 한국 기업체에 100만 명 정도가 고용되어 있습니다.

최근 제조업의 해외 유출이 갖고 있는 메리트가 떨어지고, 국내에서도 제조업에 대한 인식이나 중요성이 부족한 실정입니다. 하지만 고용 문제와 관련해 제조업 투자에 대한 정책적인 지원이 보다 강화되어야 할 것이라고 봅니다.

기존의 저가 제품으로는 경쟁할 수 없으니까 제조업의 고부가가치화와 더불어 고용을 늘리고 기술인력과 제조인력도 늘리는 그런 전략이 필요합니다. 일본의 경우 과거에 해외에 나갔던 기업들이 다시 돌아오는 현상이 나타나고 있습니다. 우리도 아직은 적은 수이긴 하지만 이런 문제에 대해서도 관심을 가져야 할 것입니다.

윤기설 그렇다고 해외진출 기업을 다시 불러들여 고용 문제를 해결하는 데는 한계가 있지 않습니까? 좀 더 효율적인 고용증대 방안은 없을까요?

김대환 고용을 늘리기 위해서는 투자를 늘려 성장만 하면 된다는 그런 기존 패러다임은 실효성이 떨어집니다. 그렇게 하더라도 고용증대에 한계가 있으니까요. 구조적 실업이나 마찰적 실업을 줄이는 데에 역점을 두고 고용정책이 실행되어야 합니다. 이를 위해서는 무엇보다도 직업훈련, 즉 향상훈련과 배양훈련을 통해 구인과 구직을 매치시키는 데에 역점을 두는 방향으로 가야 합니다.

또 실제로 노동시장에서 정보의 흐름이 불완전하기 때문에 그로 인한 실업, 그런 문제점도 있습니다. 물론 지금 고용지원센터가 그런대로 역할을 하고 있지만, 앞으로는 구인과 구직을 필요로 하는 사람들에게 보다 더 원활하게 정보가 전달되고 유용하게 활용될 수 있도록 고용서비스를 지속적으로 확대하고 개선하는 것도 중요합니다.

최영기 장관님께서 고용 없는 성장과 대책에 대해 전반적으로 설명을 해주셨는데, 항목별로 좀 더 자세히 토론해볼 필요가 있습니다.

먼저 고용 없는 성장은 비단 우리나라만이 아니라 1990년대 이후 OECD 국가의 공통된 현상인 것 같습니다. 기술 변화가 큰 작용을 하고 있다고 봅니다. 이를 더 가속화시킨 요인은 1980년대 이후 세계 경제에 신규 노동력의 대량 진입입니다. 중국, 러시아, 동구권 등 사회주의 경제권이 시장경제로 넘어오고, 인도, 브라질 등 신흥경제권의 개발이 본격화되면서 15억 내외의 신규 노동인력이 대량 유입되었습니다. 이들이 한편으로는 상품시장이 되면서 또 다른 한편으로는 중요한 노동 공급의 원천이 되었기 때문에 세계적으로 일자리 경쟁이 치열해지고 있는 것이 최근 20년의 흐름입니다.

한국 경제는 이미 주요 산업이 성숙 단계에 진입한데다 특히 '중국 쇼크'에 더 영향을 받고 있습니다. 일자리 창출 능력이 가장 위축된 곳은 제조업 분야로, 1989년 우리나라 제조업 취업자 비중이 27.8%로 역사상 가장 높았는데, 2008년에 이르면 17.3%로 10%포인트 정도 감소합니다. 이는 그동안 좋은 일자리를 제공했던 제조업의 고용창출 능력이 급격히 떨어지고 있는 현상으로, 우리가 겪고 있는 고용위기의 한 단면을 여실히 보여줍니다.

좋은 일자리, 갈수록 감소

윤기설 일자리 보고(寶庫)였던 제조업에서의 고용창출 효과가 급격히 떨어지면서 고용 없는 성장은 갈수록 심화되는 느낌입니다.

최영기 그렇죠. 외환위기 이후에 고용위기를 한 번 겪고 나서 그 후유증이 채 가시기도 전에 2003년 소위 신용카드 대란으로 또 한 번 고용위기를 겪었습니다. 고용위기는 지난 10년간 계속된 현상입니다. 특히 외환위기의 충격이 컸습니다.

구조조정이 최고조에 달했던 1998년 한 해에만 127만 명의 고용 감소가 있었습니다. 이때의 고용 충격을 아직도 완전히 회복하지 못하고 있는 상태입니다. 2009년 다시 고용쇼크를 겪었습니다.

윤기설 기업들이 비용을 한 푼이라도 더 절감하기 위해 중국으로 나가고 값싼 부품이나 소재를 외국으로부터 사들이다 보니 그런 현상이 나타난 게 아닌가 싶습니다. 대기업들은 IMF 때 분사도 많이 했습니다. 디슨트 잡(Decent Job : 괜찮은 일자리)이 줄어든 이유 중 하나도 대기업들이 분사를 하면서 일자리가 줄어든 때문이라고 봅니다. 그리고 산업구조 변화만이 아니라 경영전략상의 변화가 맞물리면서 그런 현상을 가져온 것으로 여겨집니다.

김대환 그렇지요. 경영의 차원에서 흔히 "경쟁력 제고를 위해 이노베이션(innovation)을 통해 비용을 절감하라"고 말합니다. 물론 그것이 필요하다는 것은 두말할 나위가 없지요. 하지만 한국 경제가 IMF 사태 이전까지는 지속적으로 확대되는 추세였기 때문에 그 과정 속에서 이노베이션이 병행되지 않거나 일부 추진되는 도중에 IMF 위기를 맞았고, 그러다 보니 대기업들도 임금 한계에 도달했다고 보여집니다.
IMF 사태를 겪으면서 대기업들이 고용조정, 즉 이노베이션에 집중했지요. 감원과 타이트한 인력관리를 통한 경영혁신 같은 것 말입니다. 물론 조직개편이나 기술혁신도 병행되었습니다만 구조조정 방식 가운데 수량적 조정, 그 중에서도 고용조정에 의존한 것이 사실입니다.
그러나 지금 이 시점에서는 우리 노동시장이 크게 변화했고 고용 문제가 심각해졌기 때문에, 과거처럼 그런 방식을 되풀이할 것이 아니라 변화된 현실에 따라 고용 문제를 보다 심각하게 인식하고 사회경제 정책의 초점도 고용에 두어야 할 겁니다.

최영기 1998년 고용쇼크 이후 기업의 채용 관행이 크게 변한 게 사실입니다. 신규채용을 타이트하게 조절할 뿐만 아니라 채용 방식도 중도 채용으로 바뀌어갔습니다. 경력자를 우대하는 것이죠. 신규 인력에 대한 교육·훈련 비용을 줄이고 시장에서 검증된 사람 위주로 뽑는 겁니다. 대학생들이 스펙을 쌓고 취업 사교육에 많은 투자를 하는 것은 이 때문입니다. 고용 형태면에서도 최근에는 핵심역량 부문은 정규직을 채용하는 반면에 비핵심적인 업무에는 다양한 형태의 비정규직이나 아웃소싱과 사내하청 같은 간접고용을 많이 활용하고 있습니다.

이제는 비정규직도 35%가 될 정도로 많아졌습니다. 자기 회사 내에 또 다른 회사가 들어와 있는 사내하청이 많이 늘었고 아웃소싱도 일반화되었습니다. 이러한 유연한 고용 관행은 일반 근로자 입장에서 보면 전반적인 고용불안인 것이고, 고용불안은 바로 고용위기로 인식되는 게 아닌가 싶어요. 그래서 일자리 자체가 부족한 것도 큰 문제지만 주관적으로 체감하는 고용 위기감이 지난 10년간 크게 고조되었습니다.

사라지는 평생직장

윤기설 청년실업이 늘어난 것은 기업들이 경력직을 우선 채용한 것도 한 요인이라고 봅니다. 노동연구원 자료에 따르면 경력자 채용 규모가

1997년 43%에서 2003년 70%로 늘고 지금은 80%대 수준에 달하고 있는데, 이러다 보니 상대적으로 청년 실업이 높아지고 있는 겁니다. 좋은 일자리로 꼽히는 30대 대기업과 공기업 금융업 취업자 수는 1997년에는 158만 2,000명이었는데 2004년에는 131만 명으로 7년 동안 27만 2,000명이 감소했습니다. 300인 이상 대기업 취업자들 가운데 청년층 비중이 1996년 36.7%로 세 명 중 한 명이었는데 2003년에는 25.2%로 네 명 중 한 명꼴로 줄어들고 있습니다. 정말 고용시장이 급변하고 있습니다.

최영기 이 같은 실태는 상당 부분이 제조업의 고용위축으로 인해 생긴 것으로 보입니다. 또 기업의 경영전략이 외형 확대에서 수익성 제고로 바뀌고, 사람보다는 재무적 건전성을 중시하는 경영 패러다임이 확산되면서 고용위기를 가중시키고 있다고 생각합니다.

간접고용이나 비정규직 형태가 늘어난 것도 체감 고용위기를 높이는 데 상당히 기여하고 있습니다. 고용의 양적 감소만이 아니라 질적 악화가 지금의 고용위기를 가중시키는 원인이 되는 셈이죠.

김대환 선진국의 경우를 보더라도 고용의 형태와 관행이 아주 다양해지고 있고, 우리도 흔히 '고용' 하면 떠오르는 '평생직장'의 시대는 지나가고 있어요. 고용 형태의 다양화 현상을 과거 평생직장이나 정규직 고용의 관점에서 본다면 이건 매우 도전인 것이지요.

이제 한 직장에 정년까지 고용을 보장받는 것은 점차 예외적인 경우가 되어갑니다. 따라서 고용 형태의 다양화가 개인적인 입장에서 고용불안을 가져오는 것임에는 틀림없어요. 그렇다고 해서 이 상황에서 기업들에게 정규직 형태의 고용만 요구한다면 지금보다 더 고용위축 현상이 나타날 수도 있습니다. 이러한 변화된 상황하에서는 변화된 인식과 변화된 처방이 필요합니다.

기본적으로 우리가 과거 정규직 위주로 평생직장이라고 생각하던 고용 개념이 이제는 원하든 원치 않든 바뀌어야 할 시점에 온 겁니다. 생애주기를 통해 직장은 물론 직업을 바꾸어가며 살아가야죠. 그때그때 필요한 직업훈련을 통해 그 시대적 환경에 맞추어 직업도 바꾸고 직장도 옮기고, 그렇게 움직여야 하거든요.

우리 세대만 해도 대체로 자신이 배운 한 가지 지식이나 기술을 가지고 업그레이드하면서 한 직장 내에서 근무하다 퇴직할 수 있었지만 젊은 세대들은 이제 그런 것을 기대할 수가 없게 됐어요. 평생직장의 개념 자체가 지금 과도적으로 흔들리고 있기 때문에 고용불안이 매우 심한데, 그럴수록 새로운 시대와 변화된 시장에 맞는 노동시장 마인드, 고용정책 마인드가 요구됩니다.

윤기설 앞에서 고용의 질에 대한 언급이 있었는데요. 지금 우리나라 비정규직이 36%(540만 명)입니다. 여기에 임시일용직 수준의 취약근로자 300만 명을 합치면 약 840만 명이 제대로 된 대접을 못 받는 열악한 조건에 있는 근로자들이거든요. 비율로 따지면 50%를 넘는 셈이죠. 그런데 여기에 100인 미만의 영세사업장 근로자까지 합친다면 제대로 된 직장을 갖고 있는 근로자 비율은 많지 않습니다.

최영기 그렇지요. 지금 말씀하신 대로 전체 취업자가 2,400만 명 정도 되고 임금근로자는 1,700만 명 정도 됩니다. 이 중 900만 명이 제대로 된 일자리를 갖고 있고 나머지는 비정규직이거나 영세사업장 근로자들입니다. 그리고 700만 명 정도가 자영업자·무급가족 종사자들인데, 우리나라 자영업은 아주 영세합니다. 때문에 자영업 일자리도 제대로 된 일자리로 보기 어렵거든요.

특히 외환위기 이후 지난 10년간 지속적으로 자영업이 사양화되어왔기 때문에 자영업자들의 고용의 질이 정규직 근로자들에 비해서는 훨씬 낙후된 상황이지요. 고용보험·산재보험이 있는 것도 아니니 사회안전망의 사각지대에 있는 것이죠.

결국 괜찮은 일자리라고 하는 것이 전체 일자리의 3분의 1 정도 되는 것이지요. 이런 구조에서 또 한 번의 고용위기가 가중되고 있으니까 심각한 문제입니다. 따라서 단순히 투자를 늘리고 성장률을 높인다고 해서 이 같은 고용위기를 극복하기는 어려울 거라고 생각합니다. 일자리 구조에 대한 대대적인 변화와 혁신을 기해야 할 때입니다.

윤기설 새로운 일자리가 매년 20~30만 개 정도 창출되는데, 이 일자리의 대부분이 고용의 질이 낮은 사회적 일자리입니다. 2008년의 경우 사회적 일자리가 11만 개 정도 창출됐는데 올해에는 15만 개가 넘는 일자리가 사회서비스 분야에서 만들어질 것으로 노동부는 예상하고 있습니다. 지자체의 일자리까지 합치면 사회적 일자리가 연간 20만 개 이상은 생겨난다는 겁니다. 그만큼 새로 창출되는 일자리 중 제대로 된 일자리가 없다 보니 고용 양극화가 심화되고 있는 겁니다.

김대환 그렇죠. 심각한 것이 사실이고 현실입니다. 전체 취업자 중 3분의 1 정도가 자영업 내지는 무급가족 종사자들이고, 나머지 임금근로자 가운데 3분의 1가량이 비정규직 근로자들입니다. 이러한 구성 자체만 보더라도 구조적으로 문제가 있는데, 자영업자와 비정규직의 경제적 지위가 계속 하락하고 있기 때문에 양극화가 매우 심각하게 진행되고 있는 실정입니다. 그런데 자영업이나 비정규직을 각각 하나로 뭉뚱그려 본다면 문제를 제대로 보기가 힘듭니다. 자영업이나 비정규직도 천차만별입니다. 그래서 구체적으로 다양하게 파고들어가서 봐야 합니다. 매크로 폴리시(Macro Policy : 거시적인 정책) 차원의 고용정책만으로는 해결은커녕 문제의 심각성을 제대로 파악하기에도 부족합니다. 그래서 자영업자나 비정규직 문제도 한 덩어리로 볼 것이 아니라, 그 내부의 다양한 구성과 차별적인 성격을 고려해 각각에 대해 맞춤형 정책을 펴는 것이 필요합니다. 물론 전체적인 노동시장의 구조와 상황, 그리고 그 변화도 감안해서요.

사회안전망―
유연성―직업훈련

윤기설 맞춤형 정책이라고 하면 구체적으로 어떤 것을 말하는 겁니까?

김대환 현재 비정규직 보호도 거시적인 차원에서 차별 시정에 초점이 맞춰져 있는데, 그것도 중요하긴 하지만 고용 형태나 직종이 천차만별이므로 그에 맞추어 차이가 나는 보호정책이 실시되어야 실질적인 지원이 된다는 의미입니다.

자발적인 비정규직은 논외로 치더라도, 비자발의 경우는 직종에 따라서 전업 쪽에 초점을 맞추는 것이 필요하죠. 자영업 쪽도 마찬가지고요. 현행 비정규직 관련법에 대해서 논란이 있지만, 차별시정의 기본 취지는 매우 중요합니다. 그렇다고 그것만으로는 충분하지 않지요.

고용 문제에 보다 유효하게 대응하기 위해서는 일자리 정책을 펼칠 때 사회안전망을 우선 고려할 필요가 있습니다. 흔히 선진국에서 거론하는 정책들 대다수가 다음 세 가지를 포함하고 있습니다. 적극적인 노동시장 정책과 노동시장의 유연화, 그리고 사회복지 정책, 즉 사회안전망 확충이 반드시 같이 가고 있습니다. 고용 문제는 이렇게 보다 종합적으로 접근하는 것이 옳습니다.

최영기 이번 고용쇼크가 외환위기 당시처럼 대규모 실업대란은 아니지만, 지금 전망으로는 2009년도에는 고용창출이 아니라 15만 명 정도의 고용감소가 예상되었습니다. 1차적인 피해 집단이 청년 실업자들입니다. 기업들이 대량해고를 자제하는 대신 일자리 나누기나 임금 삭감, 근로시간 단축 등을 통해 위기를 극복하고 있기 때문에 2010년 경기가 회복된다 하더라도 신규 고용창출은 쉽지 않을 것으로 예상됩니다. 지난 외환위기 당시에는 1999년 이후 경기가 V자로 회복되고 IT 붐이 일어나면서 청년 일자리가 급격히 증가했습니다. 그러나 이번에는 그런 출구가 안 보인다는 것이 문제지요. 1~2년 내에 경기가 회복된다 하더라도 이는 쉽게 해결되지 않을 겁니다. 청년실업이 몇 년 누적되고 나면 과연 어떤 실업 대책이 효과가 있을까 걱정입니다.

또 다른 문제는, 지난 외환위기 때는 대기업에서 비교적 고용지위가 높은 사람들이 해고되었지만 이번에는 자영업자, 임시직같이 저축이 없고 취업 경쟁력이 떨어지는 사람들이 실직을 하고 있습니다. 이들은 노동시장에서 퇴출된 이후에 재기가 어려운 집단으로 장기 실업자로 퇴적될 가능성이 높습니다.

사회안전망도 부족한 상황에서 누적되는 실직 인력들을 어떻게 해소시킬 것인가가 문제입니다. 서비스 부분에서 대대적인 고용창출 돌파구가 열린다든가, 사회적 일자리라도 지속 가능한 일자리로 만들지 못한다면 경제 전체에 큰 부담을 주지 않을까 우려됩니다.

규제 풀어야 일자리가 창출된다

윤기설 정부에서도 교육, 의료, 관광 분야에서 제대로 된 일자리를 창출하려고 노력하는데 부처 협의 과정에서 무산되곤 합니다. 인천경제자유구역에는 외국 자본이 투자한 의료시설 하나 없습니다. 규제에 묶여 있기 때문이죠. 규제 하나만 풀어주더라도 여러 개의 일자리가 창출될 수 있을 텐데요. 새 정권이 들어설 때마다 '규제 개혁'을 외치지만 실제로 기업이나 국민들이 요구하는 수준의 규제 개혁은 이루지 못하는 것 같습니다.

김대환 그런 부분에 있어서도 인식의 전환이 필요합니다. 아직도 과거의 경로의존성에서 벗어나지 못하고 있는 것이지요. 외국인들을 위한 의료시설, 이게 벌써 수년 전부터 거론되어온 것인데 아직도 그저 말뿐인 상태로 남아 있지요.

여기에는 의료기관들의 영리 목적 같은 문제가 걸려 있습니다. 경제자유구역 내에 외국인들을 위한 학교나 병원을 설립하게 해 그들에게 맞는 교육과 의료 서비스를 제공하고 동시에 일자리도 창출한다는 것은 이론적으로는 맞는 얘기입니다.

그런데 현실적으로는 기존의 제도와 경쟁이 되고 이해관계에 부딪히기 때문에 한 발자국도 못 나가고 있는 실정이죠. 쉽게 말하면, 그런 제도 변화로 인해 경쟁으로 바뀌면 그나마 기존의 밥그릇을 부지할 자신이 없다는 겁니다. 게다가 여기에 이데올로기와 이념이 덧칠되어 있어 실제로 그러한 변화를 가져오기까지는 힘든 과정이 남아 있어요.

세계화라는 것이 불가역의 현실이라면 현실주의적인 인식이 필요한 것 같습니다. 의료영리법인 문제가 내부적으로 핫이슈가 되고 있지만 이를 좁은 안목으로만 볼 것이 아니라 넓게 변화된 상황하에서 그러한 정도의 변화가 치명적인 문제냐, 아니면 이익을 가져올 수 있는가에 대해 현실적이고도 실증적으로 따져볼 필요가 있다는 거지요.

정부에서도 그런 변화를 추구한다면 기득권의 반발을 돌파할 수 있는 현실적인 논리와 방안을 가지고 추진해야 합니다. 소위 개혁이라는 것은 지속적으로 변화시키고, 변화를 선도해나가는 것이고, 바로 그것이 발전의 키워드가 아닐까 합니다.

최영기 제조업의 새로운 일자리 창출 여력은 거의 고갈되었고, 서비스 부문에서 돌파구를 열 수밖에 없는데, 서비스 부문 일자리 창출에 대해 약간의 논란이 있습니다. 서비스도 '공공서비스를 늘릴 것이냐, 아니면 시장에서 제공되는 민간서비스를 늘릴 것이냐'의 다툼입니다.

의료 부문만 보더라도 의료를 산업으로 키워 일자리를 창출하자는 주장과, 보건소나 노인요양 서비스 같은 공공서비스를 확대하여 일자리를 늘리자는 주장이 대립합니다. 예컨대 의료관광 사업은 경쟁력이 있기 때문에 규제를 풀어줘야 한다는 주장이 있는 반면, 우리나라의 공공의료가 아직 부족하기 때문에 공공의료 서비스를 더 높은 수준으로 올려놓고 의료산업화를 추진해나가야 한다는 의견이 대립합니다.

그렇다면 이 두 가지 입장을 구체화시켜서 공공의료 서비스 확대 계획과 연동된 민간의료시장의 규제개혁 방안을 하나의 패키지로 추진하면 어떨까 싶습니다. 또 노인 인구가 증가하니 돌봄 서비스가 늘어날 것이며, 저출산을 개선하기 위해서는 보육과 육아에 대한 서비스가 늘어날 수 있습니다. 이런 곳에서 일자리 수요는 충분히 있다고 봅니다.

따라서 보수·진보 진영 간의 이데올로기 논쟁만 일삼을 게 아니라, 각각의 프로그램을 내놓고 하나의 종합적인 마스터플랜으로 만들어가는 구체적인 정책 논의가 필요하다고 봅니다.

공공서비스의 임금 양극화

윤기설 OECD 자료에 따르면, 사회서비스 종사자 비율이 우리나라는

13.8%인데 OECD 국가 평균은 21.7%인 것으로 나타납니다. 그런데 OECD 국가들의 사회서비스 종사자의 임금 수준이 다른 직종과 비교해 우리처럼 그렇게 낮지 않은 걸로 알고 있습니다. 그런 부분이 개선되어야 사회서비스 분야가 일자리로서의 역할을 할 수 있다고 봅니다.

김대환 임금 얘기가 나왔는데, 말씀하신 대로 선진국의 사회적 일자리나 비정규직은 정규직과 그다지 큰 차이가 나지 않습니다. 어떤 종류의 일을 하건 대체로 먹고살 수 있는 수준은 됩니다. 혼자 벌면 혼자 먹고 사는 데 큰 지장이 없고, 맞벌이하면 그럭저럭 가계를 꾸려나갈 수 있는 체제가 되어 있습니다. 그러니까 선진국이지요.

그런데 우리는 사회적 일자리가 늘어나고 있고 앞으로 더 늘어날 소지가 상당히 있음에도 불구하고 처음부터 좋지 않은 일자리로 인식이 되어 있는 게 우선 문제인 것 같아요. 그런대로 괜찮은 일자리를 만든다면 인식이 달라지겠지요. 물론 그만큼 예산확보를 하고 지원이 필요합니다. 문제는 이렇게 할 경우도 우리 사회에서는 다른 문제, 특히 형평성 문제가 첨예하게 대두될 겁니다. 때문에 최저임금으로 일하는 근로자나 사회적 일자리가 아닌 다른 분야에서 열악한 보수를 받는 근로자들에 대한 문제가 함께 해결되어야 합니다. 임금만이 아니라 사회안전망과 적극적 노동시장 정책의 확충도 병행되어야 하고요.

사회적 일자리 창출과 관련해 사회적 기업에 대한 논의도 이루어져왔는데, 늘어난 사회적 기업들에게 시장에서 각자 알아서 수입 모델을 창출해서 이끌어가라고 한다면 이것은 무리거든요. 일정 기간 동안에는 정부의 공적 지원이 필요합니다. 물론 선별적인 지원이어야겠지만,

무엇보다도 먼저 사회적 기업에 대한 콘텐츠가 현실적이어야 합니다. 이것이 사회적 기업 정책의 핵심이 아닐까 합니다.

최영기 공공서비스의 경우 고용 형태를 어떻게 할 것인가가 문제가 됩니다. 공무원으로 할 것인가, 아니면 공기업이나 사회적 기업 형태로 할 것인가에서 차이가 있습니다. 우리나라에서는 공공서비스를 늘리는 데 대한 국민적 지지가 낮은데, 이는 이 부분의 노동시장이 경직되어 있고 고비용이기 때문입니다. 공무원처럼 '철밥통'이 없고 공공 부문처럼 고비용인 곳이 없다는 시각이 지배적입니다. 이에 반해 사회적 기업이나 사회적 일자리는 최저임금 수준입니다. 때문에 이런 불균형을 시정해야 공공서비스도 확대되고 일자리도 늘어날 수 있을 것입니다. 특히 공공 부문 보수체계의 개편을 통해 공공서비스의 비용을 낮춰야 안정된 좋은 일자리가 증가할 수 있다고 생각합니다.

김대환 이론적으로는 그러한데 현실적으로는 힘들죠. 바로 그게 문제입니다. 한편으로는 평등 지향적이고 획일적인 면을 지니고 있으면서도 다른 한편으로는 요구 수준이 높은 모순된 측면을 갖고 있습니다. 즉, 공공서비스 형태로, 저렴하면서도 질은 높게 제공받길 원한다는 겁니다. 이 문제에 대한 저의 생각은, 조금은 열린 사고를 가지고 단계적으로 접근하자는 것입니다. 공공서비스도 필요하다면 사적인 영역에서도 제공토록 하고, 소득 능력이 있는 사람들은 그 서비스를 구매하고, 공공 영역에 지원이 필요할 때는 그렇게 하고, 서비스의 질이 문제가 된다면 결국은 보다 많은 공적인 지원이 필요할 텐데 국민들이 그것을 수용해야 합니다.

그런데 실제로는 정부의 재정 지출에 대해서는 인색하면서 서비스의 질에 대해서는 까다롭기가 일쑤지요. 이런 것과 관련해서는 열린 마인드로 접근해야 될 것 같아요. 어느 단계까지는 공공과 민간 부문이 병행하는 가운데 경쟁도 하고 시간이 흐르면서 서비스의 질이 높아져 평준화될 수 있도록 하는 그런 체제가 바람직하지 않을까 생각합니다.

최영기 그 실례로 어린이집이 자주 거론되고 있습니다. 구청에서 운영하는 어린이집은 원생 모집 시 8 대 1, 10 대 1의 경쟁률을 보인다고 합니다. 시간을 유연하게 운영하는데다가 저렴하기 때문에 수요가 높다고 합니다. 구청에서 다 소화를 못하는 것이죠.

보육이나 노인요양 이런 부문에서는 공공서비스가 확대될 수 있는 잠재력이 충분히 있는 것이지요. 문제는 공공 부문 노동시장, 특히 임금의 경직성입니다. 이러한 공공 부문의 고용경직성을 줄이기 위해 최근 쿠폰을 발행하여 민간서비스를 사도록 하기도 합니다. 이런 식으로라도 이 분야에서 일자리 창출 능력을 키우는 노력이 필요합니다.

노동시장의 양극화, 어떻게 풀어야 할까?

윤기설 앞에서 노동시장의 양극화에 대해 좋은 말씀들을 해주셨는데, MB 정부 들어서는 참여정부 때에 비해 균형성장 얘기가 많이 사라진 것 같습니다. 참여정부 때는 비정규직 보호에 초점이 맞춰졌다면, MB 정부는 비정규직의 유연성에 오히려 초점이 맞춰진 것 같은 인상이 듭니다. MB 정부가 양극화 문제를 어떻게 풀어나갈지도 궁금합니다.

김대환 MB 정부 들어 드러나는 정책기조의 변화는 금융위기라는 상황에 의한 것만이 아니라 기본적으로 철학이 다른 데서 비롯된 것으로 보입니다. 그러나 현실이 요구하는 것은 그런 변화가 아니라고 생각합니다. 고용 문제를 놓고만 보더라도 한쪽은 보호 일변도로, 다른 한쪽은 유연화 일변도로 간다면 이건 안 되는 거죠.

보호도 보호 나름대로 정도가 있고 유연화 역시 나름대로 정도가 있는데, 상대적으로 경직된 대기업과 공공 부문은 유연화의 방향으로 가야 되고 비정규직과 같이 취약한 부문에 대해서는 보호의 방향으로 접근해야 할 필요성이 있습니다. 그리하여 노동시장 전체적으로는 유연성이 제고되는 스탠스를 취하는 것이 현명한 방법일 것입니다.

참여정부냐, MB 정부냐를 떠나 현실적으로 어떤 다른 방법이 있겠습니까? "양극화가 심해지는 것이 우리 사회경제의 지속적인 발전에 플러스 요인이 되느냐?"에 대해서는 MB 정부도 그렇다고 말하지는 못할 겁니다.

그렇다면 우리 사회경제의 지속적인 발전을 위해 현실적으로 취할 수 있는 방법은 양극화를 낳는 차별화보다는 다른 쪽을 택해야 합니다. 이명박 정부의 입장에서는 대기업이나 공공 부문의 경직성을 좀 더 완화시키는 데 주력하고, 비정규직 보호는 최소한 기존 입법 수준에서 작동될 수 있도록만 해도 괜찮을 것 같습니다.

최영기 정부의 성격에 따라서 정책의 강조점이 약간씩 바뀔 수는 있다고 봅니다. 그런데 우리 노동시장의 특성을 잘 분석한 기초 위에 정책을 펴야 합니다. 우리 노동시장에서 가장 경직적인 부분이 대기업 정규직 노조조직 사업장입니다.

대기업이면서 노조가 있고 정규직이 다수를 차지하는 사업장 근로자가 전체 임금근로자의 6~7%를 차지합니다. 정확한 통계는 아니지만 약 110만 명 정도가 됩니다. 그들의 평균 근속년수가 12.4년이고, 월 평균 임금이 325만 원이며, 신규채용 비율은 6.7% 정도입니다. 매우 안정돼 있고 고임금이며 이직이 거의 없다는 뜻이죠.

이들에 비해 훨씬 유연하다고 볼 수 있는 중소기업에 비정규직으로 일하면서 노조의 보호도 받지 못하는 중소기업 비정규직 근로자들이 441만 명 정도입니다. 이들의 평균 근속년수는 1.7년이고, 평균 임금은 120만 원, 그리고 신규채용률은 63.8%입니다. 다시 말해 매년 60% 이상이 직장을 옮긴다는 얘기죠. 이들은 고용보험 가입률이 32.5%, O/T(연장근로) 수당을 받는 비율이 15.2%밖에 안 됩니다. 또 퇴직금은 29% 정도만 보장되어 있습니다. 이것이 우리 노동시장의 양극화 실태입니다.

윤기설 그렇다면 대기업 정규직 노동자들 중 노조를 결성한 근로자들에 대해서는 유연성을 확보하고 중소기업 근로자들에 대해서는 보호정책을 펴야 한다는 건가요?

최영기 네. 우리 언론이나 학자들이 말하는 경직성은 그 부분을 염두에 두고 말하는 것입니다. 그래서 전체 노동시장을 대상으로 하는 해고의 유연화보다는 대기업 정규직을 대상으로 하는 유연화 정책이 필요한 겁니다. 예컨대 대기업과 공공 부문 노사관계의 개선과 임금·근로시간의 유연화를 통해 이들 노동시장의 유연성을 제고해야 한다고 봅니다. 한편 중소기업이나 비정규직·자영업 부문같이 고용시장이 불안정한 부분에 대해서는 꾸준히 사회안전망 확충을 병행해줘야 한다고 생각합니다.

윤기설 지금 MB 정부가 추진하는 유연성은 임금, 근로시간, 비정규직 등에 치중되어 있는 것 같은데요?

김대환 노동시장의 유연성은 크게 수량적 유연성과 기능적 유연성 두 가지로 분류할 수가 있습니다. 지금까지 노동시장 유연성은 수량적 유연성 중심이었는데, 이는 바로 고용불안과 연결되는 것이죠. 그래서 저는 종합적·전체적으로 볼 필요가 있다고 강조해왔습니다. 고용유연성에 초점을 맞추면 곧장 고용불안으로 이어집니다.

그러나 중간 형태로 임금유연성에다 기능적 유연성을 함께 가져간다면 고용유연성이 갖는 불안감이나 위험은 상대적으로 감소시키면서 시장 전체를 유연하게 이끌 수가 있습니다. 임금유연성은 노조의 힘에 따라 실제 많은 차이가 있기 때문에 가능한 한 노사협의나 노사협력을 통해서 조정될 수 있도록 하는 게 바람직합니다.

윤기설 수량적 유연성과 기능적 유연성 모두 경영난 타개를 위한 수단으로 이용되는데, 어느 방식이 더 바람직한가요?

김대환 허~ 양자택일의 문제는 아닌데……. 하지만 바로 앞의 맥락과 연결해서 저는 기능적 유연성을 강조하고 싶어요. 지금은 시장이 급변하고 있는 만큼 그에 요구되는 숙련과 기술을 개발해야만 노동시장의 변화에 맞추어 고용을 유지 내지는 증대시킬 수 있습니다.

양자택일을 주저하면서도 구태여 이 부분을 강조하는 것은 이 부분이 아직까지도 취약하기 때문입니다. 공공기관도 있고 민간 훈련기관도 있지만, 일부 소수를 제외하고서는 민간 직업훈련기관들은 정부의 보조금이나 지원에 의존하고 있습니다.

 때문에 민간 부문에서 직업훈련과 기능훈련이 활성화될 수 있도록 하는 정책변화가 필요하고, 이와 동시에 공공 부문으로서의 직업훈련기관은 보다 탄력적으로 운용되어야 합니다. 훈련 수요가 있으면 그때그때 수용해서 할 수 있도록 해야 합니다. 이와 관련해 노동시장의 변화, 직종별 수급 전망, 이러한 것들도 같이 가야 됩니다.

하지만 실제로는 이런 것들이 시간과 재원이 소요되는 것이기 때문에 노동시장의 유연성은 수량적 유연성, 즉 고용조정 쪽으로 흘러가기 쉬워요. 그렇게만 간다면 고용불안은 가중되고, 변화된 노동시장에 대한 적응이 지체되고, 이것이 또다시 고용불안으로 이어지는 악순환이 되풀이될 가능성이 높습니다.

따라서 노동시장을 한 덩어리로 볼 게 아니라, 경직된 부분은 유연화하고 취약한 부분은 끌어 올려주어야 합니다. 좀 더 구체적으로 말하면, 대기업과 공공 부문은 임금유연성과 더불어서 고용유연성도 제고시켜야 하고, 취약 부문은 가장 시급한 것이 직업훈련이므로 기능유연화를 통해 보다 나은 일자리로 옮겨갈 수 있도록 능력을 배양해주는 것입니다.

이런 방식의 차별적인 접근이 바람직한데, 올해 말까지 노동시장 유연성을 제고하라고 한다면 자칫 고용조정 위주의 수량적 유연성으로 기울어지는 과거의 전철을 밟기가 십상입니다.

임금체계 개선이 그 해결책

최영기 MB 정부가 추진하고 있는 유연화 정책은 공공 부문에서 노사관계의 정상화, 인사 경영권의 확립, 무리한 단체협약 조항의 개정 등입니다. 대표적으로 경직된 노동시장이 공공 부문이기 때문에 이 부분의 불합리한 노사관계 관행을 개선하겠다는 것입니다. 또 하나는 금융기관, 공공 부문, 재벌 대기업에서 임금 삭감을 통해 고용을 창출하려는 노력도 유연화 방안이 될 수가 있죠. 하지만 문제는 이런 것들이 지속가능하지 않다는 것입니다.

보다 근본적으로 임금체계나 임금 결정 방식을 바꿔주어야 합니다. 지난 10년간 비정규직 증가의 상당 부분은 임금경직성에 기인한다고 봅니다. 임금체계가 연공급이다 보니 매년 호봉 상승으로 인한 2% 안팎의 임금 인상이 있는데다가, 노사가 매년 임금 교섭을 통해 몇 %씩을 일률적(base-up)으로 올리게 됩니다. 교섭력이 있는 민간 대기업, 금융, 공공 부문에서는 임금이 지속적으로 올라가는 것입니다. 그 부담을 피하기 위해 최대한 고용을 줄이고 비정규직이나 간접고용을 늘리는 식으로 기업이 대응을 해온 것입니다. 그래서 고용을 안정시키면서도 노동시장을 유연화할 수 있는 한국적 해법은 임금과 근로시간을 유연화하는 것이라고 봅니다.

김대환 차라리 좀 더 명확하게, 경직적인 공공 부문에 대해서 유연화를 위한 구체적인 정책 방안을 갖고 접근하면 전반적으로 정책 효과도 있고 정책에 대한 지지도 높아질 것 같아요. 막상 그러한 정책이 언급되자 노동계에서는 조직을 동원한 총력투쟁을 하겠다는 건데, 이는 앞에서 최 원장이 지적했던 고용경직의 문제점을 그대로 반영하는 것입니다. 노조가 있고 대기업이고 정규직, 이런 쪽에 대한 설득이 필요한 거지요. 이는 결국 노사관계와 맞물려 있는데, 국민적 지지를 얻으면서 정책을 추진하려면 타깃층을 정확하고도 명확하게 해야 합니다. 예컨대 대기업, 금융, 공공 부문의 고용유연성을 높이기 위해 고용조정을 하면서 임금 교섭 과정을 개선해나가고 취약 부문은 지원해나간다면 전체적으로는 유연성을 높이면서도 취약계층은 방치하지 않고 나가는 그런 정책이 될 수 있겠지요.

윤기설 정부가 법 개정을 통해 비정규직의 기간 연장 등 고용유연성을 확보할 수 있는데, 임금의 유연성 부분에 대해서는 정부가 할 수 있는 수단이 제한돼 있는 것 같습니다. 연장근로수당의 경우 시간급 근로자에 한해 적용하고 월급제로 받는 화이트칼라들에 대해선 제외시키는 방안을 노동부 내에서 연구하는 것 같은데, 임금체계를 정부 정책이나 제도 개선을 통해 변화시킬 수 있는지요?

김대환 제도적인 측면과 관행적인 측면이 있지요. 임금체계 자체를 법으로 규제하기보다는 현실적이고도 좋은 모델을 만들어서 실제로 수용되고 적용될 수 있도록 하는 게 바람직하지요.

사실 우리의 임금 관행 중 바뀌어야 할 것이 많습니다. 초과근로수당만 하더라도 실제로 일한 초과 근무시간에 따라 정확하게 임금이 지급되는 경우가 많지 않습니다. 대체로 초과 근로시간을 고정적으로 달아주고 포괄역산제를 해주어서 실제 임금과 직능직무와의 연계 고리가 약한 편입니다. 이 양자가 잘 연계되도록 임금체계를 직무급제로 개편하고 잘못된 임금지급 관행은 고쳐나가는 노력이 필요합니다.

최영기 비정규직의 비중이 35%를 넘는 상황에서 비정규직을 늘리려는 압력은 아직도 계속되고 있습니다. 그런데 많은 경우 비정규직이라는 게 직무급 형태의 잡(job)이라고 볼 수 있습니다. 핵심역량이 아닌 업무를 비정규직으로 돌리고, 그 비정규직에 대해서는 연공임금이 아니라 시장임금을 지급하고 있다고 봐야 합니다.

시장임금이라는 것은 그 비정규직이 수행하는 잡의 직무 가치에 따라서 책정된 임금일 가능성이 높은 거지요. 그래서 이걸 차라리 직무급 형태로 바꿔주고 고용은 안정시켜준다면 비정규직의 문제를 상당 부분 해결할 수 있습니다.

고령자 임금피크제 같은 것도 내용적으로 보면 고령자의 임금체계가 직무급 형태로 바뀌어가는 과정이라고 할 수 있습니다. 이와 같이 우리 노동시장에서 직무급 성격의 임금 책정이 많이 늘고 있습니다.

그러면 이것을 조금 더 체계화시켜주고 직무분석이나 직무표준화를 통해 개별 기업들이 시장임금 기준에 의해서 임금을 책정할 수 있도록 정부가 나서서 임금 정보를 많이 제공해줄 필요가 있습니다. 이러한 노동시장의 인프라를 확대해주기 위한 정부의 투자가 필요합니다. 임금 정보와 같은 노동시장 인프라가 잘 깔려 있을수록 노동시장 유연성은 높아집니다.

또 하나는 오버타임(overtime)에 대한 문제인데, 미국식으로 적용(Exempt), 비적용(Non-Exempt) 제도를 도입해 연장근로수당의 부담을 줄여주는 것도 하나의 방법이구요. 예컨대 작업량을 시간 단위로 측정할 수 있는 생산직은 연장근로수당을 주고, 작업시간보다는 업무집중도나 능력에 따라 성과가 나타나는 고급관리직은 오버타임 수당을 주지 않는 겁니다.

근로시간 계좌제를 활용하는 방법도 있습니다. 평상시 오버타임한 것을 저축해놓았다가 조업 단축이 필요할 때 저축해놓았던 근로시간을 갖고 임금을 지급하는 방식입니다. 노사 간 충분히 타협의 여지가 있는 것으로 봅니다.

또 다른 방법으로, 파트타임을 잘 활용하면 일자리 창출에도 도움이 되고 상시적인 오버타임도 줄일 수 있다고 생각합니다. 네덜란드의 경우 정규직 형태의 파트타임이 일반화되어 있어서 오버타임이 줄고, 오버타임 할 것을 파트타임으로 돌리니까 일자리도 늘었다는 평가입니다.

 13

고용보험과 사회안전망

윤기설 고용유연성이 이루어지려면 사회안전망이 전제되어야 한다는 데 공감을 합니다. 1인당 국민소득이 2만 달러에 육박하는데도 선진국들에 비해 사회안전망이 한참 부족한 것 같습니다. 근로자들 입장에서는 고생을 많이 해서 국민소득 증대에 큰 기여를 했는데 사회적으로 받는 대우는 시원찮다고 생각할 수 있습니다.

고용유연성은 사회안전망이 확대된 전제 아래에서 이뤄져야 한다고 봅니다. 퇴직자에 대해서도 선진국에서는 기업들이 재취업 훈련을 책임지고 있는데 우리 기업들은 거의 신경을 쓰지 않는 실정입니다. 정부가 이러한 부분에 제도 정비를 하고 관심을 기울여야 고용 문제도 해결되고 사회도 안정되지 않을까 싶습니다.

김대환 사회안전망이 구축되어 있으면 노동시장 유연화도 상대적으로 용이하지만, 사회안전망을 갖추는 데는 상당히 많은 비용과 시간이 필요합니다. 우리도 노력하고 있습니다만 아직까지 사회안전망이 미흡하기 때문에 노동시장 유연화에도 한계가 있을 수밖에 없습니다.

그러니까 사회안전망에 대한 투자를 계속해나가면서 노동시장은 기능적 유연화 쪽으로 가야 합니다. 노동시장에서 퇴출되었을 경우 과거와는 달리 일시적으로 실업급여와 직업훈련에 기대면서 고용서비스를 통해 구직을 보다 용이하게 할 수 있도록 하는 식으로, 사회안전망 확충에 따라 노동시장 유연화의 폭과 방식을 조정하는 점진적인 변화와 발전을 해나가는 게 현실적이겠지요.

최영기 사회안전망 중에서도 특히 고용과 관련된 것이 고용보험이지요. 고용보험의 혜택을 못 받는 계층들이 비정규직과 자영업자들인데, 통계적으로 보면 전체 근로자 중에서 실직하면 실업급여를 받을 수 있는 확률이 아직 10% 남짓입니다. 실직자가 100명이라면 실업급여를 받을 수 있는 사람이 10명이라는 얘기지요.

이 통계에 대해서 사실 논란이 많습니다. 고용보험 가입자 중 실업급여를 받을 수 있는 비율은 2007년 기준으로 22.5%입니다. 이는 고용보험에 우선 가입해 있어야 자격이 주어지는데 그렇지 않은 인원이 상당히 많고, 설령 가입해 있었다 하더라도 18개월 중 6개월 이상 취업을 해 있어야 한다는 자격 요건이 안 되는 사람이 있고, 자발적 이직자는 수혜 대상에서 제외되고, 그러다 보니 실제 실직자 중 실업급여를 받는 비율이 10%밖에 안 된다는 통계가 나오는 겁니다.

그런데 직업훈련이라든가 고용서비스 같은 노동시장 정책의 출발은 실직자가 실업급여를 받으려고 구직 신청을 해야 그 다음부터 정책의 대상이 되고 서비스를 제공하게 됩니다. 결국 실업급여 수급률이 낮다는 것은 우리의 고용안전망이 아주 엉성하다는 것을 의미합니다. 모든 근로자들이 이용할 수 있는 고용안전망을 만들 수 있는 방법은 없는 것인가, 이것을 고민해야 할 때입니다.

1995년 고용보험을 들여올 때는 실업률이 2% 정도로 완전고용 상태였지만 지금은 상시적인 고용 위기입니다. 현행 고용보험 제도를 그대로 두고 단지 일부 프로그램만을 손질하는 땜질 처방이 아니라 고용안전망의 재설계 차원에서 대대적인 구조개편이 이루어져야 할 것입니다.

김대환 그렇지요. 1995년도 고용보험 시작 당시나 1997년 IMF 사태 때의 대량실업과 지금의 상황은 사뭇 다릅니다. 고용보험과 고용 안정을 중심으로 한 사회안전망 확충이 계속해서 이루어져야 하는 이유이기도 하지요. 그런데 이와 더불어서 근로자와 기업주의 고용보험 가입에 대한 인식도 제고할 필요가 있습니다. 고용보험 납부금 가운데 고용 안정 및 직업능력개발 부분은 전액 회사에서 내고 실업급여 부분만 회사와 근로자가 반반씩 부담합니다. 물론 소득이 낮고 고용이 불안정할 때는 이 보험금을 납부하는 것마저도 어렵고 아깝겠지요.

하지만 좀 더 중장기적으로 바라보면, 고용보험만이 아니라 퇴직연금 제도도 있으니까, 이러한 제도를 최대한 활용하는 것이 자신에게 도움이 된다는 사실을 숙지했으면 합니다. 취약 부문일수록 고용보험의 수혜가 더 필요한데 가입률은 낮은 딜레마를 해결하는 것이 매우 시급합니다. 이를 위해서는 근로자나 기업주의 노력만이 아니라 정책 지원도 같이 따라주어야 할 것 같습니다.

실제 노동시장에서 일시적으로 퇴출되었을 때 이에 대한 지원은 실업급여만이 아니라 사전부터 더욱 광범위하게 이루어지도록 하고 특히 정책의 사각지대를 해소해나가야 합니다. 직업훈련이나 아웃플레이스먼트(outplacement)* 프로그램은 정부만이 아니라 기업도 같이 할 수 있습니다.

기업에서 사전에 아웃플레이스먼트 프로그램을 가동하거나, 적어도 한 달 동안은 당사자가 구직에 전념할 수 있도록 지원하는 방안을 강구하는 겁니다. 구인 수요가 있는 분야를 조사해 미리 그 분야에 대한 직업훈련을 실시해 연결되도록 지원하는 체계를 갖추는 것도 고용 안정을 중심으로 한 사회안전망을 확충하는 방법이 되겠지요.

최영기   그런데 정부는 고용안전망은 고용보험만으로 충분한 것처럼 생각하고 행동하고 있어요. 이것은 큰 문제라고 생각합니다. 고용보험 제도가 있기 때문에 고용 관련 정책의 재원은 고용보험에서 충당하면 된다는 생각을 노동부나 예산당국이 갖고 있다 보니 고용안전망의 방대한 사각지대가 방치되는 것입니다.

보험 형태가 아니었다면 오히려 실업급여나 직업훈련, 그리고 고용서비스에 대한 정부 투자를 일반 재정으로 충당하게 되기 때문에 자연스럽게 가장 먼저 취약 계층에게 혜택이 가게 되고, 그렇게 되면 지금과 같은 사각지대 문제를 겪지는 않았을 겁니다. 고용보험 제도를 중심으로 고용 정책을 펴다 보니 정규직 중심의 사회안전망이 되는 거고, 고

---

*아웃플레이스먼트(outplacement)
　퇴직 근로자들이 재취업하거나 창업할 수 있도록 지원해주는 종합 컨설팅 서비스다. 1967년에 미국의 DBM 사가 최초로 도입했으며, 경제적 어려움을 겪던 1980년대에 많은 선진국 기업들에게 확산되었다.

용보험에 가입하지 않은 비정규직이나 자영업자는 사각지대에 놓이는 문제가 발생하는 것입니다. 정부가 고용보험 가입률을 높이기 위해 다양한 조치를 취하고 있긴 하지만 이들의 고용 특성상 고용보험 가입도 어렵고, 행정적으로도 5인 이하 영세사업장 고용보험 가입을 촉구하는 것이 쉽지 않은 일이죠. 이런 것들이 상승작용을 하면서 광범위한 사각지대가 방치되고 있는 겁니다.

고용보험 낭비 심하지 않나?

윤기설 고용보험 얘기가 나왔으니 말인데, 고용보험기금을 노동부가 너무 한가한 데 쓰는 것은 아닌가 하는 인상을 받습니다. 많은 예산을 들여 정부가 의도한 방향으로 언론에 홍보기사를 내보내는 게 대표적인 예입니다. 그렇다고 고용 사정이 나아지는 것도 아닌데 말이죠.

직업체험관인 '잡 월드(Job World)' 설립도 마찬가지입니다. 일본에서는 별 효과를 거두지 못해 결국 폐쇄했는데 우리가 이를 벤치마킹해 세우고 있는 겁니다. 노동부 관계자들이 우리의 '잡 월드'는 일본의 전철을 밟지 않을 것이라고 설명하고 있지만, 예산을 들인 만큼의 효과를 거둘지는 두고 봐야지요. 기업이나 근로자들이 낸 고용보험이 좀 더 짜임새 있게 효율적으로 사용됐으면 하는 생각입니다.

김대환 노동행정의 책임을 맡았던 관계로 제가 먼저 이야기를 해야 할 것 같군요. 제가 노동부에 들어가서 보니, 고용보험기금을 쓸데없는 곳에 쓰는 게 아니라 제대로 안 쓰고 있더군요. 8조 원 정도가 적립돼 있었는데, 그 이전까지 사용 용도는 실업급여에 집중되어 있었어요. 이건 노동시장 정책이 소극적 영역에 머물러 있었다는 증거지요. 그래서 적극적 노동시장 정책으로 전환하면서 고용보험기금을 적극 활용하는 쪽으로 방향을 잡았습니다.

먼저 관련 전문가들의 의견을 들어 중장기적인 고용보험 재정 계획을 수립했는데, 재정 건전성을 유지하면서 매년 사용 가능한 액수를 보니 고용보험만으로도 적극적인 노동 정책의 여지가 꽤 넓더군요. 이에 따라 제도적인 제약을 완화하는 조치를 취했습니다. 용도상으로 칸막이를 해놓아 적극적으로 쓸 수 없도록 해놓은 제약을 법 개정을 통해 헐어내어 진취적인 사용이 가능하게 했지요.

육아휴직이나 산전산후 근로자에 대한 지원이 이 법 개정으로 가능해졌습니다. 그리고 고용 안정·능력개발 쪽으로도 인프라 구축 등 정책 개발을 통해 진취적으로 '투자'하라고 주문을 했습니다.

문제는 이와 병행해 유효한 정책개발이 계속 이루어지고 검증되면서 고용보험의 효율성을 제고시켜나가야 하는데, 이런 면에서 우리는 아직 초기 단계라고 할 수 있어요. 그러다 보니 일부 시행착오가 나타나는데, 변명 같습니다만 여기에는 예산 제도 그리고 관행상의 문제도 있고 사회적 일자리나 사회적 기업에 대한 지원에서의 모럴 해저드 문제도 있습니다.

언론에서도 이 문제를 지적해 제가 대국민 사과를 하면서 효율성 면에서도 계속 점검해나가겠다고 한 적이 있습니다. 낭비적인 요소가 있다면 당연히 바꾸어야지요. 하지만 중장기적인 관점에서 심도 있는 검토를 해야지, 이해 관계자나 정치에 휘둘려서도 안 됩니다.

'잡 월드' 사업도 마찬가지 맥락에서 봐야 할 겁니다. 일본이 실패했다고 하는데, 일본의 경우는 정치적인 개입으로 너무 동떨어진 지역에 건립한 것부터가 문제였다고 생각됩니다. 우리의 잡 월드는 정치적 개입을 배제하고 2,000억 원 정도의 예산으로 엄정한 평가를 거쳐 수도권에 설치하게 되었는데, 이 사업은 중장기적인 효과가 있을 것으로 기대됩니다. 어릴 때부터 직업세계에 대한 이해를 가지게 하는 것은 금전적인 계산만으로 그 효과를 측정할 순 없지요. 우리는 직종-직업별 인력의 수급 전망이 제대로 이루어지지 않고 있고, 직업에 대한 획일적인 인식에다 구체적인 관심도 적은 게 문제입니다.

대학 학과만 하더라도 적성과는 무관하게 성적에 따라 전공 분야를 선택하고 있는 실정 아닙니까? 때문에 자신이 어떤 일을 하고 싶은지, 자신에게 맞는 일은 어떤 것들이 있는지 등에 대해 생각하고 판단할 수 있게끔 다양한 정보를 제공하고 보여주는 노력, 즉 직업에 대한 인식을 심어주는 일은 의미 있는 사업이지요. 돈 되는 사업은 아닙니다만, 가치가 있기 때문에 국책사업으로 하는 겁니다.

고용안정센터에 대한 과잉투자 논란

윤기설 고용보험기금이 몇 년 전까지만 해도 8조 원가량 남아도는 것으로 알려져 있는데, 돈이 남아돈다는 지적이 여기저기서 나오니까 정부가 필요하지도 않은 사업을 너무 벌린다는 느낌입니다.

김대환 저널리즘적 비판이군요. 그건 사업별로 구체적으로 따져봐야 할 사안입니다만, 돈이 남아돌기보다는 그만큼 적극적 노동시장 정책이 미흡하여 제대로 돌지 않은 것이라고 봅니다. 소위 'IMF 위기'가 극복되면서 좀 해이해졌던 탓인지 적극적 노동시장 정책의 개발과 집행이 소홀했다는 판단입니다. 당시 저를 비롯하여 참여정부가 적극적 노동시장 정책에 관심이 컸었기에 진취적으로 접근한 것이지 돈을 쓰기 위해 한 것이 아니었다는 점을 분명하게 해두고 싶습니다.

최영기 고용안정센터 건물에 대한 투자가 많이 이루어졌지요. 자산가치가 상당히 있는 것이기 때문에 한 번 구매를 해놓으면 두고두고 쓸 수 있다는 점에서 나름대로 타당성이 있습니다. 그러나 사각지대에 있는 사람들을 생각해보면 잡 월드나 고용안정센터에 대한 투자가 다소 한가하게 보일 수도 있거든요.

지금 당장은 아니더라도 사각지대에 있는 취약 근로계층을 어떤 식으로 보호해가겠다는 계획이 있어야 합니다. 건물과 같은 하드웨어에 투자하기보다는 사각지대 해소를 위해 정부가 일반 재정에서 일정 부분을 고용보험에 출연하여 사각지대를 일시에 해소할 것이냐, 아니면 이들에 대한 별도의 고용안전망을 제공할 것이냐를 논의하는 것이 더 급선무라고 생각합니다.

김대환 예산당국의 속성상 일반회계로 지원하기는 당분간 힘들 겁니다. 그래서 우선 고용보험기금만 가지고서라도 필요한 사업을 진취적으로 계속 추진해나가야 합니다. 그런데 이게 사회보험의 형태로 되어 있어서 제도적으로도 사각지대 문제가 발생합니다. 그래서 저는 고용보험 가입자가 아니더라도 사회안전망에 포괄시켜서 실제로는 지원을 할 수 있도록 했습니다.

그러나 이 문제가 심각하면서도 아직 제대로 풀린 상태가 아니기 때문에 재원 문제에서부터 보다 체계적인 대책이 요구됩니다. 그리고 당시 이에 못지않게 시급했던 것은 노동시장에 대한 정보를 통합하고 체계화하는 작업이었습니다. 그래서 이를 위한 3개년 계획을 수립하고 집행을 했었지요.

윤기설 고용안정센터를 지을 당시 한 건물당 200~300억씩 들어간 건물도 있고, 그래서 노동부 내에서도 말이 많았습니다. 하루에 방문객이 수십 명도 안 되는 곳이 많은데 덩치만 큰 건물을 지을 필요가 있냐는 비판이었지요.

김대환 허~ 갑자기 청문회에 불려나온 것 같은 느낌이 드네요. 아는 범위 내에서 성실하게 답변하겠습니다. 제가 아는 한 200~300억짜리는 없습니다. 그것은 무리하게 건물을 짓거나 산 게 아니고, 노동부 장관 재임 시절 과거 155개에 달하던 센터를 오히려 80여 개로 줄였습니다. 통폐합하면서 지역센터 체제로 정비했는데, 당시 센터는 거의 대부분이 세를 들어 있었기 때문에 민원인이 많은 경우에 계속해서 건물을 바꿔야 했습니다.

그런데 민원기관이 자꾸 옮겨다니면 민원인이 불편하고 기능도 떨어지고 문제가 많습니다. 그래서 일부는 짓기도 하고 또 일부는 매입해서 고정적인 장소에 위치하게 하는 방향으로 계획을 수립하고 일부 집행했습니다.

제가 노동부를 대변해서가 아니라, 그 효과는 매우 컸습니다. 일례로 재임 중 대구에서 동대구역 인근에 센터 건물을 구입할 때 지역에서 일부 그런 비판이 있었습니다만, 다양한 고용지원 서비스를 하면서 기능을 충실히 하니까 이용자도 늘어나고 지방정부를 비롯하여 그 지역에서 인식이 180도로 바뀌는 것을 보았습니다.

최영기 하지만 건물 비용까지 일반회계가 아니라 노사가 낸 고용보험기금으로 산다는 게 문제가 되는 게 아닌가요?

김대환 이제 본격적인 청문회 모드로 가는군요. 허허. 좋습니다. 원론적으로 그렇게 문제를 제기할 수 있습니다. 고용보험법 제5조에 일반회계로 할 수 있다고 규정되어 있기 때문에 그렇게 하는 것이 맞다고 생각합니다. 그런데 앞에서도 언급한 바와 같이 예산당국의 속성상 '부담할 수 있다'는 법 문안으로 실제 일반회계 지원을 받기가 힘들다는 사실은 알고 계실 겁니다.

그러면 '건물이 그렇게 중요하냐?'면, 앞에서도 말한 바와 같이 중요한 인프라라고 대답을 드리겠습니다. 나중에 여건이 되고 고용보험기금이 더 소요되면 건물의 자산가치 증대도 그러한 목적에 활용될 수 있을 겁니다.

그렇다고 해서 건물에다 집중적으로 투자한 것은 아닙니다. 처음 계획할 때 지역 사정을 감안하여 연차적으로 조금씩 하기로 한 것입니다. 나중에 당초 계획에 비해서는 '너도 나도' 하는 경향이 있었고 그 과정에서 문제도 있었다고 들었습니다. 그건 잘못되었다고 생각합니다. 문제가 발생된 부분에 대해 정치적으로 넘어간 것이 특히 그러합니다.

또 실질적으로는 건물이나 하드웨어 쪽에 집중투자를 한 것은 결코 아니고 정책 소프트웨어 쪽에 주로 투자가 이루어졌습니다. 하지만 소프트웨어에 대한 투자 효과가 금방 가시적으로 드러나는 것이 아니기에 외부에서는 건물에 많은 투자를 했다는 그런 비판이 있기도 하지만, 실제 고용보험기금의 집행 내역을 보면 금방 알 수 있는 사실입니다.

잡 셰어링의 미래는?

윤기설 글로벌 금융위기로 고용불안이 심화되면서 기업들도 10년 전 외환위기 때처럼 과도한 구조조정을 자제하고 잡 셰어링(Job sharing)*을 통해 고용유지에 힘쓰고 있습니다. 임금 삭감 또는 동결, 근로시간 단

---

* 잡 셰어링(Job sharing)
임금 삭감 또는 근로시간 단축 등을 통해 일자리를 유지하거나 나누는 것을 의미한다. 근로시간 단축을 통해 일감을 나누는 '워크 셰어링(Work sharing)'과 직무 분할을 통해 일자리를 나누는 협의의 '잡 셰어링'을 포괄하는 개념이다.

축, 배치 전환 등을 통해 유연하게 대처하는 것 같습니다. 기업에 대한 직원들의 로열티(충성심)를 높이고 실업난과 사회불안을 해소하는 긍정적인 평가가 있는 반면에, 시장경제 원칙에 반하고 군살을 뺀 외국 기업에 비해 경쟁력이 떨어질 수 있다는 지적도 나오는데요. 이를 어떻게 보시나요?

최영기 외국과 비교하면 이런 차이가 있습니다. 1997년 외환위기 때 미국에서 하듯이 그야말로 대대적인 구조조정을 했거든요. 그 후유증도 매우 컸습니다. 노사관계가 악화되고 고용불안이 확산되어 단기주의가 팽배하는 부작용을 모든 기업이 경험했습니다. 거기서 배운 학습 효과 같은 것이 이번에 작용했다고 봅니다. 잡 셰어링은 노동계보다 기업 쪽에서 먼저 얘기했습니다. "이번 위기에는 인원을 줄이며 가지는 않겠다"는 말이 대기업 경영진들로부터 나왔거든요. 그것을 정부가 받아서 "정부도 적극적으로 지원할 테니 이번 고용위기를 잘 이겨내보자"는 분위기가 확산되었습니다. 그리고 노동계도 임금 삭감을 수용하면서 2009년 2월에 노사민정 대타협이 있었지요.

거기까지는 긍정적인 측면이 많았습니다. 그런데 위기를 피하려고 임금도 삭감하고 일자리도 유지하는 긴급구난형의 워크 셰어링(Work sharing)은 어느 정도 성공했는데, 좀 더 중장기적인 고용 정책으로서의 워크 셰어링으로 발전시키지 못한다는 비판이 있는 것 같아요. 장시간 근로를 줄이고 일자리를 늘리는 고용창출형 잡 셰어링 노력이 부족했던 것이지요.

김대환 우리는 뭐든지 바람이 불면 획일적으로 그쪽으로 다 몰리는 경향이 있어요. 사실 잡 셰어링이나 워크 셰어링도 넓은 의미에서는 구조조정이고, 구조조정의 주체는 기업이기 때문에 각 기업의 실정에 맞는 방식이 선택되어 전체적으로는 다양한 방식으로 신축적으로 이루어지는 것이 당연합니다.

그런데 고용은 그대로 유지하는 쪽으로 가겠다고 하고 정부에서도 지원하겠다고 하니까 금방 바람이 되어버렸죠. 이런 상황에서 서로 눈치 보느라고 다른 구조조정은 하지 못하고 잡 셰어링 쪽으로 가다 보니 개별 기업으로서는 어려운 점도 없지 않을 거예요.

이미 1997~1998년 과정에서 고용조정을 몇 차례 거쳤기 때문에 이제는 기업들이 자기 실정에 맞는 방식을 택하고, 이에 대해 노사협의도 잘 이루어지는 것이 가장 좋은 방법이겠지요.

그런데 재계에서 이런 말이 나왔지요. "어려울 때일수록 사람을 내보내지 않겠다"고. 반드시 잡 셰어링을 생각하고 한 말은 아닐 텐데, 잡 셰어링으로 바람이 불어버렸습니다. 현재 어떤 방식으로, 어느 정도로 할 것인가를 놓고 노사 간에도 이견이 있는 것 같습니다.

기본적으로 내보낼 인력을 내보내지 않고 잡 셰어링을 하면서 새로운 인력을 인턴식으로 고용한다는 것은 앞뒤가 맞지 않아요. 잡 셰어링의 이점은 살리면서도, 여기에 목매달기보다는 기업의 사정에 따라 다양한 방식의 대응이 이루어지고, 이것이 사회적으로 수용되는 그런 사회가 보다 지속 가능하다고 할 수 있지 않겠어요?

환율 효과로 인해
금융위기 충격은 미미

윤기설 노동부 자료에 따르면 외환위기 때인 1997년 11월부터 1999년 2월까지 1년 3개월 동안 120만 명의 실업자가 증가했는데, 이번 2008년 9월에서 2009년 1월까지의 금융위기 때는 12만 명에 불과했습니다. 외환위기 때의 10분의 1에 지나지 않았던 것이죠. 이번 금융위기 기간이 외환위기 때보다 짧은 점을 감안하더라도 금융위기의 충격이 그렇게 크지는 않았던 것 같습니다.

우리나라는 대외의존도가 높기 때문에 금융위기의 충격이 일본이나 다른 선진국에 비해 심할 것이란 분석이 지배적이었습니다. 그런데 환율 효과 등으로 수출이 잘 되고 경제가 잘 버텨준 탓인지 기업들이 받은 충격은 적고 고용유지 실적도 좋았던 것 같습니다.

김대환 기본적으로는 10여 년 전 'IMF 사태'의 학습 효과지요. 중소기업이 어려운 것은 예나 지금이나 마찬가지지만, 대기업의 경우는 지난날의 뼈저린 경험 때문에 유동성 관리에 상당히 신경을 써왔습니다. 이런 보수적인 경영은 투자 부진이라는 지탄을 받기도 했지만 이번의 국면에서 보면 전화위복이 된 셈입니다. 외환위기 때에 비해 상대적으로 형편이 괜찮고, 또 단기적이나마 호재가 있으니까 고용조정을 당장 하지 않아도 꾸려나갈 수 있다고 판단한 것이지요. '제 코가 석 자'인 상황은 아니란 거죠. 한 자 반 정도? 고용조정, 즉 감원이 아니라 고용유지 쪽으로 가니까 경제위기에 대한 체감도도 1997년보다는 다르게 느껴지는 것이지요.

그동안은 환율 효과로 인해 그런 분위기가 유지되었고, 또 최근에는 주식시장이 반짝하니까 경제위기가 끝난 것처럼 보는데요. 그러나 금융위기가 실물하고 이어지고 환율 효과가 점차적으로 떨어지게 되면 그 다음 단계에서는 이런 식으로만 갈 수 있을까 의문입니다.

정부나 언론에서는 올해 하반기가 되면 경기가 회복될 것이라는 전망을 하는데 설사 그렇다고 하더라도 위기가 완전히 해소되지는 않을 것으로 봅니다. 그렇게 되었을 경우 지금 진행되는 잡 셰어링이나 고용유지 방식을 그대로 유지해나갈 수 있을는지 의문입니다. 그래서 너무 획일적으로 가지 말고 기업 사정에 따라서 신축적으로 대응하는 것이 필요하고 바람직하다고 생각됩니다.

최영기 외환위기 때와 이번 위기를 비교하면 금리 정책에서 큰 차이가 있지 않나 싶어요. 그 당시에는 기업 재무구조를 개선하고 부채비율을 낮춘다는 명분으로 20%를 넘나드는 초고금리 정책을 폈습니다. IMF의 요구였죠. 그런데 이번에는 재정금융 정책을 우리 스스로 선택을 하니까 재정도 많이 풀고 금리도 2% 정도로 낮추었습니다. 실질 금리는 마이너스 상태입니다.

이런 재정금융 정책과 잡 셰어링을 통한 고용유지 전략이 이번 경제위기를 관리하는 데 상당히 기여하고 있다고 봅니다. 지금까지는 환율과 재정, 금융 정책을 통해 잘 관리하고 있는데 또 다른 불안 요인이 돌발적으로 나왔을 때 우리 경제가 흡수할 여력이 있는가는 확실치 않습니다.

본래 잡 셰어링이란 근로시간 단축을 통해 일자리를 공유한다는 뜻입니다. 그런데 근로시간 단축에 의한 임금 삭감분을 어떤 식으로 분담할 것이냐 하는 문제가 발생합니다. 이를 노사정에서 분담하는 구조가 잡 셰어링 타협입니다. 정부도 세제 지원과 고용유지 지원금 같은 여러 지원제도를 제공합니다.

최근 노동계가 비판하는 것은 일자리 나누기가 근로시간 단축은 없고 너무 임금 삭감에만 치우쳐 있다는 겁니다. 대졸 초임 삭감이나 기존 직원의 임금 삭감으로 마련된 재원으로 인턴을 채용하겠다는 식의 잡 셰어링을 비판하는 것이죠. 약간 왜곡된 형태로 일자리 나누기 정책이 전개되고 있어요.

윤기설 민주노총이 "왜 임금 삭감을 통해 잡 셰어링을 하느냐?"고 비판하는데, 선진국의 경우 임금조정을 통하지 않은 잡 셰어링은 거의 없는 것 같아요. 노동계는 근로시간을 단축하되 임금 삭감은 최소화하자는 것 같아요.

최영기 근로시간 단축은 하지 않고 임금만 삭감한다는 거지요.

윤기설 우리나라는 근로자를 해고하지 않고 임금을 조정한다는 건데……. 산업마다 방식이 다른 것 같아요. 자동차 산업의 경우, 현대자동차는 단기간이지만 연장근로수당을 없애고 임금은 삭감하지 않았거든요. 결과적으로 연장근로수당만 줄어들었을 뿐이지 나머지 임금은 유지가 된 셈이죠. 자동차 산업 같은 경우는 그래도 나은 편입니다. 회사의 존망이 걸린 기업들은 임금을 삭감하거나 해고를 시키지 않고서는 살아남기 힘든데, 자꾸 임금을 삭감하면 안 된다고 주장하니까 좀 답답해하는 측면이 있는 것 같아요.

김대환 임금조정을 하면 안 된다고 하는 것도 잡 셰어링에는 맞지 않는 것이고, 잡 셰어링을 하면서 근로시간 단축 없이 임금을 삭감하는 것도 문제가 있다고 봅니다. 단기적으로는 근로시간을 단축하면서 그에 따라 일부 임금 삭감이 되고, 나머지 시간을 다른 사람에게 주어서 고용을 유지하거나 늘리고, 중장기적으로는 생산성 향상을 통해 임금 보전을 해나가는 것이 잡 셰어링의 핵심이지요.

최영기 이번 위기 때만이 아니고 10년간 누적된 고질적인 고용위기를 극복하는 데도 잡 셰어링이 중요한 정책 수단이 될 수 있습니다. 특히 우리나라 근로시간이 OECD 기준에 비해 매우 긴 편입니다. OECD 평균에 비해 연간 600시간 정도 긴 현실을 감안하면 근로시간 단축을 통한 잡 셰어링의 여지가 충분히 있다고 봅니다. 대기업 정규직들은 상시적으로 오버타임을 하고 은퇴는 빠른 편입니다. 짧은 시기에 집중적으로 과로를 하다가 조기에 은퇴를 해버리는 꼴입니다. 노동력의 효율적인 활용이라는 관점에서 보면 문제가 많은 것이죠. 일자리가 없는 사람도 많은데, 일하는 사람들은 상시적인 장시간 근로에 빠져 있습니다. 이런 인력 활용의 불균형을 시정하는 중요한 정책 수단으로 잡 셰어링을 활용할 수 있습니다.

그리고 저출산·고령화 대책으로 일–가정 양립(work-life balance)을 매우 강조하는데, 이것의 가장 중요한 정책 수단이 오버타임을 줄이는 겁니다. 정시 퇴근하고 근로시간을 정상적으로 가져가는 게 중요합니다. 근로시간 단축과 교육훈련 투자를 연동시켜서 단축된 시간을 교육·훈련시간으로 활용한다면 경쟁력 강화와 개인의 직업능력 개발에도 크게 기여할 것입니다. 고용전략의 차원에서 잡 셰어링 정책을 잘 발전시킬 수 있다고 봅니다.

김대환 하지만 그렇게 되려면 몇 가지 요건이 충족되어야 합니다. 잡 셰어링을 통해 고용을 늘리는 방향으로 가고, 이럴 경우 당장 기업의 추가 부담이 발생하지 않도록 해야 합니다. 추가 부담이 발생하면 생산성 향상으로 그것을 보전하는 식으로 조건이 충족되어야만 잡 셰어링이 지속될 수 있습니다. 단기적으로 잡 셰어링을 통해서 "노사 중에 누가 덕을 보고 누가 손해를 보느냐"에 집착한다면 이는 지속될 수 없는 정책이 되고 맙니다.

우리의 전반적인 고용 사정을 본다면 아직까지도 OECD 국가에서 최장시간 근로하는 국가니까 근로시간을 줄이고 그로 인해 발생하는 근로시간을 다른 사람에게 줘서 1인당 평균 근로시간을 줄여나가는 것은 좋습니다. 그러할 경우 기업의 추가 부담은 생산성 향상과 직접 연계되어 갈 수 있도록 하고, 정부는 이와 관련한 보육 지원을 비롯한 사회적 투자를 계속 해나가야 실제로 의미가 있는 정책이 될 수 있을 것입니다.

근로시간이 줄면
성장동력은 하락

윤기설 지난해 문명비평가인 프랑스의 기 소르망이 노동연구원 초청으로 한국을 방문했을 때 이런 강연을 했습니다. 프랑스에서는 경기침체 때 고용보장을 위해 근로시간을 줄이고 대신 일자리 나누기를 했는데 성장동력이 떨어졌다는 겁니다. 성장동력이 약화되면 일자리가 줄어들고 기업의 성장에도 영향을 미칠 수밖에 없다는 겁니다. 일본 경제에 '잃어버린 10년'이 도래한 것도 1980년대 이후 인구와 근무시간이 줄어든 게 주요 요인이라는 분석도 내놓았습니다. 프랑스가 근로시간을 줄이면서 일자리 나누기를 한 것이 경제에 오히려 독이 됐다는 것은 많이 알려진 사실이거든요.

김대환 일자리 나누기를 일시적으로가 아니라 지속적으로 하려면 결국 생산성 향상과 같이 가는 방향으로 정책이 추진되어야 하는데, 현실적으로 볼 때 우리의 경우에는 우려되는 측면이 없지 않지요. 우리는 시간제 근로를 주된 노무정책으로 채택하고 있는 경우가 거의 없어요.
임금조정을 놓고 노사가 극단으로 부딪힐 수도 있고, 근로자 개인 차원에서는 책임의 한계, 근무의 성실도, 기업에 대한 로열티 등 이런 문제에 대해 현실적으로 자신 있게 말하지 못하는 상황입니다. 결국 잡 셰어링의 운명은 노사협력과 생산성 향상에 직결되어 있다고 봐야지요.

최영기 잡 셰어링에는 여러 가지 유형이 있습니다. 잡 셰어링을 업무 혁신,

일자리 혁신과 연동시켜 생각해봐야 합니다. 기 소르망이 언급한 프랑스의 사례는 법정 근로시간 단축을 통해 실업 문제를 해결하겠다는 접근법을 비판한 겁니다.

프랑스가 세계 최초로 주 35시간으로 간 것에 대해서는 이미 많은 비판이 있었기 때문에 새로울 것도 없지요. 법정 근로시간 단축을 통해 일자리를 늘리려는 정책에는 대체로 부정적입니다.

전문가들의 분석 결과를 보면, 법정 근로시간을 단축하면 모든 기업이 획일적으로 따라야 하기 때문에 오히려 경직성을 초래하고, 불필요한 노동비용 증가를 야기하기 때문에 고용에 부정적 영향을 미친다는 겁니다. 그 대신 협정 근로시간, 그러니까 노사의 단체협약을 통한 근로시간 단축의 경우에는 기업 사정에 따라 유연하게 조정할 수 있기 때문에 고용에 긍정적인 효과가 있다는 평가입니다. 그래서 법정 근로시간에 손을 대서 주 40시간을 37시간, 36시간으로 줄이는 잡 셰어링은 아니고, 기업 단위로 근무제도 혁신을 통해서 잡 셰어링을 하도록 유도하는 것이 좋다고 봅니다.

그리고 파트타임을 적극적으로 활용할 필요가 있습니다. 우리나라는 여성 고용률이 매우 낮은데, 여성 고용을 늘리려면 궁극적으로는 근무제도를 유연하게 가져갈 수밖에 없거든요. 파트타임을 적극적으로 활용하려면 임금도 직무 중심으로 책정되어야 하고 업무도 상당히 표준화되어야 합니다.

개인 업무 담당자만 알 수 있는 업무 노하우를 공개하고 공유된 지식으로 전환해주어야 합니다. A 파트타이머가 하는 일을 B 파트타이머가 이어서 할 수 있어야 합니다. 그래서 업무와 관련된 지식과 정보가 투명하게 드러나고 객관적인 지식으로 전환해야 하기 때문에 이런 과정에서 업무효율성이 매우 높아질 수 있다고 봅니다.

잡 셰어링은 단기적으로 고용위기를 극복하는 데 필요한 정책도 되지만, 중장기적으로 여성 인력을 적극적으로 활용하고 점점 늘어나는 고령 인력을 활용하는 방법도 됩니다. 그리고 장시간 과로 근로를 줄이고 업무효율성을 높이기 위한 중요한 정책 수단으로 잡 셰어링을 선택할 수가 있다는 생각입니다.

윤기설 잡 셰어링을 도입한 대표적인 기업이 유한킴벌리입니다. 이 회사는 노조의 동의로 임금을 삭감함으로써 고용을 그대로 유지할 수 있었던 걸로 알고 있습니다. 임금 삭감은 일반적인 상황에서는 결행하기 힘들거든요. 무엇보다 임금이 깎이는 데 대해 노조원들의 반발이 거세기 때문이죠. 이 회사도 노조의 동의가 있었기에 잡 셰어링이 가능했던 것이죠.

그런데 유한킴벌리 측은 잡 셰어링을 하면서 생산성이 높아졌다고 주장하는데 다른 기업에까지 일반화시키기엔 다소 무리가 있지 않나 생각됩니다. 많은 기업들이 유한킴벌리를 벤치마킹했지만, 실제로 이 회사의 근무 방식을 도입한 기업은 거의 없거든요. 이 회사는 10여 년 전 4조 3교대 또는 4조 2교대의 근무 방식을 채택한 뒤 지금까지 줄곧 그 방식을 유지하고 있어요. 물론 이는 생산성에 도움이 되기 때문이겠죠. 하지만 근로시간 연장을 통해 생산성을 올리는 나라들도 많습니다. 독일의 금속 산별 노조는 2004년도에 사용자가 내놓은 '임금 인상 없는 근로시간 연장'에 합의했습니다. 우리나라에서는 노동계 반발 때문에 상상도 할 수 없는 일이지요. 그때 근로시간이 38시간이던 기업은 40

시간으로 바꾸고, 35시간이던 기업들은 37시간, 38시간으로 늘렸습니다. 고용 유지보다도 생산성을 높이기 위한 것이었는데, 근로시간이 늘다 보니 생산성이 오르고, 기업의 경쟁력도 확보되고, 또 이로 인해 고용도 유지되는 선순환 구조가 형성된 것이죠.

김대환 그것도 생산성 향상으로 이어져야만 지속 가능한 정책 수단이 될 수 있는 것이지요. 업무표준화가 비교적 쉬운 단순 사무직이나 생산직 같은 분야에서 실질적으로 생산성 효과가 어떻게 나타나느냐를 지켜보면서 고용 정책의 중요한 한 축으로 생각해볼 수 있겠지요.

'일자리 나누기', 좋긴 합니다만, 여기에는 '신화(myth)'가 있고 현실은 따로 있습니다. 그 '신화'는 매혹적일 수 있지만 우리 현실은 엄중합니다. 많은 준비와 변화가 필요한 것이지요.

비정규직 문제, 그 묘책은?

14

윤기설 비정규직 문제를 둘러싸고 논란이 끊이지 않습니다. 정부는 2년으로 제한한 기간제의 사용기간을 4년으로 연장하자는 방안을 국회에 제출한 상태입니다. 2년으로는 대량 해고가 우려된다는 것이죠. 그러나 민주당은 당초 법률대로 시행하자고 주장하고, 한나라당은 2년 유예로 맞서다 결국 법 개정을 못하고 시행에 들어가버렸습니다. 이로 인해 많은 비정규직 근로자들이 직장에서 쫓겨난 상태인데요. 비정규직 문제를 풀 근본적인 해법은 없을까요?

김대환 'IMF 사태' 이후 비정규직이 급속히 늘어나 그 수와 비중이 클 뿐 아니라 그들이 처해 있는 사정이 열악하고, 그러니까 현실적으로 이에 대해 보호를 하자는 것이 비정규직보호법입니다. 정규직과의 차별 시정을 통해 점진적으로 정규직화해나가는 것이 이 법의 취지입니다. 우여곡절을 겪기는 했지만, 어쨌든 노사합의를 통해 법제화된 만큼 노사 모두가 이 법에 충실해야 한다고 봅니다.

이제 와서 보니까 노사가 합의는 했지만 그리 흔쾌하지 않은 상태에서 법안이 만들어졌다는 사실이 드러난 겁니다. 차별 시정을 실현할 수 있는 그런 방안에 노력을 기울여야 하는데, 그것보다는 기간 제한 문제가 현안이 되고 있습니다.

7월 시행에 들어갈 경우 비정규직 실직 사태가 우려되자 몇 년 유예를 하자는 말이 나온 것 같아요. 하지만 저는 기본적으로 법대로 하면서 필요하다면 실제 산업 현장에서 나타나는 현실을 가지고 보완을 해나가는 것이 정도일 뿐 아니라 가장 현실적인 방안이라고 봅니다. 이 법을 그대로 시행하면 해고도 나올 수 있고, 또 어떤 곳에서는 정규직화가 될 수도 있겠지요. 또 일부는 해고하고 일부는 정규직화하는 경우도 나올 겁니다. 될 수 있는 대로 정규직화를 장려하되, 법에 따른 해고자들은 직장 이동을 쉽게 할 수 있도록 고용서비스나 사회안전망을 통해 지원하는 식으로 대처해야겠지요. 근본적인 방안은 차별 시정에 초점을 맞추어 전체적으로 유노조 대기업과 공공 부문 정규직의 유연화와 같이 감으로써 실질적인 비정규직 보호가 이루어질 수 있도록 하는 것입니다.

윤기설 정규직에 대한 고용유연성을 확보하면 좋을 텐데 현실적으로는 불가능하기 때문에 정부도 비정규직 부분에서 유연성을 확보하려 했던 것 같습니다. 사실 노동부는 지난해까지만 해도 비정규직보호법을 그대로 시행하자는 쪽이었습니다. 하지만 기획재정부나 청와대에서 비정규직법이 실직자를 증가시킨다고 몰아붙이니까 노동부의 입장이 바뀐 것으로 알고 있습니다.

한나라당이 주장했던 2~4년간의 유예는 그때 가서 똑같은 현상이 일어나기 때문에 근본적인 해결책은 아니라고 봅니다. 정부가 현행 제도를 그대로 시행한 뒤 문제점이 발생하면 그때 가서 보완을 하는 그런 전략을 썼더라면 어땠을까 하는 생각도 듭니다만…….

김대환 차별 시정이 실질적으로 이루어지면 기업 입장에서도 굳이 비정규직을 채용할 이유가 줄어들거든요. 원래 이 법의 취지는 차별 시정을 통해서 기업들이 비정규직을 선호하는 인센티브를 점점 줄여나가고, 그러면서 비정규직이 보호되면서 전체적으로 우리 노동시장을 유연안전화 쪽으로 방향을 잡아나가고자 하는 것입니다. 법대로 시행하면서 보완해나가되 정규직을 포함해 그야말로 근본적인 노동시장 개혁에 착수할 필요가 있다고 봅니다.

최영기 법을 만들었으면 일단 시행은 해야죠. 그런 뒤 시장 상황을 지켜보면서 대응을 해나가야 할 텐데 정부가 너무 일찍 4년을 연장한다든가 2년 정도는 유예할 것처럼 얘기를 해놓으니까 기업이나 비정규직 당사자들이 매우 불확실한 상태로 1년 또는 6개월을 보내왔습니다. 2009년 3월 고용 통계를 보면 다른 고용 형태는 다 줄어드는데 오히려 기간제 근로자는 늘었어요. 그동안에는 기간제 근로자가 줄었는데 3월에 오히려 늘었다는 것은 기업들이 '이것은 분명히 7월에 시행하지 않는다'라는 생각을 하기 때문일 겁니다.

윤기설 지금 대기업에는 기간제 근로자가 별로 없습니다. 아예 채용하지 않거나 정규직으로 돌려놓아 기간제 근로자로 인한 논란의 소지를 없앤 것이죠. 대신 대기업들은 그 인력을 아웃소싱으로 돌리고 있습니다. 전체 고용의 질이 떨어지는 셈이죠. 비정규직 문제는 아주 섬세하게 접근하지 않으면 비정규직 당사자들이 불이익을 당할 소지가 큽니다.

최영기 어떻게 보면 정답이 없는 것 같습니다. 노사정 합의로 법이 제정된 것이기 때문에 그냥 시행하면서 사후대책을 세우는 게 맞는 겁니다. 노동시장 전체로 보면 이를 계기로 정규직 노동시장 경직성 문제를 개혁하는 계기로 삼거나 안전망 투자를 확대하는 계기로 삼을 수도 있습니다.

그런데 정부 스스로 주춤주춤 뒤로 물러나면서 죽도 밥도 안 되는 꼴이 된 셈입니다. 정부가 이를 그냥 시행하기 어렵다고 할 때 처음 한 얘기는 "이 고용위기 상황에 그냥 시행하면 고용대란이 난다"는 거였습니다. 100만 실업 대란이 난다는 노동부의 예측은 엄포로 끝났습니다. 7월부터 비정규직법이 적용됐는데, 실제 해고된 비정규직은 당초 우려보다 많지 않았거든요.

김대환 일부에서는 기간 제한을 완전히 철폐해야 비정규직 문제가 해결될 수 있다고 주장하는데, 현재로서는 무리한 얘기입니다. 그 대전제는 차별 시정으로 간다는 확고한 보장인데, 이 '보장'에 대한 신뢰가 없거든요. 현재로서는 기간 제한이 비정규직 남용을 제어하는 지렛대지요.

최영기 차별 시정을 강화하는 것에 대해 대기업 쪽에서는 반대입니다. 왜 그러냐면 기간제에 대해서는 미리 예고가 되어 있었기 때문에 기업들은 이런저런 준비를 했단 말입니다. 그런데 기간 제한을 풀어주면서 차별 시정을 강화하게 되면, 기업들은 이미 나름대로 사내하청이라든가 아웃소싱으로 조정했는데 거기에 새로운 규정을 넣는 것이기 때문에 거부하는 거죠.

윤기설 이미 정리가 된 상태인데 부담만 된다는 것이군요.

최영기 이를테면 차별 시정을 사내하청까지 확대하는 것에 대해 겁을 내는 거지요.

김대환 경직적인 부문의 정규직과 더불어 전체 노동시장의 개혁 패키지로 같이 가야 하는데, 그런데 발상의 전환이 가능할까요? 대기업 쪽에는 개혁을 기피하는 노사담합 구조가 있어요.

임금체계 바꾸면 해결된다는데…

윤기설 이 부분도 결국은 임금체계와 연관지어 볼 수 있겠군요.

최영기 네. 궁극적으로 비정규직 문제의 시장적 해법은 임금 결정 시스템의 개선으로밖에는 할 수 없다고 봅니다.

김대환 예컨대 대기업과 공공 부문의 정규직 시장이 유연하다면 상대적으로 높은 고임금이 조정되고, 비정규직의 낮은 처우는 상향조정이 되고, 이렇게 해서 임금이 정규직의 100%는 아니더라도 80% 이상으로 되고. 그렇지만 임금만으로 해결될 수 있는 문제는 아니지요. 임금 이외에 여타 보험 혜택들도 같이 주어져야 합니다. 그렇게 가면 비정규직의 정규직화에 대한 부담도 줄어들겠지요. 임금을 정규직만큼 많이 줘야 한다는 부담으로부터 벗어날 수 있고, 비정규직도 그런 기대는 좀 접고, 정규직도 양보를 좀 하고 그러면 이 패키지가 가능한데, 이게 힘들다는 거지요.

최영기 비정규직법 논쟁의 맹점 중 하나가 법만 갖고 이 문제를 해결하려고 한다는 겁니다. 비정규직 문제는 노동시장 내에서 발생한 것이거든요. 그러면 노동시장 작동 원리(working mechanism)를 바꿔줘야 하는 건데, 지금 비정규직법이라는 것은 정부가 나서서 새로운 규제 시스템을 들여오는 방식입니다.

노사는 예전의 행태 그대로 하고 있고 정부가 들어와서 법으로 막아달라는 것이거든요. 법으로 비정규직 문제를 푸는 데는 명백한 한계가 있어요. 소위 말하는 풍선 효과가 생기는 겁니다. 시장은 법을 우회하는 여러 수단들을 찾아낼 것이고, 몇 년 지나면 또 유사한 문제가 발생할 수 있다고 봅니다.

그래서 궁극적인 해법은 노동시장 내의 정해진 규제 시스템하에서 노사가 임금, 근로시간, 고용 형태의 재조정을 통해 해결해나가는 게 정도라고 봅니다. 그런 차원에서 보면 노동조합도 비정규직 문제에 대한 자기 책임을 분명히 인식할 필요가 있습니다. 조합원들의 임금 극대화나 고용 안정만을 위해서 비정규직 남용을 방치하는 대기업 정규직 노조의 행태를 시정하지 않은 채 법만 가지고 비정규직 문제를 해결하려고 하는 셈이죠. 노사가 이와 같이 자기가 할 일에는 손을 안 대고 정부 책임만 따지고 드는 공방이 바로 비정규법 논쟁이라고 봅니다.

윤기설 비정규직을 정규직화하는 데 따른 부담의 크기를 정부가 제대로 알리지 않아서 기업들이 겁을 내는 측면도 있었던 것 같아요. 정부는 2년 된 비정규직을 정규직으로 전환할 경우 기업들이 엄청난 비용을 부담해야 하는 것처럼 설명했습니다. 그러면서 비정규직법이 시행되면 기업들은 인건비를 줄이기 위해 대량해고를 할 것이라며 엄포까지 놓았습니다.

정부가 비정규직을 정규직으로 전환해도 인건비 상승이 크지 않다는 점을 홍보했더라면 지금과 같은 혼선은 벌어지지 않았다고 봅니다. 실제로 노동부는 2006년 11월 비정규직법이 국회를 통과했을 때만 해도 이런 점들을 많이 홍보했거든요. '중규직'이란 단어도 그래서 나온 겁니다.

김대환 글쎄요. 그건 사실과 달라요. 비정규직법을 입안한 사람으로서 다시 강조하자면, 이 법만으로 비정규직 문제를 해결하겠다는 것이 아니라 이와 더불어 전체적인 노동시장의 개혁을 구상했던 겁니다. 이 법이 시행되면 대량해고 사태가 일어날 것이라고 '엄포'를 놓은 것은 정부가 아니라 노동계와 소위 진보를 자처하는 학자들이었어요. 그러면서 비정규직보호법을 '비정규직양산법'이라고 우긴 것도 그들 아닙니까? 차별 시정을 통해 비정규직의 남용을 줄이고 점진적으로 정규직화를 유도한다는 법 취지를 노사 당사자는 물론 학계에도 충분히 설명했어요. 그런데도 모두가 현장에 자신이 없었던 거죠.

윤기설 대기업은 비정규직법 내용을 잘 알고 있는 데 반해 중소기업들은 잘 모르는 것 같습니다.

김대환 노동부에서 지방을 돌면서 설명회도 하고 많이 홍보를 한 것으로 알고 있는데. 기업이나 노무 담당자가 자신이 없는 겁니다. 비정규직 해고를 하고 나서 다른 비정규직을 채용하는 비용이나 과정, 그런 것이 상당히 성가시고 귀찮다고 보는 거죠.

최영기 비정규직 고용기간이 2년이 지났더라도 나중에 해고 절차만 밟으면 됩니다. 2년 넘게 계속 고용을 한다고 그 사람의 처우를 금방 달리 할 필요는 없는 거잖아요. 무기계약으로 그냥 가져가면 되는 거 아닌가요?

김대환 실제로 그것도 그렇지만, 당장 정규직과 똑같은 급여체계를 가져갈 필요는 없는 것이기 때문에 나름대로 계약을 맺으면 되는 건데, 일부에서는 지금 정규직과 왜 차별을 두냐는 식이지요.

윤기설 비정규직에서 정규직으로 바뀌면 노조에 가입하게 되고, 노조에 가입하면 정규직과 똑같은 임금을 요구하고, 이런 과정을 거칠까봐 기업들이 두려워한다는 것이죠.

최영기 다시 말해 이런 해법이 있죠. KTX의 경우 철도공사에서 직접 채용해달라는 것이 여승무원(비정규직) 노조의 요구였습니다. 철도공사는 정규직으로의 채용은 안 된다는 것이었지요. 그때 정규직 노조가 "저 사람들 직접 고용하는 데 드는 추가 노동비용은 우리가 분담하겠다. 그러니 다 함께 고통분담해서 이 문제를 함께 풀자" 하고 나섰어야 했어요. 그런데 정규직 노조가 그것을 안 한 겁니다. 자기들 것은 그대로 지키면서 KTX 여승무원들만 정규직화하라고 하는 겁니다.

김대환 노조에서는 비정규직의 정규직화가 자신들의 기득권과 연계되는 것을 경계하고 있다는 말씀이죠. 그러니까 내부에서 조정해 한 식구로 가겠다고 나서지 못하는 거지요. 무조건 비정규직을 못 쓰게 하고, 정규직화에 따른 부담은 기업이 전담하도록 정부가 법적으로, 행정적으로 해라 이런 것인데…….

최영기 모든 것을 정부한테만 요구해서는 해결책이 나올 수 없지요. 기업들도 사실은 아웃소싱을 하거나 비정규직을 채용할 때 정규직 직원이나 정규직 노조와의 갈등을 피하기 위해서 그렇게 넘어간 거죠. 사실 2년 동안 지속되는 직무라면 정규직으로 채용해야 하는 게 맞지요. 그렇게 하고 그 직무에 맞는 임금체계와 임금 수준을 책정해주는 것이 정상적인 고용관리라고 할 수 있습니다.

김대환 그런데 기업은 그렇게 할 자신이 없고, 노조는 조금도 양보할 의사가 없는 거지요. 분명한 것은, 비정규직 문제는 이 문제만을 따로 떼어서는 해결할 수 없다는 겁니다. 우리 노동시장의 전반적인 개혁, 즉 이중구조의 해소 내지 완화라는 대담한 접근 없이는 해결에 가까이도 갈 수 없어요.

특수고용직은 노동자인가, 사업주인가?

윤기설 현재 100만 명으로 추정되는 특수고용직도 노동 현장에서 핵심 이슈거리가 되고 있습니다. 골프장 경기보조원인 캐디를 근로자로 인정한 중앙노동위원회의 판정이 나오면서 유사 직업군인 보험설계사, 학습지 교사, 레미콘·덤프·화물차 기사에 대한 근로자 인정 요구가 다시 불거지고 있습니다. 이 부분은 매년 논란이 되고 있는데, 같은 직종끼리도 처한 환경이나 입장이 달라 정부에서도 정리가 쉽지 않은 것 같은데요.

최영기 특수고용직에 대한 것은 우리나라의 문제만은 아닌 것 같습니다. 독일이나 일본같이 노동법이 잘 발달되어 있는 나라에서도 노동법학자들을 매우 곤혹스럽게 만들고 있는 것이 이 문제입니다. ILO에서도 제대로 해법을 내놓지 못하고 있다고 합니다.

근로자라고 하기에도 어렵고 완전한 독립 자영업자로 보기에도 어려운, 사용종속성 자체가 논란이 되는 그레이 에어리어(gray area)에서의 취업 형태가 늘고 있습니다. 이들에 대한 법적 보호를 둘러싼 논란이 계속되고 있습니다. 집단적 노사관계 규율로 해줄 것이냐 아니면 근로기준 제도의 틀로 해줄 것이냐, 사회보장법으로 보호할 것이냐 아니면 경제법으로 보호할 것이냐 등이 지속적인 논란거리입니다.

윤기설 지난해 프랑스와 스페인 등지에선 화물운송차 기사들이 집단행동을 했습니다. 유가 인상으로 어려움을 겪자 정부로부터 보조금을 타내기 위해서죠. 그런데 이들 화물차주들은 노조에 가입해 있지 않습니다. 자기 책임하에 일을 하는 사업주일 뿐 노동자가 아니기 때문에 노조를 결성할 수가 없는 겁니다. 우리나라 화물차주들이 민주노총 산하에 화물연대를 만들어 연례행사처럼 파업을 벌이는 것과는 대조적입니다. 이 부분에 대해 정부가 명확한 선을 그어줄 필요가 있는 것 같아요.

김대환 지금까지 정부의 공식적인 입장은 독립적인 자영업자로 보면서 관계를 맺고 있는 다른 사업주와 불평등 계약관계에 있거나 불이익을 받는 부분이 있다면 그 부분에 대해 시정을 한다는 것이지요. 또 산재 같은 것은 보험 혜택을 받게 하는 쪽으로 유도해서 노동복지 부분을 강화한다는 겁니다.

그런데 업종별로 관행이 많이 다릅니다. 학습지 교사 같은 경우 초기에는 정규직인 경우도 있었어요. 그런데 학습지 시장이 늘어나면서 특수고용직 형태로 전환된 것이거든요. 그러면서 불평등 관계와 제약성이 늘어났는데, 이 부분을 시정하는 게 필요합니다. 보험모집인의 경우 최근 들어 수적으로 상당히 줄어들었습니다. 왜냐하면 모집인과 보험사 간의 불공정 조항들이 있어서 문제가 되었는데, 이 조항들이 개선되니까 보험사가 과거와 같은 모집인 의존에서 탈피하게 된 것입니다. 단순한 모집인이 아니라 문자 그대로 보험설계사로 전문화되어가는 추세입니다.

그런데 노동자성 인정, 노조 결성, 그리고 더 나아가서는 파업권 보장, 이런 걸 주장하니까 정부의 보호방안도 더 이상 진전이 안 되고 있는 거지요. 정부에서 명확하게 선을 긋고 나가는 게 좋을 것 같습니다.

골프장 캐디들을 대상으로 설문조사를 했더니 '지금 현 상태가 좋다'고 합니다. 일부에서는 노조를 결성했지만 근로자로 되면 근로소득세를 내야 합니다. 그런데 캐디들은 사업자이고 소득이 일정 한도를 넘지 않기 때문에 소득세를 내지 않습니다. 과거 캐디들은 매우 종속적이었는데 지금은 많이 달라졌다고 합니다. 좀 더 발전시켜서, 캐디들이 일정한 사업장과 계약을 맺어 연락을 받으면 자신이 나가서 경기보조를 한다든지 이런 식으로 근무 형태를 유연하게 하는 방안도 생각해 볼 수 있을 겁니다.

덤프트럭, 레미콘은 잘 될 때는 수입이 좋았지만 공급이 늘어나고 건설경기가 예전만 못하니까 문제가 발생합니다. 이는 노조 형태보다는 스스로 협회 같은 방식으로 단체를 결성하도록 하고, 상대적으로 산재의 위험이 높으니까 산재보험의 혜택을 받게 해야겠지요.

물론 정부가 상대적으로 취약한 이런 계층에 대해 관심을 갖고 보호해야겠지만, 취약계층 당사자들도 무작정 법적인 보호와 생활보장을 주장할 게 아니라 실제로 어떻게 하는 것이 자신들에게 경제사회적으로 도움이 될 것인가도 잘 따져봐야 할 것 같아요.

최영기　요즘은 택배기사, 대리운전자, 방송작가들도 특수고용직으로 분류되는 것 같아요. 이런 고용 형태를 가진 사람들이 점점 늘어나지만 법적 보호의 사각지대에 있는 것이 문제입니다.

시장이라는 게 그 자체로서 운영되는 게 아니라 나름대로 일정한 규율 시스템 속에서 운영되는 것인데, 노동법이든 경제법이든 어떤 규율이 들어가지 않으면 제3세계 비슷한 노동시장으로 추락해갈 수 있거든요. 지금 얘기한 학습지나 보험설계사는 지난 10여 년간 지속적으로 문제 제기가 되면서 어느 정도 시장 질서가 잡혔지만 택배기사, 대리운전자 같은 새로운 분야의 종사자들은 현재 아무런 보호나 룰이 없는 상태입니다. 따라서 이들이 노동자냐 아니냐의 공방에만 빠져 있을 게 아니라 이 사람들에 대한 최소한의 보호나 시장 질서를 어떻게 만들어 줄 것이냐 하는 모색이 필요한 것 같습니다.

새 환경에 맞는 보호 대책이 필요

윤기설　특수고용직 보호에 대한 조항이 경제 관련법 등에 어느 정도 명시돼 있지 않나요?

김대환　보건복지법이 보호를 하고 산재보험 노동 관련법으로 어느 정도 보호를 하고 있는데, 이제 노조나 당사자 조직 쪽에서는 그것으로는 안 된다는 거예요. 그런데 노동자성도 있지만 사업자성 부분이 크다면 그렇게 이해하고, 거기에 맞는 제도로 가져가야 할 거예요.

최영기 지금 새로 거론되는 택배나 대리운전 기사는 산재가 적용되지 않고 있거든요. 대리운전에 대한 논란도 5년째 지속되고 있는데, 이것도 건설교통부와 공정거래위원회가 서로 미루는 것 같아요.

김대환 네, 맞아요. 재임 시 공정거래위원회하고 이런 문제를 같이 해결하자고 하니까 실무 차원에서 동력이 붙지 않아 제가 당시 강철규 위원장의 협조를 이끌어내어 발걸음을 떼기 시작했는데, 실제로 이런 것은 범정부적으로 해결해야 합니다. 귀찮은 문제라고 미루고, 주무부처에서 알아서 하되 우리 영역은 침해하지 마라, 이런 식이니까 결국 집단현상으로 나타나 파업권을 달라는 얘기까지 나온 겁니다. 새로운 사회현상이 나타나면 그에 맞는 보호나 룰이 필요한 것이지요. 이게 정부가 할 일이에요.

최영기 이런 해법도 있을 수 있죠. 최근 외국에서 근로계약법제를 대안으로 제시하는 경우가 있습니다. 일본이 2008년 3월부터 근로계약법을 들여왔고, 독일에서 초안이 나온 상태입니다. 그런데 근로계약법을 들여오는 이유가 근로기준법을 대체하기 위해서가 아니고, 근로기준법으로 대응하기 어려운 특수 형태의 노동자들을 보호하기 위해서죠. 이런 관점에서 보면 민법과 노동법 사이의 규율체계로서의 근로계약법인 것 같아요.

김대환 양자를 포괄하는 쪽이지요. 그런데 우리는 흔히 이것으로 근로기준에 대한 것을 완전히 대체하는 것으로 여기며 극단적인 논리로 몰고 가는 경우가 있는데, 이 하나만 가지고 해결할 수 없는 사회적 문제가 있으면 다른 방법도 병행하는 게 좋은 거지요. 우리는 그런 유연성과 종합성이 부족한 것 같아요.

최영기 1950년대 만든 근로기준법으로 50년, 60년 지난 상황까지 다 해결할 수는 없는 거니까 유연성을 취하는 게 바람직하지요.

시장 친화적 현장훈련이 경쟁력

윤기설 요즘 인력 양성의 필요성을 강조하는 목소리가 높습니다. 인재를 키워야 기업의 경쟁력도 높아지고 일자리도 덩달아 늘어난다는 것이죠. 이런 차원에서 정부의 직업훈련 정책도 원활하게 이뤄져야 한다고 보는데요.

김대환 지금 같은 상황만이 아니라 앞으로도 가장 필요한 것이 직업훈련입니다. 직업훈련은 시장 친화적이면서도 시장의 문제를 극복하고 보완할 수 있는 그런 중요성을 가졌거든요. 과거의 직업안정 제도에서 많이 발전한 것은 사실이지만 좀 더 지속적으로 업그레이드된 직업훈련이 실시됐으면 좋겠어요. 직업훈련 전문가들도 많이 나오고 제도가 보다 유연성을 가졌으면 합니다.

또 장관 재임 시 애기를 해서 뭐합니다만, 당시 전국에 21개의 직업전문학교와 24개의 기능대학이 있었는데, 서로 크게 차별화되지도 않고 각각 몇 명 모집해서 몇 명 배출시켰다는 수준에서 크게 나아가지 못하고 있는 것 같았어요. 그래서 일부 반발에도 불구하고 기술전문학교와 기능대학을 통폐합시켜 2006년에 새로운 체제를 구축했습니다. 요사이 간판이 눈에 띄는 '한국폴리텍대학'이 바로 그겁니다.

2년제 학사 과정 대학(권역별 11개)과 1년제 기능사 양성 과정(지역별 29개)을 7개 권역으로 묶어 한국폴리텍 I~VII대학과 특성화 대학 4개로 운영하고 있습니다. 1960년대처럼 천편일률적으로 기계 분야에만 주력해서는 안 된다고 보고 각 지역별·권역별로 특성화시켰지요.

서해안 지역의 경우 식품 분야로 지역 기업들과 연계해 해산물과 같은 식품 원료를 이용하는 기술을 개발하여 상품화시키기도 하는 등 나름대로 체계가 잡혀가고 있는 것 같아요. 제일 중요한 것은 노동시장에서 필요로 하는 분야의 인력이 있으면 지체 없이 직업훈련으로 수용을 해서 인력을 양성하여 공급하는 것이지요.

중소기업의 경우는 직접 가서 지도하고 양성해주는, 즉 찾아가는 직업훈련이 필요하지요. 다양하면서도 실질적으로 취업과 연결될 수 있는 직업훈련이 되어야 합니다. 과거 머리 수 채우기에 급급했던 직업훈련 같은 것은 더 이상 존재할 이유가 없습니다.

윤기설 기업들이 현장과 별로 상관없는 직업훈련을 하다 보니 실효성이 많이 떨어진다는 지적들이 나옵니다. 주로 고용보험 환급금을 타기 위해 형식적으로 훈련을 실시한다는 겁니다. 그러다 보니 정작 필요한 현장훈련은 극히 제한적으로 이루어진다는 것이죠. 한국기술교육대학교처럼 맞춤형 현장훈련을 실시하는 곳도 있긴 합니다만…….

김대환 맞아요. 그렇게 해야 합니다. 현실적으로 기업 현장에서 필요한 교육을 하고 또 해당 지역에 있는 기업과 유대를 갖고 필요할 때는 기업에 가서 현장훈련을 해서 기업들이 인력을 요청하면 곧장 공급을 할 수 있는 그런 체제로 만들어나가야 합니다. 실제 교육 현장에서도 이러한 변화들이 일고 있는 것은 매우 고무적인 현상입니다.

최영기 교육훈련 재원이 고용보험 직업능력개발 사업에 주로 의존하고 있기 때문에 왜곡 현상이 일어나는 것 같습니다. 주로 고용보험 환급금을 받기 위한 훈련에 치우치는 거지요. 그만한 능력이 있는 곳도 대부분 대기업들입니다.

문제는 중견기업, 자영업 등 고용 지위가 낮을수록 훈련에서 소외되는 겁니다. 우리 경제가 좀 더 발전해나가려면 부품소재나 고부가가치 제품들을 많이 필요로 하는데, 이를 위해서는 중견 중소기업들의 기술력을 한 단계 업그레이드시키는 기술훈련이 절실히 필요한 거지요. 그런데 그걸 중소기업 혼자 하기는 어려우니까 대기업과 연계해서 한다든가 그 지역에 있는 대학들과 협력해야 할 겁니다.

노동조합도 임금 극대화를 위한 교섭에만 매달릴 것이 아니라 조합원들의 기술과 숙련을 향상시켜 고용가능성(employability)을 높이는 쪽에서 새 활로를 찾아야 합니다. 근로자에 대한 교육·훈련 투자는 개인의 경쟁력만이 아니라 기업 경쟁력도 향상시키는 것이므로 노사가 윈-윈 할 수 있는 거죠.

김대환 기업과 지역 교육기관들이 네트워킹되어야 하는 거지요. 폴리텍대학이나 일반대학, 전문대학, 민간훈련기관 등 교육기관은 많거든요. 일부 기업들이 실제로 교육기관에 자금을 지원하면서 인력양성 연계 프로그램에 참여하고 있긴 하지만 아직까지도 이런 연계를 통한 인재양성의 중요성에 대한 인식이 충분치 못해요.

그리고 영세 중소기업들의 경우 재직 중인 인력 한두 명을 하루나 이틀 정도 외부에 내보내 교육을 시킨다는 것조차도 인력난 때문에 큰 부담을 느낍니다. 아까도 말씀드렸지만, 그런 경우에는 직접 찾아가서 교육을 시켜주는 식의 유연성이 매우 필요합니다. 또 교육훈련기관에서 지도하는 전문 인력들도 기술 변화와 환경 변화에 따라 수시로 자신들의 실력을 업그레이드시켜서 그것을 교육생들에게 쏟아주어야 합니다. 이런 것들이 제대로 이루어지려면 투자와 더불어 이 분야 관계자의 열정이 아주 많이 필요하지요.

최영기 기업이 필요로 하는 교육·훈련에 적합한 대학교수들도 상당히 부족한 것 같거든요. 기존의 교수들만 갖고 교육을 이끌지 말고 산업체에서 오랫동안 종사를 했거나 관련 인적자원 교육에 장기간 종사했던 인력들을 발굴하여 적극 활용하는 것도 좋습니다. 그런데 대학교수 노동시장이 매우 경직되어 있어서 그게 잘 안 되는 것은 아닌가 싶어요.

김대환 맞는 말이에요. 물론 지금도 겸임교수 같은 제도를 통해 기업체에 장기간 종사한 분들이 학교에서 강의를 하기도 하고, 기업 측이 교육기관과 연계해 전문인력 양성과 확보에 나서고 있는데, 이게 앞으로는 더욱더 확산되어야 하지요. 그리고 대학으로서도 학생들의 취업 문제와 연관되어 있기 때문에 적극적으로 확대해나가고 있는 실정입니다. 그런데 이것은 배양훈련이지요. 기존의 인력을 위한 향상훈련도 매우 절실하고 중요합니다. 이것은 직업훈련기관과 네트워킹을 통해서 보다 충실화할 수 있다고 생각합니다. 훈련기관들은 서비스 마인드를 갖고 기업이 필요로 하면 언제든지 적극적으로 교육훈련을 실시해줄 수 있는 서비스 체제로 가야 합니다.

최영기 저출산의 영향으로 이미 대학생의 숫자가 줄고 있습니다. 지방대학들은 모집 정원의 70%, 80%밖에 못 채우는 사례들이 발생합니다. 앞으로 산업체에서 일하는 근로자들의 교육훈련 수요가 크게 증가할 전망입니다. 그래서 점차 평생교육을 대학들이 흡수할 수 있도록 하고, 정부도 고용훈련 촉진 부분에서 기업과 대학이 더욱더 연계할 수 있도록 유도하고 지원해야 한다고 생각합니다.

김대환 대기업들은 큰 문제가 안 되는데, 취약한 부분이 중소기업입니다. 따라서 공공 또는 민간 교육훈련기관에 대한 지원도 적극적이어야 하겠고, 대기업과 컨소시엄을 구성하거나 하는 등의 다양한 방법을 통해 중소기업을 비롯한 취약 부문에서도 언제라도 향상훈련을 받을 수 있도록 해야 합니다.

사회적 대화 필요한가?

15

윤기설 10여 년 전 IMF 위기를 겪는 상황에서 노·사·정 3자가 정리해고법 도입을 위한 사회적 대타협을 이뤘을 때 많은 국민들이 박수갈채를 보냈습니다. 경제 주체의 한 축인 노동계가 사회적 대화의 틀을 통해 고통 분담에 동참한 것은 큰 의미가 있다는 것이었죠. 그러나 민주노총까지 참여한 실질적인 노사정 대타협은 이게 마지막이었습니다. 민주노총 내 강경세력들이 사회적 대화에 반발한 때문입니다.

이후 노사정위원회는 민주노총이 참여하지 않은 채 삐걱거리며 굴러왔습니다. 멍석을 깔아줘도 대화를 외면하는 노동단체는 세계적으로도 찾아보기 힘듭니다. 이러한 상황에서 한국 사회에 정말 코포라티즘(Corporatism : 사회적 합의주의)이 필요한 것인지 의문이 들 때가 많습니다.

김대환 우선 기본적으로 노사 문제에 있어서는 사회적 대화, 즉 노사관계 주체 간 그리고 관련된 사람들이나 집단 사이의 대화가 대단히 중요한 역할을 차지하고 있다는 사실은 두말할 나위가 없지요. 대화를 통해 서로를 이해하고 양보하고 가능한 한 타협을 통해서 협력해나가는 게 바람직할 뿐만 아니라 필수적이라고 할 수 있습니다. 따라서 사회적 대화는 아무리 강조해도 지나침이 없다고 봅니다.

그런데 우리에게는 어떤 형식으로 어떤 과정을 통해서 어떤 수준으로 틀을 짜느냐 하는 것이 여전히 과제로 남아 있는 것 같습니다. 우리가 흔히 사회적 타협의 좋은 사례로 보고 있는 네덜란드나 덴마크는 다분히 사민주의적인 역사 환경에서 사회적 대화의 전통들이 우여곡절은 있었지만 꾸준히 축적되어 오늘에 이른 것이거든요. 그런데 우리나라는 사실상 코포라티즘의 역사·사회적 기반이 없는 상태라고 볼 수 있습니다.

그래서 'IMF 위기'의 상황에서 노사정이 이런 틀을 마련해 사회적 대화를 제도화했는데, 아시다시피 그 이후에 노사정위원회마저도 처음 기대했던 것만큼 작동이 잘 안 되고 있지요. 참여하는 주체들 사이에 어떤 시점에서 어떤 과정과 어떤 방식으로 이것을 운영해나가겠다는 암묵적 합의는 물론 중장기적 비전이 없었던 것 같습니다. 다시 말하면 동상이몽 격이었던 것이죠. 노사정 각각이 동상이몽이니 노사정위가 잘 굴러갈 리가 없죠.

윤기설 우리 사회가 서로 양보하고 타협하는 문화가 부족해서 생기는 현상이 아닌가도 생각됩니다. 노사정위원회가 제대로 굴러가도록 하려면 어떤 조치가 필요할까요?

김대환 노사정위원회가 법제화되면서 제도적 위상이 대통령 자문기구로 명시되어 있습니다만, 사실상 참여하는 노사관계 주체들은 교섭을 통해 때로는 합의를 하고자 하고, 합의가 안 되면 뛰쳐나가는 그런 모습이 나타났지요. 자문기구가 자문 수준을 넘는 의사결정을 시도하고, 이를 놓고 노사관계 3주체들 사이에 팽팽한 평행선이 이어지는 그런 상황으로 왔습니다.

이명박 정부 들어서는 노사정위원회를 노사민정위원회로 바꾸었는데 실제로는 더 복잡하게 만든 꼴이 됐죠. 민은 어떤 민을 참여시킬 것인지, 그럴 경우 궁극적으로는 어떤 의제들을 어떤 수준으로 다루고 어떻게 운영해나가겠다는 것인지, 이에 대한 명확한 방향 없이 그냥 "모여 논의해보자" 이런 수준인 것 같아요.

실질적으로 여기에 참여하는 노조나 이익단체들은 뭔가를 얻어내기 위해 정부와 교섭을 하는 쪽으로 계속 가려고 합니다. 본래 노사정위 출범 당시 저는 아주 적극적인 입장이었습니다. 하지만 그동안의 경험에 기초해 볼 때 이제는 노사민정위원회의 위상을 재점검하고 존속 여부로부터 운영 방식까지 다시 점검해야 하는 시점이라는 생각이 듭니다.

최영기 사실 1998년도 대타협을 할 당시 저는 노동연구원에 있으면서 이 과정에 직접 참여했습니다. 정권이 교체되고 DJ가 대통령 취임도 하기 전에 대타협 협상을 진두지휘했습니다. 노동연구원은 협상장이자 사회적 대타협의 씽크탱크였던 셈이죠.

1998년 2월 '경제위기 극복을 위한 사회협약'을 체결한 것은 한국 노사관계 맥락에서 보면 아주 특이한 경험이지요. 아시아 지역 어느 나라에서도 이런 사례를 찾아보기 어렵습니다. 이 대타협은 위기 극복의 성공 사례로 해외에서 높게 평가될 뿐만 아니라, 아시아 지역에서는 중국·일본·베트남·몽골을 비롯한 여러 나라에서 벤치마킹 대상이 되었습니다. 이후 이들 나라에서 노사정위원회 형태의 사회적 대화가 제도화되고 관행화되었습니다.

그러나 지금 노사정위원회 상태를 보면 대화와 타협에 도움이 되는지, 오히려 질곡이 되고 있는 것은 아닌지 회의가 들 정도입니다. 제 생각에 가장 큰 문제는 노동계가 노사정위원회를 지나치게 협상기구로만 인식하는 데서 오는 사회적 대화의 경직성입니다.

윤기설 최 원장님은 노사정위원회가 만들어질 때 실무 역할을 담당한 산증인이시네요. 그런 만큼 사회적 대화에 나름대로 애정도 많을 것이라 생각됩니다만……. 아시아 다른 나라에서도 부러워하는 노사정위가 운영 방식 때문에 제대로 굴러가지 않는다, 그런 얘기군요.

최영기 그렇습니다. 지난 10년간의 주요 활동을 보면 쟁점이 될 만한 법률적 개정이 있을 때마다 이것을 노사정위원회로 끌고 들어와 합의를 해야 하는 것으로 인식을 했습니다. 파견근로제도나 주 40시간제의 도입, 비정규직보호법, 그리고 복수노조·전임자 문제에 이르기까지 지난 10년간 모든 쟁점 법안들이 노사정위원회를 거쳐갔습니다.

그런데 우리가 1996년 노사관계개혁위원회에서 이미 경험했듯이, 구체적 법안에 대한 노사정 타협은 성공하기 어려울 뿐 아니라 꼭 바람직한 것만도 아니거든요. 법을 갖고 합의하려고 하다 보면 오히려 갈등이 심화되고 사회적 대화조차 어렵게 하는 경우가 많습니다.

그럼에도 불구하고 가장 갈등적인 이슈를 사회적 대화 테이블에 올려놓기 때문에 노사정위원회가 파행을 거듭해온 게 아닌가 생각합니다. 반면에 근로자 생활에 큰 영향을 미치는 교육비나 주택, 고용정책이나 사회안전망 정책 등에 대한 정보 공유와 협의는 거의 이뤄지지 않습니다. 노사가 별로 힘자랑을 할 것이 없고 주로 대안을 중심으로 토론해야 하니까 재미가 없는 것이죠.

또 한 가지 문제는 노사정위원회가 사회적 협의기구로 위상을 제대로 갖추려면 노사관계의 중요한 축인 민주노총이 대화 테이블에 들어와 있어야 합니다. 어떤 타협이 있더라도 한 당사자가 빠져 있다면 그것은 반쪽짜리 대화와 타협일 수밖에 없거든요.

특히 우리나라 노사갈등의 핵심 당사자가 민주노총입니다. 그 당사자가 대화 테이블에 들어와 있지 않다는 것은 노사정위원회의 한계를 그대로 드러내는 것입니다. 민주노총이 중요해서가 아니고, 실제 갈등 당사자를 빼놓고 하는 타협이 현실적으로 얼마나 도움이 되겠는가 하는 것이죠.

노조 권력 막강한데 대화 왜 하나?

윤기설 외국에선 노조체제가 산별 중심의 중앙집권적이어서 중앙에서 노사정 간 합의가 이뤄지면 상명하달식으로 기업 지부로 전달되는데, 우리는 기업별 노조인데다 노조의 권력까지 막강해 중앙에서의 의사결정이 하부조직에 먹혀들지 않습니다.

개별 노조 입장에서는 "내가 필요한 것은 내가 투쟁해 얻는다"는 자신감과 독선이 넘쳐 있는 셈이죠. 노조의 이러한 권력이나 경직성이 사회적 대화를 불필요하게 만들지 않나 생각됩니다. 민주노총 내 강경파들이 지난 2005년 2월 노사정위원회 참여에 반대하며 온건파와 무력충돌을 빚은 것도 이러한 배경이 깔려 있다고 봅니다.

최영기 말씀하신 대로 산별 교섭이 사회적 대화의 정착에 매우 중요한 역할을 한다고 봅니다. 외국의 경우 산별 교섭에서 그 지역이나 업종 노동시장에서 통용되는 임금을 결정하기 때문에 노동조합과 임금 합의를 하면 대부분의 기업에서 그것을 받아들이게 돼 있습니다. 그러나 우리나라에서는 임금이 기업 단위에서 각각 결정되는 체계입니다.

따라서 설령 중앙 노사단체가 임금 안정에 대한 합의를 했다 하더라도 그것이 실제 통용이 잘 안 되는 겁니다. 아일랜드나 네덜란드의 사회적 타협이 성공하는 것은 임금 안정에 대한 중앙 차원의 합의가 있기 때문입니다. 사회적 합의의 밑바탕에는 항상 임금 안정에 대한 합의가 있는 셈이죠.

윤기설 아일랜드 모델은 제가 지난해 취재를 다녀온 터라 어느 정도 파악하고 있습니다. 사회적 파트너십 모델의 핵심은 임금협상입니다. 3년에 한 번씩 열리는 중앙 단위 노사협상에서 임금인상률이 결정되는데, 이 인상률은 산하 노조와 기업들의 가이드라인이 됩니다. 물론 대부분의 사업장은 이 인상률을 그대로 따릅니다.

네덜란드 역시 마찬가지입니다. 1982년 바세나르 협약*이 체결된 이후 가장 큰 관심거리가 임금인상률이었습니다. 노사 간 사회적 대화를 통해 마련된 임금 가이드라인은 현장에 그대로 전달됩니다. 그러나 우리나라는 그런 체계가 잡혀 있지 않기 때문에 노사정위원회의 논의가 정책 협의 중심으로 이루어진다고 봅니다.

실질적인 사회적 대화나 사회적 파트너십은 중앙집중적 노조체제가 제대로 된 국가에서나 가능한 일이 아닌가 싶어요. 우리처럼 기업별 노조 중심의 나라에서 사회적 대화를 들먹이는 것은 갈등만 부추기는 꼴입니다.

김대환 물론 노조 조직체계상의 차이에서 문제가 발생할 수도 있지만, 산별체제였다 할지라도 노사정위원회가 제대로 작동할 수 있었을까요? 저는 회의적입니다. 이것은 앞에서 얘기한 노사의 리더십 문제와도 상관이 있는데, 그동안 노동운동이 성장해오면서 노조 권력이 생겼기 때문에 노조 권력을 둘러싼 내부에서의 각축이 순탄하고 실천 가능한 합의는커녕 상호 이해와 양보를 전제로 한 합리적인 논의마저 저해하지 않았나 싶어요.

특히 중요한 문제일수록, 예를 들어 임금이나 제도 개선 같은 문제들

---

*바세나르 협약 (Wassenaaar Agreement)
　네덜란드는 두 번에 걸친 석유파동과 과도한 사회복지 제도, 심각한 노사갈등으로 1980년대 최악의 경기 침체를 겪는다. 이에 네덜란드 노사는 1982년 바세나르 협약 체결을 통해 노조가 임금 인상을 억제하는 대신, 사용자는 근로시간 단축과 고용 안정에 노력하기로 합의했고, 정부는 물가 안정으로 이러한 합의를 뒷받침했다.

은 노사정위라는 틀 속에서는 갈등과 시간을 끄는 그런 것으로부터 벗어나기 어렵지 않은가 하는 생각을 가지게 돼요.

최영기 그 부분에 첨언을 하면 노조의 리더십 문제, 특히 민주노총의 리더십 문제가 큰 변수라고 봅니다. 민주노총은 1996년의 노동법 개정 국면이나 1998년의 사회적 대타협 국면에서 타협하고 끝까지 책임지려는 태도를 보이지 않았습니다. 그 이후 근로시간 단축이나 비정규직보호법 제정 과정에서도 비슷한 행태를 보입니다. 협상은 하지만 최종 타협은 안 한다는 것입니다.

협상이라는 것이 항상 자신들 요구대로만 관철될 수는 없는 것 아닙니까? 마지막 타협 국면에서는 양보를 하고, 최종 타협안에 대해서는 책임지고 자기 조직을 설득하는 것이 정상적인 조직이라고 할 수 있습니다. 그런데 민주노총은 마지막까지 협상은 하지만 자신들이 양보한 것에 대해 책임져본 적이 없기 때문에 최종 합의에는 항상 빠지는 겁니다. 이것은 매우 중요한 리더십의 문제라고 봅니다. 리더십의 미성숙인 거죠. 정파적인 각축이 심해서 그런지, 아니면 민주노총이 전국 조직으로서 제대로 성숙 단계를 거치지 못해서 그런지 알 수 없습니다. 사회적 대화나 타협이 제대로 되려면 노조의 리더십이 책임을 지는 리더십으로 진화해가야 합니다.

김대환 노조의 체제와 리더십도 문제지만 사용자단체도 리더십을 제대로 발휘하지 못하고 있는 것 같습니다. 이러한 상황에서 노사정위에서 이루어지는 상층부 사이의 논의가, 특히 각 대표로 참여하는 노사 단체들이 각자 위상을 지나치게 의식해서, 그 내용에 앞서 논의 여부 자체가 정치화되어버리는 그런 문제가 나타난 겁니다. 솔직히 공익위원의 역할에도 문제가 있었고요. '노조 편, 아니면 사용자 편'이라는 식의 말도 안 되는 프레임을 적극적으로 깨기는커녕 스스로 갇힌 측면이 없지 않아요.

그래도 그동안 노사정 대화 내지는 대화를 시도한 실제 경험을 토대로 말한다면, 역시 민주노총의 리더십이 제일 문제인 것 같습니다. 장관 재임 때 노사정 대화를 제도적으로 복원하려는 노력들이 있었어요. 노사정위는 아니지만, 그때 민주노총도 참여하는 임시적인 대화의 틀이 있었습니다. 비정규직보호법 개정 때였을 겁니다. 그런데 노사정 대표들 사이에 합의가 이루어지더라도 민주노총 내부에서 투표를 통해 결정하는 절차를 거쳐 추인하겠다는 식이었습니다. 그러니 제대로 합의될 리가 없죠. "그건 안 된다, 최악의 경우에는 집행부가 날아갈 각오를 하고 책임지고 해야지, 한 단체의 내부 헤게모니 다툼에 국정이 좌지우지되는 모습을 국민들에게 보여서는 안 된다, 승부수를 던져 리더십을 확립하라", 그렇게 주문했지요.

민주노총의 이런 리더십 구도하에서는 노사정 간의 합의는커녕 대화조차 제대로 이루어질 수 없습니다. 민주노총이 그런 구조를 스스로 개선하고 리더십이 확립되지 않는 한 아무리 노사정 3자가 합의나 타협을 이룬들 무의미한 일이 됩니다. 그러니까 노사정위는 계속 파행으로 갈 수밖에 없는 것 같습니다.

윤기설 결국 민주노총의 잘못된 리더십 구조가 사회적 대화를 가로막는 걸림돌인 셈인데요. 그렇다면 민주노총 지도부의 리더십만 확립되면 우리나라에도 코포라티즘이 뿌리 내릴 수 있다는 말씀인가요?

김대환 우리나라는 코포라티즘의 역사적 전통도 부족해 그 사회적 기반이 매우 취약한 상태라서 설사 사회적 합의나 타협이 이루어지더라도 추상적인 수준에 머물고, 그마저도 한낱 이벤트성에 그치고 있지요. 노사정위가 확고하게 뿌리를 내리도록 하는 것이 현실적으로 불가능하다면 이에 연연해하지 말고 정말로 우리가 사회적인 대화를 하고 중지를 모을 수 있는 대화의 형식과 틀 그리고 소통에 일정한 합의가 있어야 할 것 같아요.

우리가 어떤 조직에 속하면 그 조직이 주도권 쥐기를 원하고 실제로 그렇게 하려는 배타적 성향이 강해집니다. 이것은 코포라티즘과는 배치되는 겁니다. 코포라티즘은 서로 맞추어서 양보하고 절충해 협력하고자 하는 그런 것이 전제돼 있어야 하는데, 우리는 배타적 이익을 추구하고 관철시켜야만 의미가 있는 것으로 여기는 경향이 있습니다. 우선 이런 것부터 사회적으로 점검하면서 우리에게 맞는 사회적 대화의 틀을 모색해봐야 한다는 말입니다.

양보 없인 사회적 파트너십 불가능

윤기설 앞에서 민주노총 리더십 문제가 거론되었는데, 노동자들의 이익이나 이해관계가 걸려 있는 이슈에 대해선 리더십의 실종이 더욱 확연한 것 같습니다. 2002년 여름 주 40시간 근무제 도입을 위한 노사정 간 대화를 할 때였습니다. 임금 삭감 없는 주 40시간 근무제를 논의할 때 노사정 간 합의가 거의 이뤄졌는데, 노동계 대표로 참석한 당시 한국노총의 이남순 위원장이 막판에 합의를 거절한 겁니다. 현장 조합원들의 반발을 의식한 거죠.

1994년 노사 간 단일임금 인상안을 마련할 때도 비슷한 경험이 있습니다. 당시 한국노총과 한국경총이 임금 가이드라인을 마련했는데, 현장 조합원들의 반발이 거세자 1995년부터 이러한 사회적 대화 시스템이 없어졌습니다.

노조 권력이 기업별로 분권화되다 보니 중앙에서의 결정을 별로 인정하지 않는 겁니다. 처음부터 산별체제에 의해 중앙에 교섭권을 위임해 놓았다면 이런 일이 생기지 않았을 텐데, 기업별 체제이다 보니 자신들에게 조금이라도 불리하면 이런 식의 불만이 나타나는 겁니다.

최영기 그것을 보완하는 방법이 유럽에서도 많이 강구가 됐더군요. 임금안정에 대한 합의라든가 연금개혁으로 근로자들이 불이익을 받게 되는 타협이 적지 않게 있었습니다. 연금이라든가, 조합원이 아닌 근로자의 임금 문제까지 노동조합이 합의를 해주는 경우에 대해서 외국의 사례에서도 일반 조합원들의 많은 반발이 있었습니다.

타협을 하고 나면 그들도 정파 갈등을 겪고 반집행부가 준동을 하는 그런 싸움을 겪는 거죠. 이것을 진정시키는 방법이 무엇이었냐 하면 조합원 직접 투표였습니다. 간부들 간의 정치적 공방을 최소화하고 조합원의 의사를 직접 물어보는 것이죠.

이탈리아에서 가장 먼저 시작했고 네덜란드나 아일랜드에서도 나중에 이 방법을 받아들였어요. 개개인의 근로자에게 직접 영향을 주는 임금이나 연금에 대한 합의는 전체 조합원 투표를 거쳐 의견을 물어보면 대체로 60% 이상 지지가 나왔다고 합니다.

우리나라에서도 기업별 노조의 한계를 극복하고 정파 간의 과도한 논란을 줄이는 방법으로 사회적 합의안에 대한 조합원 투표를 해볼 수 있다고 봅니다. 특히 주 40시간 도입 당시 전 조합원을 대상으로 찬반 투표를 했더라면 당연히 찬성이 더 많았을 것이고, 그러면 사회적 대화의 전통을 세우는 데도 도움이 되지 않았을까 생각합니다.

윤기설 유럽에서 사회적 대화를 하는 나라들이 대부분 산별 교섭체제 중심으로 되어 있습니다. 기업별 교섭 위주로 하는 영국이나 미국·일본은 아예 사회적 대화가 없지요. 일본과 미국은 노조에서 사회적 대화를 요구하지 않고, 영국의 경우 노동조합에서 사회적 대화를 요구해도 정부나 사용자가 거부해 이루어지지 않는 걸로 알고 있습니다.

사회적 대화라는 것은, 정부와 사용자는 노동자에게 고용 안정과 물가 안정 등을 제시하고 노동계는 임금 안정 등 고통 분담에 동참하는 방식으로 이뤄지기 때문에 대체로 노동자에게 이익이 됩니다. 이 때문에 선진국에선 노동조합이 먼저 대화를 원하는 경우가 많은 걸로 알고 있습니다.

김대환 우리는 코포라티즘의 전통이 없기 때문에 실질적인 사회적 대화에 회의적인 입장인데, 말하자면 10을 요구했을 때 10이 다 받아들여지지 않으면 안 된다고 하는 것이 문제라는 겁니다. 10에서 6 정도 받아들여져도 나머지 4에 대해서만 문제를 삼는 것이 아니라, 그 자체에 대해 원천적으로 부정하는 행태가 만연하다시피 하잖아요. 이 바탕에서 어떻게 코포라티즘이 작동될 수 있을까요?

코포라티즘이란 10개 중 2,3개만 받아들여져도 긍정적으로 여기고 점차적으로 쌓아나가는 것이라고 할 수 있지요. 초기에는 핵심적인 것보다는 부차적인 것부터 해결하면서 그것이 점차적으로 쌓여가면서 나중에는 임금이나 근로조건, 그리고 제도 문제까지 대화와 타협으로 이어지는 거지요. 처음부터 10이면 10, 그것도 현실적으로 받아들여지기 어려운 과도한 것들을 '전략적'으로 제시하는 이런 형태로 대화를 무기화하니까 사회적 대화의 취지와는 자꾸 다르게 나타나는 경향이 있지요.

노사정 협의를 통해 도출된 안이 있다면 합의하기 이전에 각 주체별로 내부에서 논의를 거쳐 결정권을 대표들에게 확실히 위임해야 합니다. 그래야만 합의를 할 수 있는 사항은 합의할 수 있는 것이지, 그렇지 않으면 같은 과정이 계속 되풀이될 수밖에 없는 것이죠.

아일랜드와 같은 국가의 얘기를 하는데, 최근에 들어와서 이들의 사회적 협약이라는 것은 주어진 현실과 상황에 대한 보다 객관적이고 정확한 인식을 노사정이 공유하는 데서 나오는 겁니다. 그런데 우리는 상황에 대한 인식도 상당히 전략적으로 활용합니다. 객관적이어야 하거든요.

노사정위에서 공익위원들이 그런 역할을 해주어야 하는데, 공익위원들도 노사 어느 편으로 분류되는 그런 구도로 되어 있으니 객관적이고 합리적인 판단을 내리는 것에 적극적이지 못했던 거지요. 기본적으로 저는 사회적 대화에 대한 기대수준을 노사 모두 낮추는 데서 다시 시작해볼 것을 제안합니다. 거창한 제도적 틀보다는 실질적인 대화를 가능하게 하는 것, 여기서부터 다시 출발해야 하지 않을까요?

최영기 한국의 코포라티즘 전통이 부족하고 합리적인 타협의 문화가 부족한 것은 다 공감할 것입니다. 여야 간에도 합리적인 타협이 쉽지 않은 상황에서 노사가 합리적 타협의 문화를 정착시키지 못했다는 것만 비판하기도 어렵습니다. 저는 아시아에서는 특이하게 한국만이 꾸준히 10년, 15년 동안 사회적 대화의 전통을 굳혀왔기 때문에 이것을 잘 살렸으면 좋겠다는 쪽입니다. 한국적 노사관계의 특성으로 발전시켜 기업별 노조의 한계를 보완하는 보완장치로 계속 밀고 나갔으면 하는 바람입니다.

기업별 체제가 사회적 대화의 큰 취약점인 게 틀림없습니다. 그럼에도 불구하고 그동안 노동법 개정을 위한 대화와 타협의 시도들이 여러 차례 있었고, 그때마다 갈등이 증폭되곤 했지요. 이제는 법 개정의 수요를 거의 다 소화했다고 봅니다. 노사관계를 긴장시키는 큰 쟁점들을 대부분 정리한 셈이지요.

앞으로 사회적 대화의 새로운 의제들은 법 개정이 아니라 노동시장 정책 이슈에 있다고 봅니다. 지금 우리가 당면하고 있는 고용의 문제, 노동시장 양극화의 문제, 임금체계의 문제, 교육훈련의 문제, 이런 것들은 합리적인 대화를 통해 풀어야 할 겁니다.

노사정 간에 전반적인 노동시장 구조개혁의 필요성에 대한 공감은 있다고 봅니다. 유연안정성을 기조로 한 패키지들을 잘 짜나가면 명시적인 합의를 하지 못한다 하더라도 기본 방향과 골격에 대한 합의는 형성할 수가 있지 않을까 싶거든요. 또한 노동시장 구조개혁 과정에서의 노사정 협력 프로그램 같은 것도 잘 발전시킬 수 있다고 봅니다.

김대환 우리가 이제 사회적 대화를 한다면 일자리 중심으로 하는 것이 현실적으로 필요하겠지요. 서로 필요한 부분이니까요. 그런데 사실은 이게 노사관계와 맞물려 있어 현실적으로 쉽지 않아요. 흔히 모범국가로 꼽히는 덴마크나 네덜란드의 사회적 협약의 핵심은 노동시장의 유연안전성, 유연성과 안전성의 현실 타당한 조합이거든요.

노와 사가 자기 유리한 쪽으로만 주장한다면 대화 자체가 진전되기 힘들죠. 최 원장이 말씀하신 것처럼 패키지로 묶어서, 기본적으로 큰 방향에 대한 공감대가 형성되고 그것을 위한 사회적 대화와 토론을 하는 것, 바로 이것이 앞으로 해야 할 과제라는 데 공감합니다.

그러기 위해서는 앞으로 노동시장의 변화와 전망에 대한 공통적인 인식이 필요합니다. 아주 단기적 관점에서 각 주체별 조직의 유불리(有不利) 관점에서만 본다면 유연성과 안전성을 한 패키지로 묶는 게 불가능하게 되는 겁니다.

유연안전성과 사회적 합의

윤기설 두 분 모두 고용 문제를 해결하기 위해선 사회적 대화를 통해 노동시장의 유연성과 안전성에 대한 공감대 형성이 필요하다고 말씀하셨습니다. 하지만 우리 노조는 대화 테이블에만 앉으면 유연성보다는 안전성만 강조하지 않습니까?

김대환 핵심적인 문제는 이런 겁니다. 일자리를 늘리고 보다 나은 일자리를 만드는 것이 공동적인 관심사일 텐데요. 개별 근로자나 노조 입장에서는 여전히 개인의 일자리 안전, 즉 잡 시큐리티(Job Security) 차원에 사고와 전략이 머물러 있습니다.

동일한 고용주 아래에서 자기의 기존 일자리를 지키는, 잡 시큐리티 차원의 접근만으로는 '더 많고 더 좋은 일자리(more and better job)'를 만들어내기가 힘듭니다. 노동시장의 유연성(flexibility)과 안전성(security)의 조합 내지는 조화인 유연안전성(flexicurity)의 일자리 지표는 직장 안전에서 전체 고용 유연안전으로의 이행, 즉 개인의 직장을 지키는 데서 사회 전체의 고용가능성(employability)을 높이는 데로 주안점이 달라지고 있습니다.

그런데 우리는 아직도 노사가 단기적인 이익의 관점에 머물러 있기 때문에 개별 일자리를 놓고 날 선 대립을 하게 됩니다. 따라서 사회 전체의 관점에서 공동의 이익을 위한 전환을 말하는 것 자체가 상당히 어려운 현실이지요.

노동시장의 유연화와 더불어서 한편으로는 사회안전망을 확충하고 정부가 적극적인 노동시장 정책을 펴는 것이 중요하다는 점도 함께 인식해야 합니다.

윤기설 결국 사회적 타협을 통할 때 공동의 이익을 실현하기가 용이하다는 말씀이시군요. 그런데 이러한 유연안전성에 대한 사회적 타협이 가능해지려면 노동계가 먼저 변해야 되지 않겠습니까? 앞에서도 얘기가 나왔지만 양대 노총의 한 축인 민주노총이 참여하지 않은 상태에서 사회적 대화를 논의하는 게 별 의미가 없지 않나 하는 생각이 듭니다.

김대환 유연안전성은 얼핏 보기에는 서로 모순되고 상반되는 것을 하나로 묶는 것이죠. 그래서 유연안전화의 핵심은 유연성과 안전성을 사회 현실에 알맞게 조합하여 전체적으로 조화와 균형을 취한다는 겁니다. 여기서 균형이라고 하는 것은 절충이라는 의미를 포함하고 있죠. '어느 한쪽은 크고 왜 다른 한쪽은 작은가?' 하는 식으로 나가면 절충을 이루어내기가 힘든 거지요. 이렇듯 균형을 정태적으로 취급하는 데에 문제가 있습니다. 그러니까 현 상황에서 보았을 때 정태적으로 이것만큼 저것도 꼭 같아야 한다는 식이 문제라는 것이지요. 사실 균형이란 것은 동태적인 개념이거든요. 노동시장이 변화하고 사람들의 라이프 스타일도 변화하고 또 경제 여건도 변화하는 가운데 그 상황에 맞는 균형을 추구하는 것인데, 말은 쉽지만 실질적으로는 상당히 어려운 점들이 깔려 있습니다. 그 가운데서도 중요한 것이 사회적 대화이지요.

유연성은
고용시장의 윤활유

윤기설 기 소르망이 한국에 와서 토론할 때 사회안전망을 전제로 한 유연화를 주장한 반면, 노벨 경제학상 수상자인 시카고 대학의 게리 베커는 사회안전망은 거론하지 않은 채 한국의 경제 발전을 위해서는 노동시장이 유연화되어야 한다는 점을 강조했습니다. 기 소르망이 우파 학자로 구분되지만 사회안전망을 전제로 한 유연화, 같은 시장주의자인 게리 베커는 사회안전망 없이 유연성만 강조하는데, 이 부분을 어떻게 봐야 할까요?

김대환 유연안전성을 정리함에 있어서 일부 학자들은 이미 상당히 유연화가 진행되었기 때문에 사회안전망을 도입하자는 데에 방점을 찍고, 다른 한편에서는 유럽에는 사회안전망이 아주 잘 정비돼 있어 '복지병'이 있다고 하면서 유연성 제고를 강조하기도 합니다. 그러면서도 중요한 것은 이 균형이라는 것이 각국의 사정에 따라 다양한 결합 형태로 이루어져야 한다는 데에 인식을 같이하고 있다는 사실입니다.

한국의 현재 상황과 앞으로 노동시장 구조의 변화, 노사관계, 그리고 기타 경제적 여건의 변화와 어떻게 결합하는 것이 우리에게 적합한 유연안전성을 가져올 것인가, 여기에 대한 논의, 즉 사회적 대화가 가장 중요한 과제입니다. 또 이를 통해 앞에서 제가 언급했듯이 당장 정태적으로 똑같이 갈 수 없으니까 동태적 관점에서 유연안전화의 경로와 전략을 모색해야 합니다.

최영기 게리 베커의 노동시장 유연화 논리에는 미국적 특성이 깔려 있다고 봐야 하지 않을까요? 폴 크루그먼이 『미래를 말한다』에서 지적했듯이 미국 사회는 이민 노동시장의 특성을 갖고 있거든요. 중요한 국면마다 세계 각국에서 이민을 받아들여 노동력 부족 문제를 풀어왔고, 사회안전망도 이민 노동시장, 즉 인종적으로 약간 분단되어 있는 시장을 전제로 짜여 있습니다.

유럽의 노동시장은 이에 비해 매우 동질적이고 안정적인 특성을 갖고 있는 편이고 국가에 의한 사회보장이 일반화돼 있죠. 일본이나 한국의 노동시장은 유럽의 노동시장보다 더 동질적이라고 하겠지만 사회보장체계는 전혀 다른 특성을 갖고 있습니다. 즉, 국가 중심의 사회보장체계가 취약한 대신 기업 중심의 복지체계와 평생직장 문화가 잘 발달돼 있는 것이 특징적입니다.

그런데 1998년 외환위기를 거치면서 기업 중심의 복지체계가 노동시장 유연화에 매우 취약한 구조라는 것이 밝혀졌습니다. 지난 10년간 사회안전망 투자가 많이 있었지만 가장 취약한 노동자들, 가장 사회적 보호가 필요한 근로자들이 오히려 사회안전망의 사각지대에 방치되는 모순이 드러났습니다.

이에 비해 대기업 정규직들에게는 기업복지, 고임금, 4대 사회보험, 노동조합의 보호 등 겹겹의 보호 장치가 마련돼 있습니다. 우리 노동시장의 경직성이란 대기업 정규직 노동시장의 경직성인 것이고, 고용지위가 낮은 비정규직과 중소기업 근로자들은 안전망의 심각한 결핍에 노출돼 있는 것이 우리 노동시장의 불안정성 문제인 것입니다.

따라서 이러한 불균형을 시정하기 위한 사회적 대화의 필요성은 쉽게 공감할 수 있을 것이라고 봅니다. 이는 3자가 함께 협의하고 협력할 문제입니다. 이때 가장 큰 문제가 민주노총이 이런 사회적 대화와 노동시장 구조개혁 과정에 동참할 준비가 돼 있느냐 하는 것입니다.

사회적 대화, 노동운동엔 원군

윤기설 결국 "대기업 정규직 노동시장은 기업복지가 잘 돼 있는데 중소기업 근로자들은 안전망이 결여돼 있는 게 문제다, 이런 불균형을 해소하기 위해 노사정이 참여하는 사회적 대화를 통해 풀어갈 필요가 있다", 이런 말씀이시군요.

최영기 우리나라에서 사회적 대화와 코포라티즘이 뿌리를 내리려면 민주노총의 노선 변화가 반드시 필요합니다. 민주노총의 성장 과정을 보면 대화와 타협보다 대중투쟁을 통한 쟁취에 익숙해 있습니다. 이것이 더 성공적이라고 여기는 겁니다.

그러나 이제는 그것이 한계에 이르렀다는 것을 깨달아야 합니다. 대중동원 능력도 한계에 도달했고 여론의 지지도 바닥입니다. 앞으로 민주노총도 정책능력·대화능력·타협능력을 키워 자신들의 요구를 관철하는 방향으로 노선을 바꾸어야 합니다. 이것은 좋은 의미에서 노동조합의 정치(union politics)라고 할 수 있습니다. 노동조합이 대중투쟁을 통해서만 요구를 관철시키는 것이 아니고 노동조합의 정치적 능력,

정책능력을 통해서 노동자들의 보호를 확대해나가는 그런 능력을 갖추어야 합니다.

특히 비정규직이나 취약계층은 대부분 노조원이 아닌데, 대기업 정규직 노조들이 비정규직들을 위해 대중투쟁을 벌이고 어떤 희생을 감수하려 하겠습니까? 그렇다면 노사정 간의 대화와 여론의 지지, 그리고 자신들의 정책적인 전문성을 가지고 비정규직을 보호하기 위한 정책과 제도를 만들어가야 합니다. 그러려면 사회적 대화 참여가 자신들에게 얼마나 유효한 운동방식인가를 깨닫고 노선을 바꾸어야 한다고 봅니다.

16 노조 눈치 살피는 지식인들

윤기설 노사정위원회나 노동위원회에서 활동 중인 공익위원이나 학자들로부터 지식인에 대한 비판을 많이 듣게 됩니다. "노조의 눈치를 보거나 재계의 눈치를 보느라 자기의 철학이나 소신을 밝히지 못하고 있다", "교차배제 방식으로 노사위원을 뽑는 노동위원회 등에 참여하는 학자들이 특히 눈치를 많이 본다", 이런 비판 말입니다. 실제로 학자들이 줏대 없이 왔다 갔다 하는 것으로 보이는데, 어떻게 생각하시나요?

김대환 저도 공익위원으로 공공특위 위원장을 맡아서 일했는데, 실제로 눈치 보는 위원들이 있습니다. 일부에서는 공익위원을 아예 없애자는 말도 있습니다. 그것보다는 공익위원이 바람직하게 적극적인 역할을 하는 게 필요하다고 봅니다.

그러나 지금까지 공익위원 선정 과정에서 실질적으로 노사가 비토권을 행사했습니다. 노동계가 반대하는 사람은 공익위원이 될 수가 없고 재계에서 반대하는 경우에도 마찬가지였습니다. 그야말로 노사 어느 쪽에 치우치지 않은 객관적이고 중립적이고, 그러면서도 전문성과 열정을 가진 사람들을 공익위원으로 선정하여 제대로 역할을 할 수 있도록 해야 합니다.

최영기 노동 쪽만이 아니라 사회 일반에서도 지식인들의 역할, 지식인들의 공정성과 전문성에 대한 논란이 많은 것 같습니다. 그동안 NGO라든가 미디어 그리고 지식인들이 특정 이해관계에 얽매이지 않고 각자의 공익성과 전문성을 바탕으로 발언을 하는 것이 존중받아왔는데 최근 그런 신뢰가 무너지고 있습니다.

노동 쪽에서도 노사정 간의 첨예한 의견 대립이나 이해관계 대립이 있을 때 중재안을 내줄 수 있는 사람이 지식인이거든요. 일례로 비정규직 기간제한 문제에 대한 논란이 있을 때 지식인들이 전문가적인 입장에서 중재안을 내놓았다면 불필요한 논란을 많이 줄일 수 있었을 겁니다. 그런데 우리 지식인들이 그런 인정을 못 받고 있는 것은 지식인 스스로의 책임입니다.

잘못된 관행도 문제입니다. 예컨대 정부가 자문위원회를 활용할 때나 연구용역을 의뢰할 때 학자들의 중립성이나 공정성을 100% 인정하지 않는 경우가 많습니다. 정부의 정책기조나 방향에 동조하는 학자들을 찾고, 학자들 역시 그러려니 하고 참여하는 경우가 많습니다.

노사단체와의 관계에서도 비슷합니다. 노동계와 한 번 친구가 되면 영원히 그쪽 편을 들어야 하는 것으로 생각하는 겁니다. 공익 전문가라면 노사정 어느 한쪽의 이해관계를 계속해서 대변해준다는 것은 잘못입니다.

그들과 독립적으로 자기 입장을 표현할 수 있어야 지식인으로서의 가치가 있고 사회적 역할을 다하는 것이라고 생각합니다. 노사갈등의 중요한 국면에서 조정도 하고 돌파구를 열어주는 전문가들의 독자적인 역할이 많이 위축된 것에 대한 각성이 필요하다고 봅니다.

노사민정 대타협에 대한 평가는?

윤기설 아주 좋은 지적들을 해주셨습니다. 지식인들이 반성을 많이 해야 될 것으로 보입니다. 다시 사회적 문제로 넘어가겠습니다. 노사민정이 일자리 창출을 위해서 대타협을 했는데 "종교단체와 시민단체까지 참여하면서 무게가 많이 실린 게 아니냐?" 하는 의견도 있습니다. 2004년도 사회적 일자리 대타협 당시에는 실질적인 효과 없이 보여주기 위한 이벤트성 대타협이라는 비난도 많았습니다. 그런데 이번에도 알맹이를 따져보면 별로 없는 것 같아요. 구체적인 실천 방안이 결여되고 선언적인 의미로 끝난 것 같은데 어떻게 보시는지요?

김대환 일단 둘 다 선언적인 수준에서 이루어진 대타협인데요. 따라서 2004년 초에 있었던 대타협이 구체화되지 못했던 것처럼 2009년의 대타협 역시 그렇게 될 위험성이 다분하지요. 하지만 어찌 됐든 일자리 문제를 중심으로 해서 노사정 그리고 민이 같이 고통을 나누고 같이 노력을 하겠다는 다짐을 통해 사회적 공감대를 형성해나가는 일은 매우 의미 있는 일이라고 생각합니다. 다만 실질적으로 구체화되지 않고 가면 갈수록 선언의 의미는 퇴색하는 거지요.

'삼세판'이란 말이 있듯이 우리 사회에서는 세 번 같은 것을 해서 잘 안 되면 끝나버리기 때문에 세 번째까지 갈 생각은 아예 접고 이번 두 번째 대타협을 구체화하는 작업에 몰두할 필요가 있어요. 정부가 이번 '대타협'을 계기로 해서 기존의 국가경쟁력위원회에 버금가는 사회통합위원회를 설립하고 구체적인 작업을 하겠다는 의지를 천명한 것은 환영할 일입니다.

그런데 아직까지는 별 움직임이 없습니다. 이미 거기에 참여했던 주체들 사이에서는 "실체가 없는 얘기였나보다", 이런 말이 나오고 있습니다. 사회통합위원회가 됐든 다른 어떤 방식으로 하든지 간에 정부가 적극적으로 나서서 일자리 중심으로 유연안전성을 위한, 그러니까 우리 여건과 앞으로의 전망을 통해 우리에게 적합한 삶의 질 향상과 사회적 균형을 가져오는 그런 방안들을 더욱 구체화시키는 작업을 치열하게 할 필요가 있습니다.

최영기 2004년 2월의 '일자리 만들기 사회협약'은 2003년의 취업자 수 감소라는 고용쇼크에서 비롯된 것이지요. 고용불안이 극도로 심화되는 상황에서 사회적 대타협에 대한 필요성이 제기됐죠.

그때는 민주노총도 5월경에 합리적인 지도부가 들어선다는 전망이 있었고 이들도 대타협 과정에 참여시킬 수 있다는 기대도 있었습니다. 하지만 정부가 너무 서두르는 바람에 잘 안 됐죠. 따라서 형식과 내용 면에서 '대타협'이었다고 하기는 어렵지요.

2009년 사회적 타협은 2004년 때보다 훨씬 큰 위기감에서 추진됐습니다. 글로벌 경제위기 상황이었고, 고용위기가 어떤 상황으로 번져갈지 모를 깊은 공포감 속에서 타협을 했습니다. 그리고 이번에 주요한 테마로 제기한 것은 잡 셰어링, 즉 일자리 나누기였습니다. 이것은 우리의 고용 정책이나 노사관계에서 새로운 개념의 도입과 시도라고 할 수 있습니다.

이번에는 임금 삭감이 너무 강조됐습니다만, 사실 잡 셰어링은 굉장히 포괄적인 고용 정책, 노사협력 정책이 될 수 있습니다. 근무제도·임금체계의 유연화라든가 정규직 형태의 파트타이머를 적극적으로 활용하는 노력을 통해서 만성적인 고용위기를 극복하는 좋은 정책이 될 수 있지 않을까 하는 생각입니다.

또 이번 글로벌 경제위기에는 기업들이 1998년도처럼 바로 감원에 돌입하는 패닉 상태에 빠져들지는 않았어요. 최대한 고용을 유지시키면서 경기 상황을 살펴보는 추세가 형성됐습니다. 여기에 2009년 초의 사회적 타협이 기여했다고 봅니다. 다만 위기가 완화되면서 당초 타협을 할 때 약속했던 여러 정책들이 흐지부지되는 것 같습니다.

사회통합위원회 구성도 미뤄지고, 보다 근본적인 노동시장 구조개편을 위한 노사정 간의 논의와 타협 같은 진전이 없어요. 대타협 할 때는 대단한 의미를 부여해놓고 막상 시간이 지나면 흐지부지 넘어가는 이런 패턴이 반복되다 보면 타협의 가치가 떨어지고, 정작 중요한 타협의 국면에서도 힘을 합치기 어렵게 됩니다.

김대환 지금까지의 과정을 보면 그런 측면도 있지요. 노사정위원회에서 합의해놓고 실제로는 이행이 안 되고 있는 점을 거론하면서, 그러니까 노사정위 해봐야 자기들이 양보한 것은 많은데 얻기로 한 것은 지지부진하고, 그러니까 노사정위원회의 무용론까지 들고 나온 겁니다.

실제로 보면 사안에 대한 인식이 종합적이고 객관적인 측면이 부족합니다. 시간을 두고 합의사항을 이행하고 노력해온 게 사실인데 "이행이 안 되었다" 하면서 노사정 대화 자체를 불신하고 부정해버린 측면이 있습니다. 그렇기 때문에 사실에 대한 인식을 객관적으로 정확하게 보게 하는 그런 역할을 지식인들이 해주어야 합니다. 그런데 우리 활동가적 지식인들은 정파적인 관계에 매몰되어 있습니다. 지식인 스스로의 역할을 방기한 측면도 없지 않아 있는 것이지요.

그리고 또 하나 언급하고 싶은 것은, 노조나 사용자단체들과 정부의 조직 원리는 전혀 다르다는 사실입니다. 어떤 사안에 대해 합의가 이루어졌다고 하면 정부는 조직 특성상 할 수밖에 없는데 다른 조직들은 자기들의 의견과 맞지 않으면 협조를 하지 않습니다.

그러니까 실제 우리가 합의한 문제에 대해서도 점검해야 합니다. 실천 가능한 합의여야 하는 거지요. 그리고 처음부터 노사정위를 교섭이나 합의 기구로 생각하는 것부터 좀 벗어나서 전체적으로 유연하면서도 안전적인 조합을 구체적으로 어떻게 만들 것인가, 이에 매진을 해야 할 필요가 있습니다. 이 역시 객관적인 사실에 대한 정확한 인식이 전제되어야 하기 때문에 이에 대한 지식인들의 역할이 중요함을 새삼 강조하고 싶습니다.

적극적 노동시장 정책은
대타협의 산물

윤기설 기업들은 많은 불만을 제기했습니다. "기업마다 형편이 다른데 정부가 너무 사회적 대타협에 매달려 일률적으로 몰고 나가려는 게 아니냐?" 이런 불만들 말입니다. 그러나 당초 우리가 우려했던 충격은 그리 크지 않아 다행이었던 것 같습니다. 경기침체가 단기간에 끝날 기미를 보이면서 일률적인 처방으로 인한 부작용도 나타나지 않는 것 같다는 생각입니다.

김대환 한꺼번에 모든 것을 다 잘하기는 힘들지요. 사회적 대타협의 차원에서 보면 조금씩이나마 진전된 측면이 있습니다. 2004년 대타협을 통해 정부가 적극적인 노동시장 정책에 관심을 쏟은 것은 어떻게 보면 타협의 연장선상에서 이루어진 성과라고도 할 수 있지요.

그리고 제가 노동장관 재임 시절 역점을 두고 추진했던 것도 고용서비스 내실화, 고용유지 지원, 직업능력 개발, 적극적인 노동시장 정책 등 바로 이런 부분이었거든요. 그 적합성과 실효성에 대한 평가가 어떻게 나타나든 대타협이 계기가 된 것만은 틀림이 없습니다.

이번 사회적 대타협도 매우 적극적으로 살려나간다면 의미가 있다고 봅니다. 앞에서 일자리 나누기를 통해 정부가 대타협을 일방적으로 유도했다고 해석하기보다는, 제 생각엔 오히려 LG 구본무 회장이 "어렵다고 해서 사람 내보내지는 않겠다"고 한 것이 크게 작용했던 것 같습니다. 그게 일자리 나누기라는 형태로 이어갔지요. 표면적으로는 일자리 나누기로 나타났지만, 일자리를 중심으로 한 노사민정 공동의 노력과 협력을 선언한 것이지요.

그렇다면 이를 구체화시키는 작업이 필요한데, 정부가 국가 경쟁력만이 아니라 사회통합적인 측면에도 역점을 쏟겠다는 정책적 의지를 확실하게 보여주고, 좀 전에 우리가 얘기한 내용을 담아올 수 있는 사람들을 통해서 이것을 추진하는 게 중요합니다. 이 과정에서 일자리 나누기나 노동시장 유연화, 어느 하나만으로 충분한 것이 아니기에 종합적인 패키지로 가져가는 작업을 해야 한다는 겁니다.

그렇게 되면 취약계층에 대한 보호를 기본적으로 유지하면서 전체적으로는 노동시장의 유연성이 제고될 수 있도록 하는 방향으로 가는 것이 좋겠지요. 기업을 비롯한 각 경제 주체들의 협력이 필요한 것은 두말할 나위가 없고요. 특히 대기업과 공공 부문에서 정규직의 양보가 이루어져 취약계층으로 자원과 재원이 이동되는 그런 변화를 이 과정을 통해 이루어갔으면 좋겠다는 생각입니다.

상생이란 현실에 맞는 옷을 입는 것

윤기설 최근 들어 노사상생을 다짐하는 사업장들이 늘고 있습니다. 불필요한 갈등을 자제하고 노사가 힘을 합쳐 기업의 생산성 향상에 나서자고 결의를 하고 있습니다. 노동계는 임금을 동결 또는 삭감하고 사용자는 고용을 보장하는 식입니다.

사회적 파트너십이 개별 노사의 상생에도 영향을 미치고 있다고 볼 수 있는데요. 상생의 문화를 잘 유지하고 확산시켜나가기 위해 노사가 해야 할 역할은 무엇인지, 그리고 상생의 문화가 경제에 미치는 긍정적 효과는 어떤 것인지 종합적으로 논의해봤으면 합니다.

김대환 상생 얘기를 하면 지극히 온당하고 바람직하고 현실적임에도 불구하고 상생이라는 용어 자체에 대한 거부감을 표시하고, 그러한 거부감이 여러 부문에 악영향을 미치는 현실도 보아왔습니다. 무엇보다도 먼저 상생에 대한 인식의 공감대 형성이 필요합니다.

단도직입적으로 말하자면, 노사관계나 일자리 문제를 좌우의 개념이나 계급투쟁의 관점에서 보면 해법은 나오지 않고 갈등만 증폭됩니다. 누구나 느낄 수 있는 것인데, 추상적 이론 차원에서 계급론적인 관점이나 좌우 관점으로 모든 사안을 접근하려고 하기 때문에 추상 수준의 구도와 실제 현실 사이에 자꾸 괴리가 생겨나는 것입니다. 그 괴리를 지속적으로 추상 수준 관점에서 재단만 하고 스스로를 점검하려는 노력이 없어 이를테면 옷이 잘 맞지 않는 그런 현상이 나타나는 겁니다. 그래서 '현실에 맞는 옷을 입는 게 상생이다, 상생의 관점에서 접근하지 않으면 어느 옷을 입어도 맞지 않는다'는 그런 인식이 필요합니다. 특히 노사라는 것은 객관적인 사회적 존재로서, 계급으로 보든 사회적 주체로 보든 양자 간에 여러 차이가 분명히 존재하지요. 개별 근로자-사용자의 관계와 사용자-노조의 관계는 매우 다른 겁니다. 근로자는 아직도 우리 사회에서 약자이지만 노조는 더 이상 약자가 아닙니다. 이런 차원에서 접근을 했으면 좋겠습니다.

상생을 거부한다면 왜 거부하는 것인가에 대해서는 말이 없거든요. 그때그때 문제를 제기하고 구체적인 사안에 대해 반대하더라도 상생을 전제로 해야 하는 것이지, 상생이라는 관점이나 가치를 거부한다면 사회통합을 요구하기는커녕 거론할 자격이 없는 것이지요.

최영기 우리의 노사관계 성장 단계를 보더라도 상생과 파트너십으로 가야 할 시점에 왔다고 생각합니다. 20년간 대립과 갈등 단계를 거치고, 주요한 법 개정 쟁점들이 거의 해소되고, 갈등 조정의 경험과 노하우가 축적돼 있다고 봅니다. 노사관계의 특성상 영원한 숙제라고 할 수 있는 임금을 둘러싼 분배적 갈등도 이제 하나의 임금 결정 패턴이 형성됐다고 봅니다. 지금 같은 글로벌 시대에서는 기업 단위 노사가 그야말로 신뢰와 협력에 기초하지 않고는 견디기 힘든 환경에 와 있습니다.

그렇다면 어떻게 노사관계 전체를 상생협력의 단계로 업그레이드시킬 것인가 하는 방법의 문제가 있습니다. 노동조합도 이젠 힘의 한계에 도달했고, 자신들도 과거의 대중투쟁 중심의 운동방식에서 벗어나려고 합니다. 이들이 상생의 강을 건널 수 있도록 손을 내미는 것은 경영자, 즉 재계의 리더십 몫입니다.

근로자들이 불신을 없애고 마음을 열어 상생협력의 길로 나설 수 있도록 경영자들이 솔선수범해야 합니다.

그리고 교육훈련 분야에서의 노사협력을 통해 파트너십을 구체화해야 합니다. 학습을 통해 개별 근로자의 고용가능성을 높이고 기업의 경쟁력도 높이는 것이 상생협력의 구체적인 목표거든요. 경제가 갈수록 지식정보화돼가기 때문에 분배를 둘러싼 노사 간의 다툼보다도 교육훈련을 위한 노사협력이야말로 노사관계가 항상 갈등관계가 아니고 협력하고 상생할 만한 영역들이 많다는 것을 확인시켜주는 분야입니다. 또 이런 부분에서는 기업이 노동조합을 앞세워도 되지 않을까 싶어요. 교육훈련을 기획하고 관장하고 결과를 모니터링하는 과정에 노동조합의 능력을 충분히 활용하고 지원하는 기업의 노력이 필요하다고 봅니다.

상생은 비겁하다? 혹은 어용이다?

윤기설 노사상생이란 것은 노조나 사용자가 한 발씩 양보하면서 얻어져야 한다는 것이 전제가 되다 보니까 노동계에서는 아직도 '상생' 하면 좀 비겁하거나 어용으로 보는 경우가 있는 것 같습니다. 이러한 분위기는 사실 노동부 내에서도 있었습니다. 공무원들이 상생문화를 우리 경제에 필요한 한 부분으로 인식하지 못하고 이념 문제나 이벤트성으로 바라본 겁니다.

계급투쟁을 주장하는 민주노총이나 좌파 학자들로부터 비판을 받는 것을 의식한 것이죠. 취재기자 입장에서 볼 때 참 어처구니없는 일이 정부 내에서 벌어지는 셈이죠. 상생의 노사문화가 정착되려면 노동계의 의식이 바뀌는 것도 중요하지만, 정책을 담당하는 노동부 공무원들의 자세도 바뀌어야 한다고 봅니다.

김대환 그 주장에 공감합니다만, 이는 노동부 공무원만의 문제는 아닙니다. 우리 '노동부 식구'들에게는 미안한 얘기지만, 제가 처음 노동부에 들어갔을 때 공무원들이 어딘가 주눅이 들어 있는 듯한 느낌을 받았습니다. 그동안 노사갈등 속에서 민주노총을 비롯한 노동세력이 신장되면서 현장에서 일하는 공무원들이 힘들었습니다. 게다가 스스로 정책 의지를 가지고 업무를 추진하고 있는데 어느 순간 정치권에서 흔들어 놓곤 하는 그런 분위기가 20여 년 지속되었습니다.

정부가 중립적인 입장에서 확고한 의지를 가지고 정책을 실천해가는 노력이 필요하다는 것은 두말할 나위가 없습니다. 실제로 대립보다는 상생이 우월하고 바람직하다는 것을 국민들과 각 주체들에게 정책을 통해 보여주어야 합니다. 이는 노동부만의 사안이 아니라 범정부적 책무입니다.

그러기 위해서는 교육훈련을 통해 개인도 스스로 다른 직장으로 옮겨 갈 수 있는 고용 능력을 기르고, 정부는 고용서비스를 확충하고, 이에 따라 기업도 전반적으로 효율성이 증진되고, 노조도 정책 과정에 참여하고, 이런 것을 만들어가며 성과를 보여주어야 합니다. 특히 정부는 무엇보다도 고용친화적 사회경제 정책의 기조를 분명히 하고 정책의 집행 과정이 상생의 과정으로 갈 수 있도록 총력을 기울여야 합니다.

윤기설 오늘 이야기는 사회적 대타협은 상생의 노사문화 정착뿐 아니라 고용 안정을 위해서라도 필요하다. 하지만 정부의 일관성 없는 자세나 대화를 거부하는 민주노총의 투쟁 노선 등은 하루빨리 개선되어야 할 문제점이다. 이렇게 정리를 하겠습니다.

오랜 기간 동안 다양한 노동 현안과 관련해 좋은 말씀을 해주신 데 대해 진심으로 감사드립니다. 노조가 아직도 전투적 실리주의에 갇혀 있는 현실이라든가, 양극화가 심화되고 있는 고용시장, 금융위기 이후 경제 시스템의 변화 가능성, 사회적 파트너십의 필요성에 대해 깊이 있고 날카로운 분석이 이어졌고 그에 따른 대안도 제시돼 우리나라의 노동운동과 노동정책, 노사관계가 한 단계 업그레이드되는 데 밑거름이 될 것으로 믿습니다.

지금까지 논의된 내용들은 현장의 노동자와 사용자, 학계, 정부 관계자들에게 유익한 참고서가 될 겁니다. 긴 시간 동안 수고하셨습니다. 감사합니다.

대담을 마치며

노동운동, 그 상생의 길을 모색하다

2009년 3월 중순쯤으로 기억된다. 김대환 전 노동부 장관께 "대담 형식을 통해 노동운동의 길을 안내해줄 책을 엮어보시는 게 어떠냐"는 제안을 드렸다. 우리나라의 노동운동이 갈 길을 잃고 좌충우돌하는 상황이어서 새로운 대안을 제시할 안내서 같은 책이 필요하다는 생각에서였다. 노동운동의 문제점을 제대로 지적하고 그 해법을 내놓은 지침서가 절대적으로 부족한 탓인지 노동운동의 모순적 행태가 제대로 알려져 있지 않고, 노동 현장엔 여전히 전투적 조합주의가 만연해 있다. 아직까지도 노동운동의 본질을 계급투쟁론에서 찾고 있고, 힘으로 밀어붙이면 모든 게 해결될 수 있다고 믿는 게 우리 노동운동의 현주소다.

2009년 초에는 대기업 노조 간부들의 도박사건과 민주노총 간부의 성추행 파문이 잇따라 불거지면서 "이젠 노동운동이 확실히 변해야 한다"는 비판의 목소리가 하늘을 찌를 듯 높아갔다. 노동운동의 변화를 촉구하는 목소리는 투쟁의 덫에 걸린 민주노총 내부에서 더 많이 흘러나왔다. 기존의 운동 노선을 고집하다간 조직이 망할 수 있다는 위기의식이 팽배한 때문이다.

이런 분위기 때문인지 김 장관도 "괜찮은 생각"이라며 흔쾌히 수락하셨다. 김 장관은 노동부 장관 재임시절 불법 파업이 일어날 때마다 법과 원칙을 강조해 '원칙맨'이란 별명을 얻은 분으로, 정치적 타협이나 포퓰리즘(인기영합주의)과는 거리가 먼 '노동판(노동학계·노동현장·노동행정 분야)'의 '큰 어른'이다. 때문에 김 장관의 메시지는 좀 더 설득력이 있고 현장 노사관계의 변화를 이끄는 데 상당한 영향을 미칠 것이란 확신이 들었다.

대담 파트너로는 최영기 전 한국노동연구원 원장(현 경기개발연구원 수석연구위원)을 낙점(?)해 부탁을 드렸다. 최 원장은 오랫동안 한국노동연구원에서 연구위원으로 활동하며 우리나라의 노동운동과 고용 문제를 연구, 분석하고 선진 노동정책을 개발하고 고민해온 노동 전문가이다. 그는 노동운동뿐 아니라 사회적 파트너십 등 노동 현안 전반을 훤히 꿰뚫고 있는 실력자로 우리나라 노사관계 발전에 상당히 기여해온 분이다. 뿐만 아니라 한국노동연구원 원장을 두 번이나 연임할 정도로 관리능력도 인정받았다. 최 원장 역시 대담 취지에 전적으로 동감한다며 "OK"를 하셨다. 두 분 모두 경제학을 전공한 학자로 노동학계에선 알아주는 석학들이다. 이런 두 분을 모시고 노동 현안과 관련해 대담을 진행하게 된 것은 개인적으로도 큰 영광이 아닐 수 없다.

대담 과정에서 두 분은 우리 노동운동이 완전 개혁돼야 한다는 데 인식을 같이하면서도 그 해법에 있어선 다소 차이점을 보였다. 두 분 모두 진보학자 출신으로 김 장관은 발전경제학을, 최 원장은 정치경제학을 전공했다. 상대적으로 진보적 사고를 가질 수 있는 학문을 공부한 셈이다. 그래서인지 자본주의 사회가 발전하는 과정에서 경제성장이 중요하지만 사회안전망과 복지, 분배도 함께 신경 써야 한다는 점에도 무게를 두었다.

하지만 김 장관은 노동행정을 책임질 때 노동계의 '떼법'과 불법 행위, 비리 등을 가까운 거리에서 경험한 때문인지, 노동운동 일반론에는 진보적인 입장을 취하면서도, 현 단계 한국의 노동운동은 내부적으로 위기에 처해 있는데도 그 원인을 외부에만 돌리고자 하는 노조 간부의 행태에 대해서는 안타까워하는 시각을 드러냈고, 고용창출과 노사협력을 중시하는 현실주의적 접근을 강조했다. 최 원장은 노동운동이 잘못됐다고 비판하면서도 일부 쟁점에 대해선 친노동계적 시각을 드러내기도 했다. 이러한 다소 상반된 시각은 대담 내용이 객관적이고 균형 잡힌 방향으로 진행되는 데 오히려 도움이 됐다. 일방적으로 노동운동을 매도하거나 개혁을 강요하는 게 아니라 서로의 의견을 주고받으면서 바람직한 방향을 모색해가는 합리적이고 수준 높은 대담이었다고 평가하고 싶다.

대담 시기는 산과 들에 한창 초록이 우거지기 시작한 5월 초순에 시작, 6월 말이 되어서야 끝을 맺었다. 격주에 한 번씩 4차례에 걸쳐 실시하기로 했는데, 워낙 바쁘신 분들이라 대담 일정을 여러 차례 재조정해야 했다. 대담 장소는 김영기 LG전자 부사장의 배려로 안양시 호계동에 있는 LG전선연구소 회의실을 잡았다. 공간이 꽤 넓었지만 줄곧 격론이 벌어지다 보니 뜨거운 열기가 실내를 가득 채우곤 했다. 대담 시간은 한 회당 4시간씩 잡았지만 어떤 때는 5시간 이상 걸릴 정도로 마라톤 논쟁이 벌어졌다.

대담이 진행되면서 노동에 관한 두 분의 내공이 얼마나 깊은지를 다시금 실감했다. 그 딱딱하고 골치 아프다는 노동 문제들을 조금의 망설임과 막힘도 없이 논리적이고 날카로운 분석을 곁들여 술술 풀어낼 때는 대담 진행자로서 혀를 내두르지 않을 수 없었다. 마음속으로 '대단한 분들'이라는 감탄사가 절로 나올 정도였다.

첫 대담부터 전투적 실리주의에 빠진 우리나라 노동운동의 행태를 주제로 다뤘다. 노동운동이 왜 투쟁의 덫에 걸렸고 그 타성은 왜 바뀌지 않는지, 그리고 노동운동이 향후 나아갈 제3의 길은 무엇인지 등에 대해 토론을 벌였다. 글로벌 금융위기가 닥치면서 신자유주의에 대한 비판이 거센데 케인즈주의로 다시 회귀할 수도 있는지, 그렇지 않으면 또 다른 대안의 경제체제가 나타날 수 있는지에 대해서도 심도 있는 논의가 이뤄졌다. 노동운동은 사회가 균형적으로 발전하는 데 어느 정도 필요한 '소금'이라는 점을 두 분 모두 인정했고, 무노조(無勞組) 경영 역시 자율적이라면 굳이 반대할 이유가 없다는 시각도 보였다.

온건 성향의 노동운동을 펼치고 있는 한국노총에 대해서도 신랄한 비판이 가해졌다. 한나라당과 맺은 정책연대는 필요한 것인지, 정책연대가 아니라 정치연대는 아닌지 등에 대한 의문들도 솔직히 털어놓았다.

노조 내 계파갈등이 노동운동을 정치적·이념적으로 몰고 가는 데 주요 요인으로 작용했다고 분석했고, 민주노동당과 진보신당의 분열은 운동 노선의 차이에 따른 계파갈등의 산물로 보았다. 복수노조가 허용될 경우 현재 노동 현장에 서서히 모습을 드러내는 제3노총의 세력은 어떤 모습을 보일지, 민주노총과 한국노총의 앞날은 어떻게 될지도 관심거리였다.

산별 노조는 우리 노동운동에 적합한 형태인지, 기업별 노조와의 장단점은 무엇인지에 대해서도 열띤 토론이 벌어졌고, 개별 사업장 단위의 복수 노조와 전임자 임금지급 금지는 당장 시행해야 한다는 데 뜻을 같이했다. 정부가 추진 중인 기간제 근로자의 사용기간 연장 방안에 대해선 노동시장 유연성을 위해 필요하지만 비정규직 보호를 위해 좀 더 신중히 접근해야 한다는 충고도 덧붙였다. 갈피를 못 잡는 노동운동 노선을 바로잡기 위해선 법과 원칙이 특효약이란 처방을 내렸고, 노조의 현장 권력과 노사관계의 상관관계, 노조의 과도한 경영권 침해에 대해서도 날카로운 비판이 가해졌다.

지식인들의 포퓰리즘에 대해서도 날선 비판이 이어졌다. 지식인들이 비겁하고 용기가 없다 보니 할 말을 못하고 인기영합주의로 흘러 결국 노동운동을 망친 데 책임이 있다는 지적이다. 고용 없는 성장과 사회 양극화는 당장 해결해야 할 과제로 꼽으면서 그 대안도 함께 제시해 경제 전문가다운 면모도 보여주었다. 사회적 파트너십은 필요한 것인지, 노·사·정 3자의 사회적 협의나 합의는 어떤 방향으로 전개되어야 하는지도 주요 의제로 다뤘다.

사회를 맡은 필자는 대담이 원활하게 진행되도록 좀 더 객관적이고 중간자적 입장에서 질문을 던지려고 노력했지만, 두 분과 의견이 다른 이슈에 대해선 과감히 끼어들어 함께 논쟁을 벌이기도 했다.

우리나라 노동운동이 1987년 민주화 바람을 타고 본격적으로 시작된 지 올해로 23년째다. 하지만 아직도 전투적 노동운동을 통해 현장 권력을 장악하고 있고 노조의 회계비리, 채용비리, 이권개입 등 갖가지 부작용이 끊이지 않고 있다. 스위스 국제경영개발원(IMD)이 발표하는 노사관계 경쟁력에서 우리나라는 매년 꼴찌를 맴돌고 있다. 이는 외국 자본이 한국 투자를 꺼리게 하고, 국내 자본은 인건비가 싸고 노사관계가 안정된 중국이나 인도, 베트남 등지로 빠져나가게 만드는 주요 요인 중 하나다.

세계 무대에서의 경제전쟁은 더욱 치열해지고 있다. 금융위기로 케인즈주의가 부상하는 듯하지만 여전히 주주 중심주의와 시장 경쟁 우선의 신자유주의가 세계 경제 질서를 주도하고 있다. 합리적 노동운동이 제자리를 잡지 못하면 세계 경제전쟁에서 뒤처지고 직장을 잃은 실업자가 양산될 수밖에 없는 환경이다. 이제 노사안정은 기업이 경쟁력을 갖추고 고용을 창출하기 위해 반드시 필요한 시대적 과제이다.

이 책은 노동운동가와 사용자뿐 아니라 일선 노동자, 정책을 담당하는 정부 관계자, 학생, 그리고 일반 시민들에게도 널리 읽히기를 기대하며 기획됐다. 이 책을 통해 현장의 노동운동과 노사관계, 노동정책 등에 대한 좀 더 깊이 있는 지식과 내용들을 접할 수 있는 기회가 되기를 바란다.

이 책이 나오기까지 여러모로 협조를 아끼지 않으신 LG전자의 김영기 부사장께 다시 한 번 감사의 말씀을 드린다. 대담 때마다 현장에 나와 진행을 독려해준 위즈덤하우스의 정소연 팀장에게도 고마움을 전한다.

2010년 1월 윤기설